아름다운 우리 고전 수필

배에서 사는 어느 노인과의 대화

권근

어떤 사람이 노인에게 물었다.

"영감님은 늘 배에서 사는데 어부로 보자니 낚싯대가 없고, 장사꾼으로 보자니 물건이 없습니다. 그렇다고 손님을 실어나르는 사공으로 볼 수도 없습니다. 늘 물 가운데서 오르내릴 뿐 손님을 실어나르는 것을 보지 못했기 때문입니다. 조그만 배 하나에 의지해서 위험한 물에서 사시니, 바람은 미친 듯이 불고 물결은 놀란 듯이 일어, 돛대가 기울고 노가 부러져서, 혼백이 흩어지고 몸은 떨려 목숨이 경각에 달려 있어 지극히 위험한 지경인데도, 영감님은 오히려 이를 즐기는 듯 멀리 나가서 돌아오지 않으려 하니, 무슨 까닭인지 이해가 가지 않습니다."

그러자 노인이 대답했다.

"당신은 이런 것을 생각해 본 적이 있으시오? 사람의 마음이란 변덕 또 대가 그 속이 빈 것을 가지고 보면 사람의 마음을 비운 모습인 것을 알 수 있으며, 대가 바깥쪽이 곧은 것을 가지고 보면 사람의 실상이 어떠한지 얘기할 수 있습니다. 대의 뿌리가 용으로 변화하는 것은 부처님이 될 수 있음의 비유가 되며, 열매로 봉황을 먹게 하는 것은 남을 유익하게 하는 행위입니다. 대사가 대를 좋아하는 까닭은 아마도 저런 이유 때문이 아니고, 이런 이유 때문인 듯합니다."

노승이 말했다.

"정말 의미가 깊도다, 그대의 말이여. 그대야말로 대나무의 유익한 친구입니다."

이제 감히 이것을 문서에 적게 해서 후일에 대나무를 좋아하는 사람의 본보기가 되게 하려 한다.

원제_월등사죽루죽기(月燈寺竹樓竹記)
이인로(李仁老, 1152~1220)
호는 쌍명재(雙明齋). 문장에 뛰어난 고려 시대의 대표적 문인. 명종 10년 문과에 급제하여 직사관이 되었고 고종 때는 우관대부를 지냈다. 저서에는 〈파한집(破閑集)〉과 〈쌍명재집〉이 있다.

시를 읊을 수 있고, 근심 걱정을 잊을 수 있으며, 기분을 돋울 수 있습니다. 대의 운치란 이런 것입니다."

또 다른 이가 말했다.

"대의 키가 천 길이 되는 것을 '심'이라 하고, 둘레가 두어 길이 되는 것은 '불'이라 하며, 그 머리에 무늬가 있는 것은 '집'이라 하고, 그 바탕이 검은 것은 '유'라 하며, 가시가 돋힌 것은 '파'라 하며, 털이 있는 것은 '공'이라 합니다. 공주에서 나는 '공', 기주에서 나는 '적', 강한에서 나는 '미', 파유에서 나는 '도', 여포에서 나는 '포', 원상에서 나는 '반죽'·'운당'·'막야' 같은 것들이 있습니다. 그 명칭과 모양이 모두 생산되는 지방에 따라 다릅니다. 그러나 그것은 바다가 얼도록 추위도 잎이 떨어지지 않고, 쇠가 녹도록 더워도 마르지 않습니다. 새파랗고 싱싱하여 사철 변하지 않는 것은 마찬가지입니다. 그래서 성인은 대를 숭상하며, 군자는 대를 본받으려 합니다. 때와 장소에 따라 그 뜻을 바꾸지 않으니 대나무의 지조가 바로 이러합니다."

식영암이 말했다.

"그 맛이나 재목, 혹은 운치나 지조 때문에 이 대를 좋아한다면, 이것은 겉만을 알고 그 본질을 알지 못하는 것입니다. 대나무가 처음 땅에서 돋아날 때부터 단번에 쑥 자라 버리는 것을 보면 선천적으로 자질을 타고 난 사람이 하루아침에 문득 깨달음이 향상되는 것을 알 수 있으며, 대가 늙을수록 더욱 단단해지는 것을 보면 후천적으로 노력한 사람의 힘이 차츰차츰 증진해 나아가는 것을 볼 수 있습니다.

어서 솥에 삶아 내거나 풍로에 구워 놓으면 향기가 좋고 맛이 연하여 입에는 기름이 돌고 배는 살이 찝니다. 쇠고기나 양고기보다 맛있고, 노린내나는 산짐승 고기와는 비교도 되지 않습니다. 이른 아침에 먹어도 질리지 않으니, 대의 맛이 이러합니다."

어떤 이가 또 말했다.

"대가 단단해 보이지만 그런 것만은 아니고, 유약해 보이지만 그런 것만도 아니어서, 사람이 여러 가지로 활용하기 좋습니다. 휘어서 만들면 광주리와 상자가 되고, 가늘게 쪼개 엮으면 문을 가리는 발이 되며, 엷게 쪼개서 짜면 마루에 펴는 자리가 되고, 또 쪼개서 다듬으면 고리짝과 도시락과 술을 거르는 용수는 물론, 소와 말을 먹이는 여물통과 대그릇과 조리 따위가 됩니다. 이것이 모두 대로 만드는 것이니, 대의 성질이 그것을 가능하게 하는 것입니다."

다른 사람이 말했다.

"대가 솟아날 때에는 무더기로 솟는데 작은 것, 큰 것, 먼저 난 것, 나중 난 것이 순서를 다툽니다. 처음에는 약하게 나오고 얼마 후에는 가늘게 자랍니다. 그러다가 바닷거북의 등 같은 두꺼운 껍질이 벗겨지고 옥 기둥 같은 줄기가 자라나면 흰 가루는 없어지고 껍질이 단단해지면서 흰 마디가 뚜렷해집니다. 푸른 연기가 흩어지지 않고 바람 소리가 저절로 납니다. 쇄쇄하는 소리와 두터운 그늘과 저녁의 그림자는 달빛을 희롱하며, 차가운 모습으로 눈에 덮여 있습니다. 대나무는 이럴 때가 가장 아름답습니다. 봄에서부터 섣달 그믐 때까지 날마다 여기서

대나무

이인로

　화산 월등사 서남쪽에 죽루(竹樓)라는 누각이 있다. 이 누각의 서편 언덕에 대나무 수천 그루가 자라는데, 절의 후면을 에워싸고 울창하게 솟아 있는 것이 볼 만하다. 주장 노승인 대선후(大禪候)는 일찍이 이 대나무를 매우 사랑했다.

　하루는 노승이 누각에 손님들을 모아 놓고 대나무를 가리키며 말했다.

　"여러분들이 대나무의 좋은 점을 각자 말씀해 주신다면 대단히 고맙겠습니다."

　그러자 어떤 사람이 말했다.

　"대나무의 순은 좋은 먹을거리입니다. 죽순이 쑥쑥 자랄 때 마디는 촘촘하고 대 속은 살이 올라 꽉 차게 됩니다. 이때 도끼로 찍고 칼로 다듬를 끊고 유익한 친구를 사귀어 전날의 잘못을 반성하고, 날마다 자신을 새롭게 발전시킬 것을 생각하여 정신을 차리는 사람은 마침내 훌륭한 선비가 되어 이름이 한 시대를 드날릴 것이니, 바로 이런 사람이 단번에 잡히지도 않고 평생토록 화를 면하는 꿩과 같은 무리입니다.

생각해 보니, 내가 기계를 잘 만들고 신기한 기술을 부려서 많은 꿩을 잡는 것은 마치 놀기 좋아하는 사람이 착한 친구를 꼬여내서 음탕한 곳으로 몰아넣는 것과 같습니다."

아, 꿩 치고 피리 소리와 미끼의 꼬임에 빠지지 않는 놈이 적고, 사람 치고 유혹에 넘어가지 않는 이가 적구나.

어느 부모가 자식이 단번에 잡히는 그런 어리석은 꿩과 같은 사람이 되는 것을 바라겠는가? 모두가 평생 잡히지 않는 현명한 꿩 같은 사람이 되기를 원할 것이다. 반드시 이 사실을 깨달아 조금이라도 소홀함이 없도록 하여라.

원제_삼치설(三雉說)

나는 이 세 부류의 경우를 들어 세상 사람들을 깨우칠 교훈으로 삼을 수 있으리라 생각합니다.

쓸데없이 친구를 사귀며, 절제 없이 정에 이끌려 여색에 빠지고, 남의 충고도 듣지 않음은 물론 엄한 아버지조차 바로잡을 수 없고, 좋은 벗도 또한 책망할 수 없으며, 부끄러운 줄도 모르고 꺼리는 것도 없어 스스로 죄의 그물에 걸려도 평생토록 자기 잘못을 깨닫지 못하는 사람이 있으니, 이런 사람이 바로 단번에 덮쳐서 잡을 수 있는 꿩과 같은 무리라 하겠습니다.

처음에는 비록 욕망에 이끌렸더라도 화를 당할 우려가 있음을 알고 감히 방종하지 못하거나, 한 번 곤욕을 치르고 나서 가슴이 쓰리도록 후회하다가도 오히려 옛 정을 잊지 못하고, 놀기 좋아하는 친구가 감언이설로 꼬이면 지난날의 부끄러움을 잊고 다시 전철을 밟게 되어 마침내 화의 그물에 걸리고 마는 사람이 있으니, 이런 사람은 두 번 그물을 던져서 잡을 수 있는 꿩과 같은 무리라 하겠습니다.

타고난 성품이 정숙하고 굳건하여 스스로 몸가짐을 단정히 하고, 여색을 멀리하며 음탕하고 황당한 것을 부끄러워하며, 놀기 좋아하는 친구와 함께 있더라도 무리에 휩쓸리지 않는 사람이 있습니다. 놀기 좋아하는 친구들은 온갖 방법으로 이런 사람을 자기들과 같은 부류가 되게 하고자 할 것입니다.

이때 한 번 생각을 경솔하게 하면 의식하지 못하는 사이에 거의 난잡한 경지에까지 이르렀다가 겨우 잘못을 깨닫고, 나쁜 친구들과의 교제치지만 꿩이 미리 경계하고 있었기 때문에 놓치기 일쑤입니다. 이렇게 되면 자연히 화가 날 수밖에 없습니다. 다음날 그 꿩이 경계를 늦춘 틈을 타서 가리개를 더욱 크게 고쳐 가지고 산기슭으로 갑니다. 대롱을 불고 미끼를 놀릴 때는 진짜같이 느끼도록 해서 빈틈을 보이지 않습니다. 그렇게 해야 겨우 잡을 수 있는 것입니다. 이런 놈은 꿩 가운데서 경계심이 많은 놈으로 화가 미칠 것을 미리 짐작하는 놈입니다.

어떤 놈은 인기척만 나도 울며 공중으로 올라갔다가 숲속으로 들어가서는 아예 돌아다보지도 않습니다. 이런 놈은 제일 잡기 어려운 꿩입니다. 화가 나서 내가 마음 속으로 '이놈을 잡지 못하면 이 노릇을 그만두리라' 다짐하고 날마다 숲속에 들어가 틈을 엿보지만 그 놈이 사람을 꺼리는 것은 여전합니다.

나는 몸을 숨긴 다음 고목처럼 숨을 죽이고 갖은 방법을 다 써 봅니다. 그제야 그놈이 조심조심 가까이 옵니다. 하지만 욕심은 적고 경계심은 많은 까닭으로 잠깐 가까이 오다가 어느새 멀리 도망가서는 마치 저를 잡을 그물이 공중에서 자신을 덮칠 것처럼 벌벌 떱니다. 어떻게 하다가 이때다 싶어 덮쳐 보지만 놈은 벌써 그림자를 보고 번개처럼 달아난 후입니다. 그 민첩함이 귀신과 같습니다.

이렇게 섣불리 건드려 놓은 뒤에는 피리나 미끼로도 꾀일 수 없고 그물로도 덮칠 수 없습니다. 놈은 마치 암컷에 대한 욕정마저 잊은 듯 담담합니다. 그러니 내가 무슨 수로 놈을 잡을 수 있겠습니까? 매사에 신중해서 화를 멀리할 수 있는 꿩은 바로 이런 놈입니다.

마리나 된다고 한다.

내가 사냥꾼에게 물었다.

"꿩이란 놈들은 모두 욕심이 같은가 아니면 제각기 다른가?"

사냥꾼이 대답했다.

"각기 다릅니다. 하지만 대략 세 가지로 나눌 수 있습니다. 저 산비탈과 산기슭에 꿩이 천여 마리나 떼지어 사는데 저는 매일 그놈들을 잡습니다. 그런데 그 가운데 그물로 한 번 덮쳐서 단번에 잡히는 놈이 있고, 두 번을 덮쳐서 두번째에 잡히는 놈이 있고, 한 번 덮쳐서 못 잡으면 영영 안 잡히는 놈도 있습니다."

"왜 그러한가?"

"제가 가리개를 메고 숲 속에 숨어서 피리를 불면서 미끼를 놀리면, 장끼란 놈이 머리를 갸웃거리며 듣다가 목을 길게 빼서 바라본 다음 날아옵니다. 그런데 마치 돌팔매가 날라와 내려꽂히는 것같이 우뚝 멈춰서서는, 내 곁에서도 눈 한 번 깜박이지 않는 놈은 단번에 덮쳐서 잡을 수 있습니다. 이런 놈은 꿩 중에서도 가장 어리석은 놈으로 화를 입을 것을 미리 생각하지 못하는 놈입니다.

제가 피리를 한 번 불고 미끼를 한 번 놀릴 때는 못 들은 척하다가 두세 번 불고 두세 번 놀리면 그때야 마음이 동해서 땅에서 한 길쯤 날아올라 춤을 추듯 공중을 한 바퀴 돌고는 두려운 듯 날아오는데, 멈출 때도 무슨 생각이 있는 듯 조심조심하는 놈도 있습니다. 그러나 욕망에 사로잡혀 결국 내게 가까이 오고 맙니다. 나는 이때를 놓치지 않고 덮

꿩 사냥

강희맹

    장끼란 놈은 본래 암컷을 몹시 좋아하고 싸움을 잘한다. 한 마리의 장끼는 여러 마리의 까투리를 거느리고 산등성이나 산기슭에서 산다. 해마다 늦봄에서 초여름 사이가 되면 까투리란 놈은 우거진 숲 속에서 요란하게 우는데 장끼가 한 번 그 소리를 들으면 어김없이 날개를 치며 날아온다. 그럴 때면 설혹 곁에 사람이 있어도 조금도 두려워하는 기색이 없다. 행여 다른 놈이 암컷을 차지할까 해서이다.

    그때쯤 해서 사냥꾼은 나뭇잎으로 위장하여 장끼를 산 채로 잡은 다음 그것을 미끼로 삼아 가지고 산기슭으로 간다. 그리고는 대롱으로 까투리 울음소리를 흉내내면서 미끼를 가지고 암놈을 희롱하는 시늉을 하면, 다른 수놈이 멀리서 보고는 성이 나서 갑자기 사냥꾼 앞으로 날아온다. 그때 사냥꾼은 그물로 덮치는데 하루에 잡히는 놈이 수십 바다에 잠기고 세상은 어두워지는데 옆을 바라보니 손금이라도 볼 수 있을 만큼 뭇 별들이 밝게 빛났습니다. 참으로 놀라운 순간이었습니다. 산장에서 막 잠이 들었는데 금계(金鷄)가 울고 바로 날이 밝았습니다. 바라보니 검붉은 빛이 바다에 깔리고 금빛 물결이 하늘로 솟구치는데, 마치 봉황이 나는 듯, 뱀이 꿈틀거리는 듯하였습니다. 조금 있다가 붉은 바퀴가 구르며 잠깐 동안 오르내리더니 눈 깜짝할 사이에 해가 허공으로 치솟아오르는데 정말 장관이었습니다."

다 듣고 나서 아버지가 말했다.

"그랬을 테지. 자로는 용맹스러웠지만 공자님의 경지에는 이르지 못했고, 염구는 재주가 뛰어났지만 끝내 스승의 경지에는 도달하지 못했다. 오히려 재주가 없는 증자가 그 경지에 도달했느니라. 너희들은 이 점을 명심해야 한다."

덕을 닦는 일과 공명을 성취하는 길이 모두 이와 같아서, 낮은 데에서 시작해서 높은 데 오르고, 아래에서 시작해서 위로 오르는 것이다. 자기 능력만 믿고 스스로 자만하지 말 것이며, 타고난 능력을 발휘하지 않고 미리부터 포기하는 일이 있어서도 안 된다. 이렇게 하는 사람만이 저 절름발이 맏아들이 태산에 오른 것처럼 자신의 뜻을 이룰 수 있을 것이다. 명심해서 소홀함이 없도록 하여라.

원제_ 등산설(登山說)

어 여간 무섭지 않았습니다. 있는 힘을 다해서 도망치려고도 해 보았지만 호랑이며 표범 같은 짐승들이 무서워 그럴 수도 없었습니다."

이번에는 둘째가 말했다.

"저는 소라처럼 뒤틀린 뭇 봉우리들과 쇠를 깎은 듯 가파르고 푸른 절벽들을 보고는 신이 나서 달려가 높은 것, 가로 비낀 것, 옆으로 기운 것들을 샅샅이 돌아다니며 구경하다 보니 봉우리는 자꾸 많아지고 더 험준해지는 것 같았습니다. 나중에는 그만 지쳐 버렸습니다. 산 정상에도 이르기 전에 해는 이미 떨어지고 말았습니다. 저도 바위 밑에서 쉬는 수밖에 없었습니다. 그런데 구름과 안개는 자욱하여 지척을 분간할 수 없었고, 옷과 신발은 젖어서 차디찼습니다. 게다가 더 올라가자니 너무 아득하고 아래로 내려가자니 너무 멀어서 거기 그만 주저앉아 버리고 말았습니다. 결국 태산의 정상까지는 올라가지 못하였습니다."

마지막으로 맏아들이 말했다.

"저는 제 다리가 성치 못하다는 것과 제 걸음걸이가 남과 같지 못하다는 것을 알고 있었기 때문에, 한눈을 팔지 않고 곧장 올라간다고 해도 미치지 못할까 염려되었습니다. 그러니 이것저것 곁눈질할 틈이 어디 있었겠습니까. 그저 있는 힘을 다해서 한 발짝 한 발짝 쉬지 않고 올라갔는데, 따라온 사람이 '이제 정상에 이르렀다'고 하는 것이었습니다. 순간 하늘을 쳐다보니 해라도 만질 것 같았고 아래로 숲을 내려다보니 어찌나 울창하던지 어디가 끝인지 알 수 없었습니다. 뭇 봉우리들은 조그만 흙더미 같고, 골짜기들은 주름을 잡은 듯하였으며, 해는

겠습니까?"

그러자 형이 웃으면서 대답했다.

"꼴찌를 하더라도 너희들을 따라 오를 수만 있다면 그것으로 족하다."

그렇게 해서 세 형제가 모두 태산 기슭에 이르렀다. 그때 둘째가 막내와 함께 맏형을 걱정하면서 말했다.

"우리는 눈 깜짝할 사이에 벼랑을 날아올라 형님을 앞지를 수 있습니다. 그러니 형님이 먼저 출발하는 것이 좋겠습니다."

이에 맏형이 먼저 떠났다. 막내가 아직 산자락에 머물러 있을 때 둘째는 산 중턱에 이르렀는데, 그때 이미 날은 어둑어둑해졌다. 맏형만 천천히 걸어서 곧바로 산 정상에 올랐다. 산장에서 자고 다음날 새벽에 일어나 큰 수레바퀴 같은 해가 바다에서 치솟는 광경을 구경할 수 있었다.

나중에 세 형제가 집으로 돌아오자 아버지가 세 아들에게 물었다. 막내가 말했다.

"제가 산기슭에 있을 때는 아직 해가 많이 남아 있었습니다. 그래서 저의 날램만 믿고 이리저리 돌아다니며 고운 꽃이며 기이한 풀 같은 것을 꺾으면서 놀았습니다. 그런데 갑자기 날이 어두워지는 것이었습니다. 산 속에서는 해가 빨리 떨어진다는 것을 미처 생각하지 못했던 것입니다. 할 수 없이 바위 밑에 몸을 피해 있으려니까, 바람 소리와 개울물 소리가 요란한 데다가 사나운 짐승들마저 제 주위를 돌며 울부짖

세 형제의 등산

강희맹

옛날 노나라에 아들 셋을 둔 사람이 있었다.

맏아들은 착실하나 다리를 절었고, 둘째는 호기심도 많고 몸도 온전했다. 막내는 좀 경솔한 편이었지만 남들보다 매우 민첩했다. 평소 무슨 일을 하면 막내가 늘 첫째를 했고 둘째가 그 다음이었으며, 맏아들은 애를 써도 겨우 일을 마칠 정도였으나 한 번도 게으름을 피우는 법이 없었다.

하루는 둘째와 막내가 태산 일관봉에 먼저 오르는 내기를 걸고 다투어 신발을 손질했다. 그것을 본 맏아들도 준비를 하기 시작했다. 그러자 둘째와 막내가 함께 형을 비웃으며 말했다.

"태산은 구름 밖으로 우뚝 솟아 천하를 굽어보니 다리가 성한 사람도 오르기 어렵습니다. 하물며 다리가 불편한 형님이 어찌 오를 수 있금이 인정하여 높이 써 주면 뜻을 펴서 행할 것이고, 물리치면 물러나 자신을 지킨다면, 천리에 맞지 않음이 없을 것이다. 이것은 바로 아들 도둑이 궁지에 몰리자 지혜를 짜내서 마침내 천하의 독보적인 존재가 된 것과 같은 이치다.

아들아, 네 처지 이와 비슷하니, 곳간에 갇히고 쫓기는 것과 같은 어려움에 처하게 되더라도 그 가운데서 스스로 지혜를 터득해야 한다. 소홀히 생각지 말라.

---

1) 이 글과 다음에 오는 두 글은 강희맹이 아들을 훈계하기 위해 지은 〈훈자오설(訓子五說)〉에 있는 글이다.

원제 _ 도자설(盜子說)
강희맹 _ (姜希孟, 1424~1483)
호는 사숙재(私淑齋). 조선 초기의 학자. 저서로 〈촌담해이〉와 〈사숙재집〉 등이 있다.

내가 너를 곤경에 처하게 한 까닭은 너를 장차 안전하게 하고자 해서이며, 내가 너를 함정에 빠지게 한 것은 너를 장차 위험에서 건지고자 해서이다. 만약 네가 곳간에 갇히지 않고 또 쫓기는 신세가 되어 보지 않았더라면 어떻게 쥐소리를 낼 생각을 했겠으며, 돌을 연못에 던지는 기지를 발휘할 수 있었겠느냐? 궁지에 몰리자 지혜를 짜낼 수 있었던 것이다. 이처럼 지혜의 샘이 한 번 열리기 시작하면 다시 곤궁에 처하게 되어도 혼미해지지 않을 것이니, 이제 너는 틀림없이 세상에서 독보적인 도둑이 될 것이다."

후에 아들은 정말 세상에서 겨룰 사람이 없는 도둑이 되었다.

도둑질이란 세상에서 지극히 천하고 악한 기술이지만 그것도 스스로 터득함이 있은 다음에야 비로소 세상에서 독보적인 존재가 될 수 있는 것이다. 하물며 군자가 도덕과 공명에 뜻을 두는 일에 있어서야 더 말해서 무엇하겠는가.

대대로 나라의 녹을 먹는 고관 대작의 후손들은 인의(仁義)의 아름다움과 학문의 이로움을 알지 못하고 자신이 입신 출세한 것만 믿고 옛 조상들의 업적을 하찮은 것으로 여기니, 아들 도둑이 아비 도둑을 우습게 여겨 자만하던 것과 무엇이 다르겠는가? 만약 높은 지위를 사양하고 낮은 지위를 취하며, 잘난 척하는 사람을 멀리하고 담박한 사람을 가까이하며, 마음을 겸손하게 하여 학문에 뜻을 두며, 인성과 천리에 대해서 깊이 연구하여 세속적인 가치에 동요되지 않는다면 남들과 어깨를 나란히할 수도 있고 공명을 이룰 수도 있을 것이다. 또한 임

있는 것을 확인하고는 도로 안으로 들어가 버렸다. 곳간 속에 갇힌 아들은 빠져 나올 도리가 없었다. 할 수 없이 손톱으로 박박 긁으며 소리를 냈다. 안으로 들어갔던 주인은 속으로 중얼거렸다.

"곳간 속에 쥐가 든 게 틀림없다. 가만 두었다가는 물건을 결단낼 터이니 쫓아 버려야겠구나."

주인은 등불을 밝히고 나와 자물쇠를 열고 막 들어가려고 했다. 그때를 기다렸던 아들은 잽싸게 빠져나와 도망치기 시작했다. 주인이 놀라 소리치자 가족들이 모두 나와 함께 도둑을 쫓았다. 다급해진 아들은 연못을 끼고 달리다가 연못 속에 커다란 돌을 던졌다. 그러자 쫓아오던 사람들이 도둑이 연못 속으로 뛰어든 줄 알고 모두 연못을 에워싸고 도둑을 찾았다. 그 틈에 아들은 그곳을 빠져 나올 수 있었다.

집에 돌아온 아들이 아버지를 보고 원망했다.

"새나 짐승도 제 새끼를 돌볼 줄 아는데, 아버지는 제가 무엇을 잘못했다고 이 지경에 이르도록 하셨습니까?"

이 말을 들은 아비가 말했다.

"이제부터 너는 세상에서 아무도 따를 수 없는 독보적인 도둑이 되었다. 사람들이 말하는 기술이라는 것은 대개 다른 사람에게서 배워서 얻은 것이기 때문에 거기에는 한계가 있는 법이다. 그러나 스스로 터득한 지혜는 그렇지 않아, 그 응용이 무궁무진한 것이다. 특히 사람들이 곤경에 처하여 막막하게 되면 도리어 그 어려움이 그 사람의 의지를 더욱 굳건하게 만들고 그의 어진 마음도 더 원숙하게 하는 것이다.

그러자 아비 도둑이 말했다.

"아직 멀었다. 지혜란 배워서 되는 것이 아니다. 스스로 터득하는 데에서 나오는 것이다. 다시 말해서 스스로 터득한 지혜가 있어야 한다는 말이다. 너는 아직 멀었다."

아들이 대들었다.

"도둑질에도 도라는 것이 있다면 그것은 얼마나 재물을 많이 훔치느냐에 있습니다. 그런데 제가 훔친 것이 언제나 아버지가 훔친 것의 배나 됩니다. 게다가 저는 아직 젊습니다. 훗날 아버지 연세가 되면 틀림없이 놀라운 경지에 이르게 될 것입니다."

이에 아버지가 다시 말했다.

"멀었다. 내가 가르친 기술로는 경비가 삼엄한 성 안에도 쉽게 들어갈 수 있고, 숨겨둔 보물도 쉽게 찾을 수 있지만, 한 번 일이 잘못되는 날에는 영락없이 낭패를 당하고 말 것이다. 궁지에 몰리더라도 임기응변으로 그것을 벗어나려면 스스로 터득한 지혜가 있어야 하는 것이다. 그래서 너에게 멀었다고 하는 것이다."

그러나 아들은 아버지의 말에 수긍이 가지 않았다. 어쩔 수 없이 아버지는 다음날 밤 아들을 데리고 어떤 부잣집으로 가서 아들에게 곳간에 들어가도록 했다. 아들이 보물을 보고 정신없이 그것들을 챙기고 있을 때 아비 도둑이 밖에서 문을 닫고 자물쇠를 잠가 버렸다. 그리고는 일부러 자물쇠 잠그는 소리를 내서 주인에게 들리게 했다. 주인은 도둑이 든 줄을 알고 쫓아나와 살펴보았으나, 자물쇠가 그대로 잠겨

아비 도둑과 아들 도둑 이야기[1)]

강희맹

　옛날 어떤 도둑이 있었다. 그는 아들에게 자기의 기술을 모두 가르쳐 주었다.

　얼마 후 아들은 자기 재주가 아버지보다 낫다고 생각할 만큼 되었다. 훔치러 들어갈 때면 늘 아버지보다 앞서 들어갔고 나올 때는 아버지보다 나중에 나왔으며, 보잘것없는 것은 버리고 무겁고 값진 것만 가지고 나왔다. 게다가 귀는 멀리서 나는 작은 소리도 잘 들을 수 있었고, 눈은 어둠 속까지 꿰뚫어볼 수 있었다.

　마침내 여러 도둑들이 그를 칭찬하자 아들 도둑은 슬그머니 자만심이 생겼다. 그래서 어느 날 아버지에게 자랑삼아 이렇게 말했다.

　"이제 저의 기술은 아버지에 비해 조금도 손색이 없습니다. 게다가 힘은 아버지보다 더 세니, 이런 실력이면 무슨 일인들 못하겠습니까."

어서겠는가! 이신의 계책이 노장 왕전의 심사숙고함에 미치지 못했고,[1] 무현의 지모가 충국만 못했으니, 나이 많은 사람이 젊은 사람보다 사리 판단이 낫다는 것을 알 수 있다. 이러한 이치는 다만 전쟁터에서 병사를 부리는 일에만 해당되는 것이 아니고, 나라를 다스리는 경륜도 젊은이가 어른을 넘어서지 못하는 것을 볼 수 있다. 진나라 목공이 "어른에게 자문을 구하면 잘못되는 일이 없다"고 한 것은 이를 두고 한 말이다.

그런데 오늘날 나라가 되어 가는 꼴을 보면 국권은 경험도 없는 어린 아이에게 맡기고 늙은이들은 수수방관하며 입을 꼭 다문 채 말을 하지 않고 있다. 어쩌다 요긴한 말을 했다 하더라도 도리어 견책이나 당하는 것이 보통이다. 이런 일을 앞에 말한 쥐의 일과 견주어 보면, 사람이 하는 짓이 쥐가 하는 짓보다도 못하니, 탄식하지 않을 수 없다.

---

[1] 진나라의 젊은 장수 이신이 용기만 믿고 60만 대군을 요청한 왕전을 겁쟁이라고 비웃으며, 20만 군대를 이끌고 적진으로 진격했다가 패한 고사가 있다.

원제_효빈잡기(效嚬雜記)
고상안 (高尙顔, 1553~1623)
호는 태촌(泰村). 조선 선조 9년 문과에 급제하여 함창 현감을 지냈다. 저수지 둑을 쌓아 함창과 상주 농민들에게 크게 혜택을 주었으며 농민들은 그 업적을 기려 공덕비까지 세웠다. 작품으로 '농가월령가'와 '효빈가'가 유명하며, 문집으로는 〈태촌집〉 등이 있다.

렇게 지낼 수밖에 없었다. 그러던 어느 날 저녁이었다. 그 마을에 사는 한 여인이 맛있는 음식을 장만해서 솥 속에 넣은 다음 무거운 돌로 뚜껑을 눌러 놓고 밖으로 나갔다. 쥐들은 그 음식을 훔쳐먹고 싶어 안달이었지만 방법이 없었다. 그때 한 쥐가 말했다.

"늙은 쥐에게 물어보는 것이 좋겠다."

모두가 "그게 좋겠다"고 하고는 함께 가서 묘안이 없겠느냐고 물었다.

늙은 쥐는 화를 발끈 내면서 말했다.

"너희들이 나에게서 기술을 배워서 항상 배불리 먹고살면서도 지금까지 나를 본체만체했으니 괘씸해서라도 말해 줄 수 없다."

쥐들은 모두 절하며 사죄하고 간청했다.

"저희들이 죽을 죄를 졌습니다. 지나간 일은 어쩔 수 없고 앞으로는 잘 모실 테니 방법만 가르쳐 주십시오."

그러자 늙은 쥐가 말했다.

"그래, 그렇다면 일러주마. 솥에 발이 세 개 있지? 그 중 하나가 얹혀 있는 곳을 모두 힘을 합쳐서 파내거라. 몇 치 파내려가지 않아 솥은 자연히 그쪽으로 기울어질 것이고 그러면 솥뚜껑은 저절로 벗겨질 것이다."

쥐들이 달려가서 파내려가자 과연 늙은 쥐의 말대로 되었다. 쥐들은 배불리 먹고 돌아오면서 남은 음식을 가져다가 늙은 쥐를 대접했다.

아, 쥐와 같은 미물도 이와 같은데 하물며 만물의 영장인 사람에 있

늙은 쥐의 꾀

고상안

옛날에 음식을 훔쳐먹는 데 귀신이 다된 쥐가 있었다. 그러나 늙으면서부터 차츰 눈이 침침해지고 힘이 부쳐서 더 이상 제 힘으로는 무엇을 훔쳐먹을 수가 없게 되었다. 그때 젊은 쥐들이 찾아와서 그에게서 훔치는 기술을 배워 그 기술로 훔친 음식물을 나누어 늙은 쥐를 먹여 살렸다. 그렇게 꽤 많은 세월이 지나갔다. 그러던 어느 날 젊은 쥐들이 말했다.

"이제는 저 늙은 쥐의 기술도 바닥이 나서 우리에게 더 가르쳐 줄 것이 없다."

그러고는 그 뒤로 다시는 음식을 나누어 주지 않았.

늙은 쥐는 몹시 분했지만 어쩔 수 없는 노릇이었다. 얼마 동안 그

생활의 예지

6 인식과 비판의 칼

- 261 · 이상한 관상쟁이 이야기 이규보
- 265 · 금남에 사는 어느 야인의 비판 정도전
- 268 · 파리를 조문하는 글 정약용
- 273 · 박쥐야, 박쥐야 서거정
- 276 · 쥐를 쫓는 주문 이규보
- 278 · 나의 작은 채소밭 이곡
- 281 · 밀양 향교 여러분께 김종직
- 289 · 선비 정신 신흠

7 옛 법을 다시 쓰니

- 295 · 꽃으로 왕을 깨우치다 설총
- 298 · 규정기 조위
- 302 · 〈삼국사기〉를 바치며 김부식
- 305 · 서낭신께 아룁니다 – 아버지를 대신하여 이건창
- 311 · 보정문의 상량문 이백순
- 315 · 원나라 살리타 관인에게 보내는 글 이규보
- 318 · 황소에게 보내는 격문 최치원

4 오는 정 가는 정

179 · 백영숙을 기린협으로 보내며 박지원
181 · 술 익자 살구꽃 피니 이규보
183 · 초의 선사께 김정희
188 · 삽과 칼과 낫을 벗으로 삼은 사람의 이야기 권근
192 · 아들 학연에게 정약용
197 · 추강 남효온 선생께 보내는 글 김시습
203 · 매월당 김시습 선생께 답함 남효온
208 · 남명 조식 선생께 이황

5 사랑하는 사람들, 정다운 이웃들

217 · 닭의 여섯번째 미덕 이첨
219 · 나의 어머니 사임당의 생애 이이
224 · 어머님에 대한 그리움 이현보
228 · 이낭중께 서해를 천거합니다 임춘
232 · 박연과 피리 성현
235 · 민영감 이야기 박지원
249 · 개야, 내 너에게 이르나니 이규보
252 · 청백리의 일화 이수광
255 · 고양이 서거정

92 · 어부의 즐거움 권근
96 · 밤나무 예찬 백문보
99 · 네 벗이 사는 집 허균
103 · 세 가지 유익한 벗 유방선
107 · 삼각산 기행 이정구
117 · 게으름도 때로는 이로움이 되나니 성현

3 사랑과 고뇌 그리고 소망

125 · 의로운 거위 이야기 주세붕
128 · 아내의 영전에 김종직
132 · 형님 영전에 바칩니다 김일손
142 · 열녀 함양 박씨전 박지원
149 · 빠진 이를 아쉬워하며 김창흡
156 · 아내 숙부인 김씨 행장 허균
160 · 늙은 말과의 대화 홍우원
165 · 호조참의를 사양하는 글 김창협
170 · 친구 박영기가 토계의 수신에게 제사 지내고
       그 아우의 시신을 찾는 것을 돕기 위하여 지은 글 김택영

머리말

　다른 문학 장르도 그렇지만 수필에 있어서도 우리는 우리의 전통을 제대로 이어받지 못하고 있는 것 같다. 지금 우리가 수필로 알고 있는 것은 어디까지나 서구식 수필이지 우리의 그것이 아니기 때문이다.
　그런 점에서 우리는 한 번쯤 우리 한문 고전 수필에 눈을 돌려볼 필요가 있지 않을까 한다. 주제의 통일성, 구성의 논리성, 호흡의 장단과 문세(文勢)의 완급에 대한 적절한 조절, 그리고 간결한 표현미와 사물을 보는 관조적인 시각과 문장의 리듬에 대한 감각. 이런 점은 현대 수필이 놓치고 있는 가치이며, 그래서 계승해야 할 우리의 전통이라고 생각한다.
　그러나 지금까지 그렇지 못한 것이 우리의 현실이었다. 고전 수필의 번역이 활기를 띠지 못했기 때문이요, 이미 번역된 작품들이라도 아직도 일반 독자들의 접근을 막는 많은 장애 요인을 안고 있기 때문이다. 그런 장애 요소들 가운데 하나는 엄청나게 많은 작품 중에서 무엇을 읽느냐는 문제이고, 다른 하나는 난삽하고 어색한 번역문에 따른 문제이다.

첫번째 문제를 해결하기 위해 작품 선정에 심혈을 기울였다. 서정성에 기준을 두되 비판적인 글도 배제하지 않고 평소 관심을 가지고 추려 왔던 글들과 새로 발굴한 작품을 엄선하다 보니 64편이 마지막까지 남았다. 번역은 원문에 충실하되 의고체를 피하고 현대어에 맞게 하였으며, 배경 지식을 필요로 하는 부분은 주를 달아 독자들의 이해를 돕고자 했다. 그러나 고전 수필이 가지는 독특한 맛과 리듬감은 가급적 살리는 방향으로 했다.

작품 선정은 손광성이 맡았고, 번역은 세 부분으로 나누어, 고려 말까지는 김경수, 조선 중기까지는 손광성, 그리고 조선 후기는 임종대가 맡았다. 고전 명수필이라고 하지만 한글 수필은 싣지 않았다. 이미 교과서를 통해 널리 알려진 작품이어서 굳이 다시 소개할 필요가 없었기 때문이다.

작품 편집은 주제별로 배열했다. 한편 한문 문체의 특성도 고려하였는데, 첫째 장 '생활의 예지'는 주로 설류(說類)에 해당하는 작품을 모았으며, 둘째 장 '한가로움과 풍류'는 기류(記類)에, 셋째 장 '사랑과 고뇌 그리고 소망'은 제문(祭文)에, 넷째 장 '오는 정 가는 정'은 서류(書類)에, 그리고 여섯째 장 '인식과 비판의 칼' 같은 것은 소(疏)와 논

아름다운 우리 고전 수필

강희맹 外 지음 | 손광성 外 편역

을유문화사

(論)과 같은 글에 해당된다.

  모쪼록 이 책이 좋은 고전을 찾는 독자들에게 성실한 길라잡이가 되어 주었으면 한다.

2003. 5. 20.

옮긴이들

차
  례

1 생활의 예지

15 · 늙은 쥐의 꾀 고상안
18 · 아비 도둑과 아들 도둑 이야기 강희맹
23 · 세 형제의 등산 강희맹
27 · 꿩 사냥 강희맹
32 · 대나무 이인로
36 · 배에서 사는 어느 노인과의 대화 권근
39 · 소를 타고 다니는 즐거움 권근
42 · 대머리의 변 권근
45 · 여색 이규보
48 · 백운거사 어록 이규보
51 · 죽음에 대하여 이수광
55 · 밤새 강을 아홉 번 건너다 박지원

2 한가로움과 풍류

63 · 숨어사는 선비의 즐거움 신흠
75 · 구름 속의 정자 김수온
79 · 살구꽃이 피면 한 번 모이고 정약용
83 · 내가 살아가는 모습 박지원
88 · 운금루기 이제현

스러운 것이어서, 늘 육지같이 평탄한 곳에서 살다 보면 그것이 몸에 배어서 도리어 방심하기 쉽고, 위험한 처지에 놓이게 되면 갑자기 두렵고 떨려서 어쩔 줄을 모른다는 것을 말이오. 무서우면 경계하는 마음이 생기기 때문에 도리어 안전하지만, 안전하다고 해서 방심하게 되면 반드시 위험이 따르게 마련이지요. 그래서 나는 편안한 곳에서 안심하다가 스스로 위험에 떨어지는 것보다, 차라리 위험한 곳에서 살면서 늘 경계심을 늦추지 않으면서 안전하기를 바라는 것이라오."

그는 다시 말을 이었다.

"게다가 배라는 것은 고정되지 않고 물 위에 떠 있는 것이라 어느 쪽이든 무게가 쏠리게 되면 자연히 기울게 마련이지요. 그래서 배가 무겁지도 가볍지도 않게 하고, 또 배가 어느 쪽으로도 기울지 않게 내가 중심을 잡아 주면 배는 자연스럽게 균형을 잡게 됩니다. 그렇게 되면 아무리 풍랑이 거세더라도 배가 뒤집힐 염려가 없게 되지요. 그러니 풍랑이 아무리 거세다고 한들 어찌 내 마음의 평정까지 어지럽힐 수 있겠소?

그리고 어떻게 생각하면, 세상이란 하나의 거대한 파도요, 인심이란 또한 거대한 바람이오. 나의 보잘것없는 몸이 세파에 시달리며 아득히 표류하는 것이 작은 배가 넓디넓은 바다 위에서 표류하는 것과 무엇이 다르겠소? 그런데 내가 배에서 세상 사람들을 바라보니 평상시에 편안한 것만 믿고 어려움이 있을 때를 생각하지 않으며, 욕심만 좇을 뿐 나중 일을 생각하지 않고 있다가 낭패를 보는 사람이 적지 않았소. 그런데 당신은 이것을 걱정하기는커녕 도리어 나를 위태롭다고 생각하니 어쩐 일이오?"

　말을 마치자 노인은 뱃전을 두드리면서 노래했다.

　아득한 강과 바다 멀기도 한데,
　빈배를 띄워 한가운데로 들어가네.
　달빛만 싣고 홀로 떠나는 마음이여.
　이 한 해도 한가로이 마치리로다.

　노인은 나그네에게 작별 인사를 마치자 두 번 다시 돌아다보지도 않고 말없이 떠나가 버리고 말았다.

> **원제_주옹설(舟翁說)**
> **권근_(權近, 1352~1409)**
> 고려말·조선초의 문신. 성리학자로 문장이 뛰어났고 신흥 사대부 50여 명과 함께 이성계를 추대하여 조선의 개국 공신이 되었다. 왕명으로 〈동국사략(東國史略)〉을 편찬했다. 저서로 〈양촌집(陽村集)〉, 〈입학도설(入學圖說)〉 등이 있다.

소를 타고 다니는 즐거움

권근

나도 평소 아름다운 산수를 찾아다니기를 좋아하지만 그런 것은 근심 걱정이 없을 때라야 가능한 일이라서 자주 즐기지는 못한다.

평해(平海)에 사는 나의 벗 이주도(李周道)는 근심 걱정이 없는 사람이다. 달이 밝은 밤이면 가끔씩 소 잔등에 술동이를 싣고 명승지를 찾아 나선다. 평해는 원래부터 경치가 빼어난 곳이기도 하지만, 이군은 옛 사람들도 미처 깨닫지 못한 묘미까지 찾아 즐기는 것이다.

그러나 그 묘미란 별다른 것이 아니라, 사물을 보되 천천히 여유를 가지고 보는 데에서 찾아지는 것이다. 그렇게 할 때만이 사물들은 우리에게 숨기고 있는 자신의 비밀까지 보여 주기 때문이다.

사물을 볼 때 빨리 보게 되면 자세히 볼 수가 없는 법이다. 이군이 말을 타지 않고 굳이 소를 타는 까닭이 여기에 있으니, 말은 빠르고 소는

느리기 때문이다.

밝은 달이 중천에 뜬다. 산은 한층 더 높아지고, 물은 한층 더 아득해져서 하늘과 땅이 온통 한빛이 된다. 위를 쳐다보나 아래를 굽어보나 문자 그대로 일망무제(一望無際), 아무런 막힘이 없다.

이런 풍경 속에서라면 자질구레한 일상들이 모두 뜬구름같이 여겨져서, 맑은 저녁 바람에 유유자적하며 휘파람을 불 수 있게 되는 것이다. 어떤 때는 고삐를 놓아 소에게 맡기고 마음이 내키는 대로 술을 따라 마신다. 그리하노라면 가슴속이 유연해져서 그 속에 더할 수 없는 즐거움이 있는 것이다. 사소한 근심 걱정 같은 것이 끼여들 여지가 없다.

옛 사람들이라고 다 이런 즐거움을 알고 즐긴 것도 아닌 것 같다. 하긴 소동파의 적벽강 뱃놀이가 이에 버금갈 만하다고나 할까. 그러나 뱃놀이라는 것은 위태로운 것, 소를 타고 다니는 유람에는 비할 바가 못 된다. 또 술이 떨어지고 안주가 다했을 때 소동파는 집에 가서 아내와 의논해서 마련한다고 하니 그것이 얼마나 번거로운 일인가. 스스로 가지고 다니다가 마시고 싶을 때 마실 수 있으니, 소를 타는 편리함이 여기에 있다.

〈적벽부〉에서 말하는 계수나무 노니 목란나무 노니 하는 것도 모두 사치스럽고 번거로운 것. 게다가 배를 타다가 다시 뭍에 올라 걸어야 한다는 사실이 또한 얼마나 성가신 일인가. 소는 한 번 타면 돌아올 때까지 내리는 수고를 하지 않아도 된다.

아, 소를 타고 유람하는 이 한가로운 즐거움을 아는 이 몇이나 될까?

아마도 증점은 그 즐거움을 알았음에 틀림없다. 언젠가 공자께서도 증점[1]의 유유자적하는 삶의 자세에 대하여 들으시고는, "옳거니!" 하고 탄복한 일이 있었다. 그러니 나의 말을 믿어도 좋을 것이다.

1) 중국 춘추 시대 노나라 사람으로 증자의 아버지. 공자가 어느날 제자 몇 사람에게 각자의 소망을 말하게 하자, 증점은 "친구들과 함께 기수에 가서 목욕이나 하고 돌아오는 길에 높은 기우제 터에 올라가 바람을 쐬면서 노래를 부르다가 돌아오겠다"고 하였다. 공자는 욕심을 떠난 그의 삶의 자세에 탄복하여 "나도 증점의 편에 서겠다"고 하였다.

원제_기우설(騎牛說)

대머리의 변

권근

　경주에 사는 김진양(金震陽) 군은 어느 날 터를 사서 거기에 작은 집 한 채를 짓고는 띠로 지붕을 이었다. 그리고는 스스로 호를 동두(童頭), 즉 '대머리'라 지었다. 내가 그 까닭을 물었더니 그는 이렇게 대답했다.
　"나는 본래부터 머리숱이 매우 적은데다가 얼굴은 늘 개기름으로 번들거리네. 나는 또 잘 마시지는 못하지만 술이 생기면 청탁(淸濁)을 가리지 않는 성미인데, 어쩌다 취하기라도 하면 곧잘 갓을 벗어던지고 맨머리 바람으로 다니기를 좋아하지. 이런 나를 보고 사람들이 모두 '대머리, 대머리' 하고 놀리기에, 이 편에서도 아예 그것을 호로 삼아 버린 것이네.
　대개 호라는 것은 그 사람의 생긴 모습을 따라 짓는 것인데, 내가 대머리이니 남들이 나더러 대머리라고 부르는 것은 당연한 일이 아니겠는가. 나는 다만 남들이 부르는 그대로 따랐을 뿐이라네. 옛날 공자는 나면서부터 이마가 웅덩이처럼 우그러들고 사방이 높았기 때문에, 그 생김새를 따라 이름을 언덕 구(丘)자로 하고 자(字)를 중니(仲尼)라고 지었다고 들었네. 다시 말해서 제 생긴 대로 거기에 맞는 별명으로 불리게 된다는 것이지. 곱사등이가 낙타라 불리는 것이 바로 그 예라 하겠네. 옛 성현들 중에는 이처럼 자신의 모습을 따라 호를 삼은 분들이 많았다고 들었네. 그러니 나라고 마다할 수 있겠는가.

게다가 '대머리 중에는 거지가 없다'는 속담도 있으니, 대머리가 복을 불러온다고 말할 수도 있겠지. 또 오래 산 사람은 반드시 머리가 벗겨져 대머리가 되는 것이니, 뒤집어 말하면 내가 대머리라는 사실은 곧 오래 살 것이라는 증거가 아니겠는가. 내가 만일 걸식하지 않고 오래 살다가 편안히 죽는다면 그것은 나의 대머리 덕이라 할 수 있을 것이네. 사람 치고 부귀와 장수를 바라지 않는 사람이 누가 있겠는가.

그러나 하늘이 생물을 창조한 것을 보면, 날카로운 이빨을 준 자에게는 굳센 뿔을 주지 않았고, 날개를 준 자에게는 네 다리를 주지 않았네. 인간의 경우도 마찬가지여서, 세상에서 부귀와 장수를 겸한 사람은 많지 않은 법. 한때 잘 살았지만 그것을 끝까지 유지하는 이는 그리 많지 않다네. 그러니 굳이 부귀를 바라 무엇하겠는가? 다행히 나에게 초가가 있어 내 몸을 보호하기에 족하고, 거친 음식이지만 나의 굶주림을 달래기에는 부족함이 없으니, 이렇게 하여 나의 타고난 수명을 다할 생각이라네. 사람들이 나더러 대머리라 하고 내가 또한 그것을 마다하지 않고 즐겁게 생각하는 까닭이 여기에 있네."

내가 이 말을 듣고 말했다.

"나도 동감이네. 내 얼굴이 검어서 사람들이 나더러 '작은 까마귀〔小烏〕'라고 부르기에 나도 또한 그대로 받아들이고 있네. 하지만 대머리니 까마귀니 하는 것은 다 외모 때문에 붙여진 별명일 뿐, 내면적인 인격 때문에 붙여진 이름이 아니네. 그러니 내적인 것에 대한 이름은 그가 쌓은 인격 수양의 정도에 의해 결정될 것일세. 세상에는 얼굴은 아름답지만 성질이 고약한 사람도 있는 법. 어찌 용모로 그 사람의 됨됨이를 판단할 수 있겠는가?"

김군은 넓은 학문과 민첩한 재능을 타고나서 조정에 벼슬한 지가 오래되어 대간의 요직을 역임하고 시종직에 오랫동안 있었다. 그는 빛나는 명성을 크게 떨쳐 사람들이 모두 크게 기대하였지만, 마음이 매우 겸손하여 부귀를 탐하지 않고 평생을 초가삼간에서 마칠 생각인 것 같으니 쌓은 수양이 어느 정도인지 알 것 같다. 이른바, "비난할 바가 없다"는 말이 바로 이 사람에게 해당되는 말이라 하겠다. 임자년 가을, 8월 12일에 소오자(小烏子)가 쓴다.

원제_ 동두설김진양자호(童頭說金震陽自號)

여색

이규보

　세상에는 색(色)에 미혹되는 사람이 더러 있다고 한다.
　그런데 색이란 대체 무엇인가? 붉은 것인가, 흰 것인가, 푸른 것인가? 해·달·별·노을·구름·안개·풀·나무·새·짐승이 모두 색이 있으니, 이것들이 사람을 미혹하게 하는가? 아니다. 그러면 금과 옥의 아름다움, 의복의 화려함, 궁실의 사치스러움, 능라금수의 화사함, 이런 것이 더욱 아름다운 색이라 사람을 미혹하게 하는가? 언뜻 그럴 듯하지만 그렇지 않다.
　이른바 여기서 색이란 것은 여자의 미모이다. 검은 머리, 흰 살결에 화장을 하고, 마음을 건네고 눈이 서로 맞으면, 한 번 웃음에도 나라를 망하게 한다. 보는 이는 모두 홀리고 만나는 자는 모두 혹하게 된다. 그를 귀여워하고 사랑하게 되면 아무리 형제 친척이라도 눈에 보이지 않는다.

　그러나 여색은 귀여워해 주어도 곧 나를 뿌리치고, 아무리 사랑해 주어도 곧 내가 조심해야 할 대상이 된다. 눈이 요염한 것은 칼날이고, 눈썹이 굽은 것은 도끼이며, 두 볼이 통통한 것은 독약, 살결이 매끄러운 것은 보이지 않는 좀이라 한다. 그대는 이런 말을 듣지 못했는가?

　도끼로 찍고 칼로 찌르며, 보이지 않는 좀이 파먹고 독약으로 괴롭히니 이것이 혹독한 해가 아닌가? 그 해로움이 바로 적이니 어찌 그를 이길 수 있겠는가? 그래서 여색은 곧 '도적'이라 한 것이다. 도적을 만나면 죽는데, 어떻게 그와 친할 수 있겠는가? 그러므로 배척해야 한다.

　안에서 생긴 해로움도 이와 같은데 밖에서 생기는 해로움은 더 말해 무엇하겠는가? 사내들이란 여색의 아름다움을 들으면 가산을 탕진하면서도 구하여 의심하지 않는다. 예쁜 첩을 두면 남들의 시기를 받고, 아름다운 여인을 차지하면 공명이 땅에 떨어지게 된다. 크게는 군왕, 작게는 벼슬아치들이 나라를 망치고 집안을 망침이 이로 말미암지 않은 것이 없다.

　주나라의 포사, 오나라의 서자, 진나라 후주(後主)의 여화, 당나라 현종의 양귀비는 모두 군주를 현혹시켜 화의 근원을 길렀으므로, 주나라가 그 때문에 쓰러지고, 오나라가 그 때문에 무너지고, 진나라와 당나라가 그 때문에 붕괴되었으며, 작게는 녹주의 요염한 자태가 석숭[1]을 망치고 손수의 요망한 치장은 양기[2]를 미혹시켰다. 이런 사례는 이루 다 기록할 수 없을 만큼 많다.

아, 나는 장차 풀무질을 하여 숯불을 피워서 모모와 돈흡³⁾의 얼굴 천만 개를 주조하여 앞에 든 요염한 얼굴들을 모조리 이 주조된 얼굴로 덮은 다음 화보(華父)의 눈을 칼로 파내 정직한 눈으로 바꾸고, 철석같은 광평(廣平)의 창자를 만들어 음란한 자의 뱃속에 넣으려 한다. 그리하면 비록 향수나 연지의 안료가 있더라도 분뇨나 흙덩이로 여길 것이요, 비록 모장과 서시의 아름다움이 있더라도 돈흡이나 모모로 여길 것이니, 이에 미혹되는 자들이 있겠는가?

1) 진(晉)나라의 대부호.
2) 후한 순제 때의 대장군.
3) 둘 다 추녀의 이름.

원제_색유(色喩)
이규보_(李奎報, 1168~1241)
호는 백운(白雲). 고려 명종 20년에 급제하여 나중에 태자보에 이르렀다. 특히 문장이 뛰어나 무신정권 시절에도 붓 한 자루로 그들의 기를 꺾을 정도였다. 몽고의 침략 기간에는 주로 대몽 관계의 외교 문서를 도맡아 썼다. 8,000여 편의 시를 남겼으며, 특히 '동명왕편(東明王扁)'은 걸작 장시로 평가받고 있다. 저서로는 〈동국이상국집(東國李相國集)〉 등이 있다.

백운거사 어록

이규보

　내가 이름을 숨기고, 그 이름을 대신할 만한 것을 생각해 보았다. 옛날 사람들은 호로 이름을 대신한 이가 많았다. 사는 곳으로 호를 삼은 이도 있고, 소유물로 호를 삼은 이도 있으며, 얻은 바의 내용으로 호를 삼은 이도 있다.

　이를테면, 왕적의 동고자(東皐子), 두보의 초당선생(草堂先生), 하지장의 사명광객(四明狂客), 백낙천의 향산거사(香山居士)는 사는 곳으로 호를 삼은 것이며, 도연명의 오류선생(五柳先生), 정훈의 칠송거사(七松居士), 구양자의 육일거사(六一居士)는 소유물로, 장지화의 현진자(玄眞子), 원결의 만랑수(漫浪叟)는 얻은 바의 내용으로 호를 삼은 것이다.

　나는 이들과 달라, 사방으로 떠돌아다녀서 사는 곳이 일정하지 않고,

한 물건도 소유한 것이 없으며, 얻은 바의 내용도 없다. 이 세 가지가 모두 옛날 사람에 미치지 못하니, 자호(自號)를 무엇이라 해야 좋겠는가? 어떤 이는 초당선생이라 지목하나, 나는 두보 때문에 사양하고 받지 않았다. 더구나 나의 초당은 잠깐 산 곳이요 오래 산 곳이 아니다. 살았던 곳으로 호를 한다면 그 호가 또한 많지 않겠는가?

평소에 거문고·술·시, 이 세 가지를 매우 좋아하였으므로 호를 삼혹호(三酷好)선생이라 한 적이 있었다. 그러나 거문고를 잘 타지도 못하고 시를 잘 짓지도 못하고 술을 많이 마시지도 못하면서 이런 호를 가진다면 세상 사람들이 크게 웃지 않겠는가? 그래서 백운거사(白雲居士)라고 고쳤더니 어떤 이가 이렇게 말했다.

"자네는 장차 청산에 들어가 백운에 누우려는가? 어찌 호를 이처럼 백운이라 했는가?"

내가 말했다.

"그런 것이 아닐세. 백운은 내가 흠모하는 것이네. 흠모하여 이것을 배우고자 하면 비록 그 실상을 모두 얻지는 못하더라도 거기에 가깝게는 될 것이네. 대개 구름이란 한가히 떠다녀서 산에 막혀 머물지 않고 하늘에 얽매이지 않으며 나부껴 동서로 다녀 그 형상과 자취에 구애받지 않네. 순간에 변화하면 그 끝이 어딘지 알 수가 없네. 유연히 퍼지는 것은 군자가 세상에 나가는 기상이요, 걷히는 것은 덕이 높은 사람이 세상에 은둔하는 기상이며, 비를 만들어 가뭄에서 소생하게 하는 것은 인(仁)이요, 와서는 한군데만 정착하지 않고 갈 때는 미련을 남기지 않는 것은 통(通)이네. 그리고 빛깔이 푸르거나 누르거나 붉거나 검은 것은 구름의 원래 빛깔이 아니고, 오직 색깔 없이 흰 것만이 구름의 본래 빛깔이라네.

덕과 빛깔이 저와 같으니, 만일 저를 사모해 배워 세상에 나가면 만물에 은덕을 입히고, 집에 들어앉으면 마음을 비우게 되니, 그 흰 것을 지키고 그 올바름에 처하여 소리도 없고 색깔도 없어서 신선의 경지에 들어가게 된다면, 구름이 나인지 내가 구름인지 알 수 없을 것이네. 이렇게 되면 옛 사람들의 얻은 바의 내용에 가깝지 않겠는가?"

어떤 이가 물었다.

"거사라고 하는 것은 어떤 경우라야 하는가?"

내가 말했다.

"신선이 되어 산에 살거나 집에 살거나 간에 오직 도를 즐기는 사람이라야 거사라 말할 수 있네. 나의 경우는 집에 살며 도를 즐기는 사람이라네."

그가 이렇게 말했다.

"듣고 보니, 자네의 말은 사물에 통달한 데서 나온 것이 분명하네. 기록해 두는 것이 좋겠네."

그래서 이렇게 적어 두는 것이다.

원제_ 백운거사어록(白雲居士語錄)

죽음에 대하여

이수광

　모든 생물은 살아 있을 때는 부드럽지만 죽으면 굳어지게 마련이다. 그래서 노자는 이렇게 말했다.
　"굳고 강한 것은 죽음의 세계에 속하는 것이고, 부드럽고 약한 것은 삶의 세계에 속하는 것이다."
　사람의 성품도 마찬가지다. 부드러우면 살고 굳으면 죽는다.
　공자는 이렇게 말했다.
　"자로는 정상적인 죽음을 맞지 못할 것이다."
　그것은 그의 강직한 성품이 걱정되어 한 말이다.
　〈효경(孝經)〉 원신계(援神契)에 이런 말이 있다.
　"태산은 천제(天帝)의 손자로서 사람의 영혼을 주관한다."
　따라서 유정(劉楨)의 시에, "항상 태산에서 노는 것을 두려워한다"고

한 것은 병이 깊어 거의 죽게 되었다는 의미이다. "태산에서 논다"는 말도 이런 의미로 바로 여기에서 나온 말이다.

태어남은 죽음의 시작이요, 번성함은 쇠퇴함의 시작이다. 영광은 치욕의 징조이고, 소득은 상실의 원인이다. 따라서 나면 반드시 죽게 되고, 성하면 반드시 쇠하게 되고, 영화로우면 반드시 욕됨으로 끝나고, 얻으면 반드시 잃게 되는 것이다. 이것은 세상의 변함없는 이치로서, 어리석은 자나 지혜로운 자나 모두 이 이치로부터 자유로울 수 없는 것이다.

그런데 세상의 어리석은 사람들은 영화로울 때 치욕이 닥칠 것을 알지 못하고, 왕성할 때 그만둘 줄을 알지 못하고, 영화로움만 탐할 뿐 피할 줄을 알지 못하고, 얻을 것만 생각하고 잃을 것을 걱정하지 않으니, 대체 무슨 까닭인지 알 수가 없다.

강절(康節)[1] 선생의 시에 이런 것이 있다.

태평한 세상에 태어나서
태평한 세상에서 자라서
태평한 세상에서 죽었네.
손이 와서 나이를 물으니
예순하고도 일곱이라.
하늘을 우러르고 땅을 굽어봐도
호연하여 부끄러움이 없구나.

대체로 나고, 자라고, 늙고, 죽는 것은 사람의 변하는 네 가지 이치인데, 선생은 태평한 세상에 태어나고 또 태평한 세상에서 죽어, 하늘과 땅에 대해 부끄러움이 없다고 하니, 얼마나 기쁜 일인가.

소동파의 글에 이런 말이 있다.

"사람은 한 번 태어나면 반드시 죽게 마련이다. 비록 백 년을 산다 해도 돌아갈 날은 오고야 마는 것이다. 그러나 글은 남아 썩지 않고, 아들이 있어 죽지 않는다."

내가 생각하기에 소동파는 통달한 사람이 아닌 것 같다. 왜냐하면 죽는다는 것은 돌아가는 것을 말함이니, 돌아가면 아무것도 없는 것이다. 아무것도 없는데 글이니 아들이니 하는 것이 무슨 소용이겠는가.

도연명은 이렇게 말했다.

"죽어서 돌아가 천명을 즐길 것을 의심하지 않노라."

이 분이야말로 통달한 사람이라 할 만하지 않은가.

또 소동파는 이렇게 말했다.

"유총(劉聰)이란 이는 죽어서 수차국(須遮國)의 임금이 될 것이라는 말을 듣고는 죽는 것을 두려워하지 않았다고 했다. 사람 가운데는 이처럼 부귀를 목숨보다 더 사랑하는 자가 있다. 그러나 달이 소미성(少微星)[2]을 범하자 오나라 고사(高士)들은 죽기를 바랐으나 죽지 못했다. 사람들 가운데는 명예를 목숨보다 더 좋아하는 자가 있다."

나는 말한다. 말세에는 목숨보다 부귀를 더 좋아하는 자가 많다.

속담에 이런 말이 있다.

날 때에 맨몸으로 왔으니 죽을 때에도 맨몸으로 간다."

이것이야말로 통달한 사람의 말이다.

다시 말하면 내 한 몸 이외의 모든 것은 참으로 존재하는 것이 아니며, 좀 더 생각해 보면 내 한 몸이라는 것조차 실은 없는 것이다. 그런데 괴롭게 재물을 모으다가 죽음에 이르러서도 그 헛됨을 깨닫지 못하니 무슨 까닭인지 알 수가 없다.

혜능(慧能)[3]은 이렇게 말했다.

"본래 아무 것도 없는데 어디에 티끌이 앉는단 말인가."

그 진리를 다시 한 번 새겨볼 일이 아닌가 한다.

---

1) 중국 송나라 때 학자. 이름은 소옹(邵雍). 자는 요부(堯夫). 주돈이가 이기론(理氣論)을 주장 했을 때 상수론(象數論)을 주장했다.
2) 별의 이름. 태미(太微)의 서쪽에 있는 네 별.
3) 중국 선종의 제6조로 돈오(頓悟)를 주장했다. 이 말은 "보리의 나무나 거울의 받침대는 원래 없다. 본래 인간이나 천지의 사이에는 항구불변의 물질이란 없다. 그러므로 없는 거울에 없는 먼지가 어찌 끼겠는가(菩提本非樹 明鏡亦非臺 本來無一物 何處拂塵族)"라는 구절에서 따온 것이다.

원제 _ 사망(死亡)
이수광 _ (李睟光, 1563~1628)
조선 시대의 문인. 호는 지봉(芝峰). 천주교 지식과 서양 문물을 소개하여 실학 발전의 선구자가 되었다. 저서로는 〈지봉유설(芝峰類說)〉, 〈채신잡록(采薪雜錄)〉 등이 있다.

밤새 강을 아홉 번 건너다

박지원

 강물은 두 산 사이에서 흘러나와 바위에 부딪혀 싸우는 듯 요란하게 흐른다. 놀란 파도가 일어나기도 하고, 성난 물결이 굽이치기도 하다가, 때로는 슬피 애원하는 듯한 소리로 흐르는 급한 여울이 되기도 한다. 내달아 부딪치고 휘말려 곤두박질치며, 울부짖고 고함치고 하는 것이 언제라도 만리장성을 쳐부술 듯, 기세가 자못 당당하다. 전차 만 대, 기병 만 명, 대포 만 문, 북 만 개로도 무너지고 깨어지며 내리 덮치는 듯한 그 소리를 형용하기에는 충분하지 못할 것 같다.

 모랫벌에는 거대한 돌들이 우뚝우뚝 솟아 있고, 강 언덕엔 버드나무들이 어둠 속에 서 있어서, 흡사 물귀신들이 다투어 나와서 사람을 겁주고 놀리는 듯하기도 하고, 좌우에서는 이무기들이 사람을 사로잡으려 드는 것 같기도 했다. 어떤 사람은 이곳이 옛날 전쟁터였기 때문에 강물이 그렇게 운다고 말했다. 그러나 이것은 그런 때문이 아니다. 강물 소리란 듣는 사람이 어떻게 듣느냐에 따라 달라지는 것이다.

나의 집은 산중에 있는데 바로 문 앞에 큰 시내가 있다. 해마다 여름철이 되어 소나기가 한바탕 퍼붓고 지나가면 시냇물이 갑자기 불어나 전차와 기병과 대포와 북이 울리는 듯한 소리를 늘 듣게 되어, 마침내 귀에 탈이 날 지경이다.

나는 예전에 문을 닫고 누워 그 시냇물 소리를 다른 소리와 서로 비교해서 들은 적이 있다. 청아하다고 생각하고 들으면 깊은 소나무 숲에서 바람이 불 때 나는 것 같은 소리로 들린다. 몹시 흥분해 있다고 생각하고 들으면 산이 갈라지고 언덕이 무너지는 것 같은 소리로 들린다. 교만한 것 같다고 생각하고 들으면 뭇 개구리들이 다투어 우는 듯한 소리로 들린다. 성나 있는 듯하다고 생각하고 들으면 수많은 축(筑)[1]이 번갈아 가며 울리는 것 같은 소리로 들린다. 놀란 듯하다고 생각하고 들으면 천둥 번개가 우르릉 쾅쾅 하는 소리로 들린다. 운치가 있다고 생각하고 들으면 약한 불과 센 불에 찻물이 끓는 듯한 소리로 들린다. 슬프다고 생각하고 들으면 거문고가 궁조(宮調)와 우조(羽調)[2]로 잘 어울려 나는 듯한 소리로 들린다. 뭔가 의심스럽다고 생각하고 들으면 문풍지에 바람이 우는 듯한 소리로 들린다. 그러나 이것은 모두 소리를 제대로 들은 것이 아니다. 다만 자기 마음 속에 물소리가 어떻다고 생각한 바에 따라 귀에서 소리를 만들어낸 것일 따름이다.

지금 나는 하룻밤 사이에 같은 강을 아홉 번이나 건넜다. 이 강은 북쪽 변방 밖에서부터 흘러나와 만리장성을 꿰뚫고 유하, 조하, 황화, 진천 등의 여러 강물과 합해져 밀운성 아래를 지나면서 백하가 된다. 내가 어제 배로 백하를 건넜는데, 바로 이 강의 하류였다.

내가 처음 요동 땅에 들어섰을 때에는 바야흐로 한여름이었다. 뙤약볕 속에서 길을 가는데 갑자기 큰 강이 앞을 가로막았다. 검붉은 흙탕물이 산같이 일어나서 건너편 언덕이 보이지 않았다. 아마 천리 밖 상류에서 폭우가 쏟아진 때문일 것이다. 강물을 건널 때에 사람들이 모두 고개를 들고 하늘을 우러러보고 있기에, 나는 그들이 모두 고개를 들고 하늘에 소리 없이 기도를 올리는 것이려니 생각했다. 그러나 그 뒤에야 안 일이지만, 그때 내 생각은 틀린 것이었다. 강을 건너는 사람들이 강물이 소용돌이치거나 용솟음치면서 탕탕히 흐르는 것을 바라보게 되면, 몸은 마치 물살을 거슬러오르는 것 같고, 눈은 물살을 따라 내려가는 것 같아서, 갑자기 현기증이 나서 물에 빠지게 된다. 그러므로 고개를 쳐든 것은 하늘에 기도를 올린 것이 아니라, 차라리 강물을 피하여 보지 않기 위함이었다. 또 목숨이 경각에 달렸는데 어느 겨를에 기도할 수 있었으랴!

그건 그렇다 치고, 그 위험이 이와 같았는데도 강물이 흐르는 소리는 듣지 못했다. 일행들은 모두 "요동의 들이 하도 넓고 평평하기 때문에 강물이 성을 내어 울어대지 않는다"고 말했다. 하지만 그것은 강을 잘 알지 못하는 데서 나온 말이다. 요하는 일찍이 울지 않은 때가 없었다. 다만 밤중에 건너지 않아서 듣지 못했을 뿐이다. 낮에는 눈으로 물을 볼 수 있으므로 눈이 오로지 그 위험한 광경을 보는데만 쏠려, 벌벌 떨면서 도리어 보는 것조차 두려워 눈을 딱 감아 버리고 싶은 판에 다시 무슨 소리가 귀에 들릴 틈이 있겠는가? 그런데 지금은 전과는 반대로 밤중에 강을 건너는지라, 눈으로는 위험한 광경을 보지 못하니 위험하다는 느낌이 오로지 귀로만 쏠리게 된다. 그래서 귀로 듣는 것이 무서워 바야흐로 벌벌 떨면서, 그 듣는 두려움을 이기지 못하는 것이다.

아, 나는 이제야 그 이치를 알았다. 마음을 차분히 다스리는 사람은 귀와 눈이 그에게 장애가 되지 않으나, 귀와 눈만 믿는 사람은 보고 듣는 것이 자세하면 자세할수록 더욱더 병이 되는 것이다.

어제 나의 마부가 말한테 발등을 밟혀 걸을 수 없으므로 그를 수레에 실어 놓고, 나는 말 재갈을 풀어 주어 강물에 뜨게 한 다음, 두 무릎을 바싹 오그리고 발을 모아 안장 위에 앉았다. 그러니 한 번 말에서 떨어지면 바로 강물에 빠져죽을 판이라, 그래서 강물을 땅으로 여기고, 강물을 나의 옷으로 여기며, 강물을 나의 몸으로 여기고, 강물을 나의 성정(性情)으로 여기기로 했다. 이렇게 하여 마음 속으로 한 번 말에서 떨어질 것을 각오하자, 내 귓속에서는 강물 소리가 마침내 사라지고 말았다. 그리하여 무려 아홉 번이나 강을 건넜는데도 걱정이 없고 태연한 것이, 마치 안석과 자리가 있는 방안에서 앉았다 누웠다 하는 것과 같았다.

옛날 우왕이 강을 건너는데, 황룡이 배를 등으로 치는 바람에 매우 위험하게 되었다. 그러나 사생의 판단이 먼저 마음 속에 분명해지자

용이든 도마뱀이든 그의 앞에서는 크고 작은 것을 논할 수 없게 되었다고 한다.

소리와 빛은 모두 외물(外物)이다. 이 외물이 항상 사람의 귀와 눈에 장애가 되어 바르게 보고 바르게 듣는 능력을 잃어버리게 만드는 것이다. 하물며 사람이 세상을 살아가는 데 있어서 그 험하고 위태로움이 강을 건너는 것보다 더욱 심한데, 보고 듣는 것이 살아가는 데 병이 됨을 더 말해 무엇하겠는가?

나는 앞으로 내가 사는 산중으로 돌아가 집 앞 시내의 물소리를 다시 들으면서 이것을 징험해 보려고 하거니와, 또 이로써 세상을 재주껏 살아가면서 스스로 자기가 총명하다고 믿는 자들을 경계하고자 하는 것이다.

1) 고대 중국의 현악기의 하나.
2) 아악에서 궁음으로 시작해서 궁음으로 끝나는 음조를 궁조라 하고, 우조는 오음의 하나인 우성(羽聲)으로 다른 음에 비해 웅장하다.

원제_일야구도하기(一夜九渡河記)

박지원_(朴趾源, 1737~1805)

호는 연암(燕岩). 벼슬살이가 싫어 산속에 들어가 정치, 경제, 문학 등을 공부하고 천문학을 연구하여 홍대용과 함께 지동설을 주장했다. 정조 4년 청나라에 들어가 그곳 학자들과 사귀면서 많은 지식을 쌓아 〈열하일기〉를 지어 실사구시와 이용후생을 주장했다. 그러나 〈열하일기〉는 순정 문체를 망가뜨렸다는 비난을 받아 이른바 문체반정운동의 계기를 만들었고 그의 저서는 금서가 되었다. 50대에 처음으로 벼슬에 나아가 안의현감, 면천군수 등을 지냈다. 특히 문학에서는 조선 후기 몰락하는 양반들의 무능과 타락을 풍자한 〈양반전〉, 〈허생전〉, 〈호질〉과 같은 소설을 써서 조선 후기 문학의 대표 작가가 되었다.

2 한가로움과 풍류

숨어사는 선비의 즐거움

신 흠

　전원에 오래 살다 보니 이제 세속 밖의 사람이 되고 말았다. 우연한 기회에 전에 적어 두었던 글들을 뒤적이다가 마음에 드는 것이 있기에 기록하여 조그만 책자로 엮고 그 속에 나의 뜻을 붙여 '야언(野言)'이라 이름하였으니, 이는 나의 살아가는 모습을 있는 그대로 적은 것이다. 야언이란 전원에 사는 사람의 꾸밈없는 이야기라는 뜻이니, 야인을 만나 함께 이야기해 볼 만한 것이라 하겠다.

　입 속에 세상에 대한 비평을 담지 않고 미간에 번뇌의 그림자를 드리우지 않으면 세속에 살아도 신선이라 이를 것이다.
　마음이 내키는 대로 꽃이나 대나무를 기르고 성미에 맞게 새나 물고기를 기르는 것, 이것이 바로 산림에 묻혀 사는 사람의 생활이라 할 것이다.

한나라 양자운¹⁾의 정자에는 배를 몰아 글을 배우러 오는 사람들이 많았고, 진나라 도연명²⁾의 국화길에는 술병을 들고 찾아와 사립문을 두드리는 손님들이 많았다. 하지만 생각하면 다 번거로운 일, 쑥대밭 속에 묻혀 살던 후한 때의 장중울³⁾이나, 눈 속에 갇혀 있어도 태평스럽게 누워 죽음을 기다리던 후한의 명신 원안⁴⁾의 처지가 차라리 낫지 않겠는가.

모든 병은 고칠 수 있으나 속기(俗氣)만은 고칠 수 없는 것. 다만 책이 그것을 고칠 수 있다.

술을 마시는 데는 진정한 아취가 있는데, 그것은 취하는 데에 있지 않고 취하지 않는 데에도 있지 않다. 한 잔 술에 얼굴이 발그스름해지는 사람으로는 송나라의 소요부를 들 수 있고, 흠뻑 취하는 사람으로는 서진의 유백륜⁵⁾을 들 수 있다.

세속을 떠난 이의 고상한 행적과 숨어사는 이의 절묘한 운치에 대해서 마음에 맞는 친구와 이야기를 나누다 보면 나 또한 절로 신기에 접하게 된다.

소탈한 친구를 만나면 나의 속됨을 고칠 수 있고, 통달한 친구를 만나면 나의 편벽됨을 깨뜨릴 수 있고, 박식한 친구를 만나면 나의 고루함을 바로잡을 수 있고, 인품이 높은 친구를 만나면 나의 타락한 속기를 떨쳐 버릴 수 있고, 차분한 친구를 만나면 나의 경망스러움을 다스릴 수 있고, 욕심 없이 깨끗하게 사는 친구를 만나면 사치스러워지려는 나의 허영심을 깨끗이 씻어낼 수 있다.

　사람이 명예에 대한 욕심을 버리지 못하면 처자식 앞에서도 뽐내고 싶은 법. 그러나 마음 속 깊이 숨어 있는 그 욕심을 쫓아낸다면 잠을 자도 청초한 꿈을 꿀 수 있을 것이다.

　일은 어느 정도 마음에 흡족하다고 생각할 때 그만둘 줄 알아야 하고, 말은 자기 마음에 흡족하다고 생각할 때 멈출 줄 알아야 한다. 그렇게 하면 허물과 후회가 자연히 적어질 것이다. 어디 그뿐이겠는가? 그 속에 담긴 의미가 또한 무궁할 것이다.

　일을 주선하다 보면 낭패를 보는 수가 있고, 무엇을 좋아하다 보면 결점이 나타나고, 욕심에 끌려 지나치게 연연하다 보면 어려운 일에 봉착하게 되고 마는 법이다.

　책을 읽는 것은 이로움만 있고 해로움이 없으며, 산과 물을 사랑하는 것은 이로움만 있고 해로움이 없으며, 꽃과 달과 바람과 대나무를 완상하는 것은 이로움만 있고 해로움이 없으며, 단정하게 앉아서 고요히 입을 다무는 것은 이로움만 있고 해로움이 없다.

　물이 끓고 차의 향기가 맑게 번질 때 마침 문 앞에 손님이 찾아온다. 얼마나 기쁜 일인가. 하지만 새가 울고 꽃이 이우는데도 찾아오는 사람이 없다. 그러나 슬퍼하지 말라. 오히려 거기에 유연한 맛이 있나니. 진원(眞源)은 맛이 없고 진수(眞水)는 향취가 없는 법이다.

　구름은 희고 산은 푸르며, 시냇물은 졸졸, 바위는 우뚝, 새들의 노랫소리를 꽃이 홀로 반기고, 나무꾼의 콧노래를 골짜기가 홀로 화답한다. 사방이 이렇듯 고요하니 사람의 마음조차 절로 한가롭구나.

　뜻을 다 표현한 다음에 말을 마치는 것은 천하의 지언(至言)이다. 그러나 말을 마쳐도 뜻은 다함이 없어 은은한 여운을 남기는 것은 더욱 지언이라 할 것이다.

　사람이 살아가면서 하루에 착한 말을 한 가지라도 듣거나, 착한 행동을 한 가지라도 보거나, 아니면 스스로 착한 일을 한 가지라도 행한다면 그 날은 결코 헛되이 산 것이 아니라 할 것이다.

　시는 자신의 적성과 능력에 맞게 쓸 일이다. 지나치면 고달파진다. 술도 마음을 부드럽게 하는 정도로 그쳐야 할 일이다. 지나치면 오히려 정신이 혼미해진다.

　아름다운 풍류를 즐긴다 해도 지나고 나면 늘 슬퍼지게 마련이다. 그러나 맑고 고요한 시골에서 노닐게 되면 갈수록 더 깊은 정취를 맛보게 된다.

　화려한 꽃은 향기가 적고 향기로운 꽃은 색이 화려하지 못하다. 이와 마찬가지로 부귀를 자랑하는 자는 인품의 향기가 없고, 인품의 향기를 뽐내는 자는 쓸쓸한 기색이 역력하다. 그러나 군자는 백세에 향기를 전할지언정 한 시대의 아름다운 자태로 남기를 원치 않는다.

　한 시대의 사람들 모두에게 영합하기 위하여 지은 문장은 훌륭한 문장이라고 할 수 없고, 한 시대의 사람들 모두에게 영합하기 위하여 다듬어진 인물은 참된 인물이라고 할 수 없다.

　산 속에서 사는 것이 좋기는 좋으나 조금이라도 그것에 매여 연연해

하면 이는 시장 바닥이나 조정 안에서 사는 것과 조금도 다를 것이 없다. 서화를 사랑하는 것이 아취가 있는 일이긴 하지만 조금이라도 이를 탐하는 마음이 있으면 또한 장사치와 다를 것이 없다. 한 잔 술을 마시는 일이 즐겁기는 하지만 한 순간이라도 남의 흥취에 따라가게 되면 또한 감옥 속처럼 답답하고, 손님을 좋아하는 것이 화통한 일이긴 하지만 조금이라도 속된 흐름에 떨어지게 되면 또한 고해(苦海)와 다를 것이 없다.

재주가 뛰어난 사람은 공경하고 삼가는 마음을 배울 것이며, 총명한 사람은 침착하고 중후함을 배울 것이다.

저속한 말은 장사치에 어울리고, 간드러진 말은 기생에 어울리고, 농담은 광대에 어울린다. 사대부가 이 가운데 어느 한 가지에라도 관계된다면 위엄을 잃고 말 것이다.

후덕하게 하느냐 아니면 야박하게 하느냐의 여부가 장단(長短)의 열쇠가 되고, 겸손하게 하느냐 아니면 교만하게 하느냐의 여부가 화복(禍福)의 열쇠가 되며, 부지런하고 검소하냐 아니면 사치하고 게으르냐의 여부가 빈부의 열쇠가 되며, 양생(養生)을 하느냐 아니면 욕심대로 사느냐의 여부가 사람으로 남느냐 귀신으로 돌아가느냐의 갈림길이 된다.

이름을 날리게 되면 반드시 중책을 맡게 되지만, 잔재주를 부리게 되면 반드시 뜻밖의 어려움을 당하게 된다.

보통 사람을 보는 요령은 큰 대목에서 나대지 않는가를 살피는 데 있고, 호걸을 보는 요령은 작은 대목에서도 소홀히함이 없는가를 살피는 데 있다.

　노래와 여자를 너무 밝히면 허겁병(虛怯病)에 걸리고, 재물과 이익을 너무 밝히면 탐도병에 걸리고, 업적을 쌓는 데에만 골몰하면 정도를 이탈하는 주작병(走作病)에 걸리고, 명예에만 집착하다 보면 과격하게 일을 처리하는 교격병(矯激病)에 걸리고, 옛것을 배우고자 하는 마음이 지나치면 맹목적으로 남을 모방하는 호로병(葫蘆病)에 걸린다.

　손님들은 흩어지고 대문은 닫히고 바람은 선들거리고 해는 떨어지는데, 술동이에 남은 술 기울이니 문득 시상이 떠오르네. 산 속에 숨어사는 사람이 바라는 것이 이 밖에 또 무엇이 더 있겠는가?

　긴 행랑, 널찍한 정자, 굽이굽이 흐르는 강물, 휘어져 돌아오는 오솔길, 거기 흐드러지게 핀 들꽃, 울창한 대숲, 산새와 갈매기, 그리고 질화로에 향을 사르고 설경을 바라보며 선(禪)에 대해 이야기하는 것. 이것이야말로 산중 생활의 진정한 경계요 담백한 삶의 모습이라 하겠다.

　해서 되는 것이 있고 해서는 안 되는 것이 있는 것, 이것은 세간법(世間法)이다. 해서 되는 것도 없고 해서는 안 되는 것도 없는 것, 이것은 출세간법(出世間法)이다. 옳은 것이 있고 그른 것이 있는 것, 이것은 세간법이다. 옳은 것도 없고 옳지 않은 것도 없는 것, 이것은 출세간법이다.

　사슴은 정(精)을 기르고 거북이는 기(氣)를 기르고 학은 신(神)을 기른다. 그래서 장수하는 것이다. 고요한 곳에서는 기를 단련하고 움직

이는 곳에서는 신을 단련한다.

군자는 일을 감당할 능력이 없다고 해서 그 사람을 모욕하지 않으며, 무식하다고 해서 그 사람을 부끄럽게 만들지 않는다. 그래서 군자에게는 원망이 적은 것이다.

봄도 장차 저물어 가는데 숲 속으로 들어가니 굽은 길은 어슴푸레 뚫려 있고, 소나무와 대나무가 서로 마주보고 있다. 들꽃은 향기를 뿜어내고 산새들도 즐겁게 지저귄다. 거문고를 안고 바위에 앉아 두서너 곡을 타니, 심신은 변하여 통천(洞天)의 신선인 듯, 그림 속의 사람인 듯.

뽕나무밭과 보리밭은 위아래에서 서로 아름다움을 다투고, 징끼는 따스한 봄볕 속에 짝을 부르고, 비둘기는 아침 보슬비 속에 노래한다. 전원에 묻혀 사는 사람이 누릴 수 있는 참다운 경치란 이 밖에 더 무엇이 있겠는가.

때로는 스님과 함께 솔밭 바위에 앉아 인과에 대하여 이야기를 나누기도 하고, 공안[)에 대하여 설왕설래하다 보면 어느덧 시간은 흘러 소나뭇가지 끝에 달이 걸린다. 이윽고 길에 비친 나무 그림자를 밟으며 집으로 돌아온다.

마음에 맞는 벗들과 함께 산에 올라 가부좌를 틀고 앉아, 내키는 대로 이야기하다가 그것도 따분해지면 바위 끝에 벌렁 누워 푸른 하늘에 두둥실 떠가는 흰 구름을 본다. 그러고 있으면 나도 모르는 사이에 기쁨이 밀려와 스스로 유유자적의 경지에 노닐게 된다.

서리가 내려 나뭇잎이 성긴 숲속을 홀로 거닐다 나무 등걸에도 앉아 본다. 붉은 단풍잎은 흰 소매 위에 떨어지고 산새는 가지에 날아와 유심히 내려다본다. 이 쓸쓸한 대지가 나에겐 오히려 맑고 넓기만 하구나.

문을 닫고 마음에 드는 책을 읽는 것, 문을 열고 마음에 맞는 손님을 맞는 것, 문을 나서서 마음에 드는 경치를 찾아가는 것, 이것이야말로 사람이 추구해야 할 세 가지 즐거움이 아니겠는가.

서리가 내린 바위는 우뚝하고 못물은 고요하고 맑기만 하다. 깎아지른 절벽 끝에 담쟁이가 휘감은 고목 두서너 그루, 모두가 물 속에 거꾸로 그림자를 드리운다. 지팡이를 짚고 이곳에 이르니 마음이 함께 맑아지는 것 같다.

거문고는 오동나무 가지에 바람이 일고 시냇물 소리가 들리는 곳에서 타야 어울린다. 자연의 음향이라야 거문고와 서로 잘 조화되기 때문이다.

살구꽃에 성긴 비가 듣고 버드나무에 산들바람이 불 때, 흥이 나면 흔연히 홀로 길을 나선다.

분주한 세상 밖에서 한가로움을 맛보고, 부족한 시간 속에 살면서 만족할 줄 아는 것은 은둔 생활의 정취요, 봄날 잔설을 쓸어내고 꽃씨를 뿌리는 것과 밤에 향을 피워 놓고 예언서를 보는 것은 은둔 생활의 또 다른 기쁨이다.

문필 생활은 흉년을 모르고 술이 있는 곳은 언제나 봄. 이것이 은둔 생활의 참다운 맛이다.

  쾌적한 밤 편안히 앉아 등불에 엷은 비단을 씌워 불빛을 은은히 밝히고 차를 끓인다. 밤은 깊어 아무 소리도 없이 사위가 그저 적막하기만 한데 개울물 소리만 간간이 들린다. 이런 밤 이부자리를 펴기 전에 잠시 책을 보는 것, 이것이 은둔 생활의 첫번째 즐거움이다.

  비바람이 몰아치는 날은 대문을 닫고 방 청소를 한다. 문밖에는 사람들의 왕래가 이미 끊어져 사방은 고요하고 실내 또한 적막하다. 이럴 때 앞에 가득히 쌓인 책 가운데서 마음이 내키는 대로 이것저것 뽑아서 펼쳐 본다. 이것이 은둔 생활의 두번째 즐거움이다.

  텅 빈 산 속에 한 해가 저무는데 고운 눈발은 사방으로 흩날리고 앙상한 나뭇가지조차 바람에 몸을 떤다. 추위에 놀란 새들이 들판에서 우는데 빈방에서 질화로를 끼고 앉아 있노라니, 차는 끓어 향기롭고 술은 익어 그윽하다. 이것이 은둔 생활의 세번째 즐거움이다.

  작은 배 한 척을 얻어 짧은 돛에 가벼운 노를 걸고, 책이며 솥이며 술 단지며 마실 것이며 차며 육포 같은 것들을 골고루 싣는다. 순풍을 만나 뱃길이 순탄하면 친구를 방문하기도 하고, 아니면 이름난 절간을 찾기도 한다.

  노래 잘 부르는 기생 한 명과 피리 잘 부는 아이 하나와 거문고 잘 타는 사내를 태우고 마음 내키는 대로 안개 자욱한 물결을 헤치고 배를 몰아, 쓸쓸하고 답답한 심회를 풀기도 한다. 이런 경지야말로 취할 만한 최고의 운치라 하겠지만 우리나라에는 그럴만 한 곳이 없다. 게다가 이런 물건들을 구하기도 또한 쉽지 않다.

　초여름 어느 날 집에서 가까운 숲으로 들어가서 마음 내키는 대로 이끼를 쓸고 바위에 앉아 본다. 대나무 그늘 사이로는 햇빛이 떨어지고 오동나무 그림자는 구름 모양을 하고 있다. 얼마 뒤에 산에서 구름이 일어 가랑비를 뿌리더니 문득 서늘한 기운이 감돈다. 의자에 기대 낮잠에 빠지니 꿈속의 정취 또한 현실과 과히 다르지 않았다.

　집안 일을 끝낸 다음 두서너 명의 동자를 따르게 한다. 그 중에서 튼튼한 자는 불을 피워 밥을 짓게 하고 약한 자는 청소를 하거나 글을 베끼게 한다. 자녀들 가운데 믿을 만한 자를 골라 공양을 드리도록 절로 보내고, 벗 가운데 각별히 생각나는 사람에게는 음식을 보내 안부를 묻는다. 이렇게 하고 나면 마음이 흡족해진다.

　양나라 사람 종름의 〈형초세시기(荊楚歲時記)〉에 의하면, 소한에 피는 꽃에는 매화와 동백과 수선화가 있고, 대한에 피는 꽃에는 서향과 난초와 산반이 있으며, 입춘에는 개나리와 앵두꽃과 망춘화가 피고, 우수에는 유채꽃과 살구꽃과 오얏꽃이 피며, 경칩에는 복사꽃과 체당과 장미꽃이 피며, 춘분에 피는 꽃으로는 해당화와 배꽃과 목련꽃이 있고, 청명에 피는 꽃으로는 오동꽃과 마름꽃과 버드나무꽃이 있으며, 모란과 다미와 연화는 곡우 때 핀다고 했다.

　세상을 사는 동안 한식과 9월 9일 중구절만은 헛되이 보내지 말아야 한다. 사철의 변화 가운데 이처럼 계절감이 각별한 때가 다시 없기 때문이다.

대나무 안석은 창가로 옮기고 부들로 짠 자리는 땅에다 편다. 높은 산봉우리는 구름 속으로 숨고, 냇물은 바닥이 보일 만큼 맑다. 울타리 밑에는 국화를 심고 집 뒤에는 원추리를 가꾼다. 둑을 높이자니 꽃이 다칠까 걱정이고, 대문을 옮기자니 버드나무가 다칠까 걱정이다. 굽이굽이 돌아간 길은 안개 속에 잠겼는데 저 길을 따라가면 주막이 나오겠지. 맑은 강물 위에 해는 저물고 고요한 어촌엔 고깃배 두어 척이 그림처럼 매어 있다.

산 속에서 살려면 경서와 제자백가서와 역사서는 물론 약재와 방서(方書)⁷⁾ 같은 것도 갖추어 두어야 한다. 그리고 좋은 붓과 좋은 화선지도 비치해 두고, 술이며 안주와 함께 고서화 같은 것도 마련해 두는 것이 좋다. 그리고 틈을 내어 버들개지를 모아 베개 속을 넣고 갈꽃을 모아 이불 속을 채우면 노년을 보내기에 부족함이 없을 것이다.

깊은 산 속에서 고아하게 살아가려면 화로에 향을 피우는 것 또한 빼놓을 수 없는데, 벼슬길에서 물러난 지 오래다 보니 좋은 향은 이미 떨어지고 남은 것이 없다. 늙은 소나무와 잣나무 뿌리며 가지며 잎이며 솔방울 같은 것을 한데 모아 짓찧은 다음 단풍나무 진을 섞어서 동그랗게 빚어 두었다가 무료할 때 가끔 한 알씩 사르면 맑고 고상한 맛이 있어 좋다.

대나무 평상, 돌 베개, 부들꽃을 넣은 요, 마차 안에서 기대 앉을 수 있는 두툼한 자루, 부들꽃을 넣은 이불, 종이 방장, 평상, 등나무 의자, 부들을 심은 화분, 등긁이, 대나무 바리, 종, 경쇠, 도복, 문리(文履),

부채, 불진(拂塵),[8] 산에 오를 때 신을 신발, 대나무 지팡이, 표주박, 운패(韻牌), 술동이, 시통(詩筒)[9], 등잔 같은 것은 모두 산중 생활에서 없어서는 안 될 물건들이다.

1) 한나라 때 사람. 이름은 웅(雄). 본래 가난하나 술을 좋아했다. 때때로 호사가들이 술과 안주를 싣고 와 글을 배우기도 했다고 한다.
2) 진나라 시인. 그는 찾아오는 사람이 있어도 병을 핑계로 만나지 않았는데 당시 그 지방의 자사 왕홍이 도연명의 친구를 통해서 술로 도연명을 유인해 한번 만난 뒤로는 보고 싶을 때마다 숨어서 그의 동정을 살피다가 술과 쌀이 떨어지면 채워 주었다는 일화가 있다.
3) 후한 때 사람. 늘 가난했는데 집 주위에는 사람 키를 넘을 정도로 쑥대가 우거졌으며, 문을 닫고 공부만 할 뿐 명예를 탐하지 않았으므로 당시 아무도 알아주는 사람이 없었으나, 유공만은 그를 인정했다고 한다.
4) 후한 때 명신. 당시 큰 눈이 와서 몇 길이나 쌓였으므로 낙양령이 직접 순시하였는데 집집마다 눈을 치우고 있었고 걸식을 하는 사람도 있었다. 그런데 원안의 문앞에는 발자국이 없어 죽었다고 생각하고 사람을 시켜 눈을 치운 뒤 들어가 보니, 원안이 쓰러져 누워 있었다. 어째서 나오지 않았느냐고 물으니, 그의 말이 "눈이 많이 와서 사람이 모두 굶어죽는 판에 남에게 양식을 구할 수는 없는 일이다" 했다. 이에 낙양령이 그를 현인으로 여기고 청렴한 사람으로 나라에 천거했다.
5) 중국 서진 때 사람. 술을 몹시 좋아함. 노장사상을 숭상하여 청담과 술로 일생을 보낸 죽림칠현 중 한 사람.
6) 불교 용어로 석가모니의 언어와 거동. 또는 선종에서 수행자의 마음을 연마하기 위하여 주어지는 시험 문제.
7) 신선이 되는 방법을 기술한 책.
8) 불자(拂子)라고도 하는 것으로 중국산 얼룩소의 긴 꼬리털을 묶어서 자루를 단 불구(佛具). 원래는 먼지를 털거나 파리를 쫓기 위해 중들이 쓰던 총채 비슷한 물건.
9) 옛날 시인들이 한시의 운두(韻頭)를 얇은 대나무 조각에 써넣어 가지고 다니던 조그만 통.

원제_야언(野言)
신흠(申欽, 1566~1628)
조선 인조 때의 문신·학자. 호는 상촌(象村). 선조의 유교칠신(遺敎七臣)의 한 사람이며 정주학자(程朱學者)로 유명하다. 인조반정으로 영의정을 지냈고 조선 중기를 대표하는 한문 4대가의 한 사람이기도 하다. 저서로 〈상촌집〉이 있다.

구름 속의 정자

김수온

이 정자가 어디에 있는가?

이천(伊川) 땅에 있다.

경치는 어떠한가?

사방이 온통 흰 구름이다.

이 고을에 와서 보름 동안 머문 적이 있는데, 이 정자에서 바라본 구름이 하도 좋아서 이른 새벽부터 황혼녘에 이르기까지 떠날 줄을 몰랐다.

내 편에서 이처럼 구름을 사랑해서인지 구름 쪽에서도 무심치 않은 듯, 걷힐 듯하다가 펼쳐지고 펼쳐졌는가 하면 도로 걷히는 것이 마치 나에게 애교를 부리는 것 같았다. 밤이면 냇물이 흐르는 골짜기에 모두 모여들고, 동틀녘이면 조용히 흩어졌다가 또 도로 모인다. 어떤 때는 동쪽으로 길게 늘어지는가 싶으면, 어느새 서쪽으로 길게 뻗어서 마치 한 필의 흰 비단을 산허리에 비스듬히 걸어 놓은 것 같다. 그러다가 또 불끈 솟으면 높다란 관(冠)처럼 산마루에 얹힌다.

새벽이 지나 해가 동산 위에 뜨면 햇빛을 받아 찬란하게 빛나기도 하고, 홀연히 음산한 빛을 띠기도 하는 것이 변화를 예측하기 어렵다. 산과 호수가 숨을 쉬는 것일까? 그렇다면 사람의 호흡처럼 들어가고 나오는 기운은 어딘가 있을 터인데 알 길이 없다. 아니면 귀신이 조화를 부리는 것일까? 그렇다면 그것 또한 사람의 움직임과 같은 것이어서 그 형체가 아니면 그림자라도 보일 터인데 그렇지 못하니 그저 신비롭기만 하다.

나의 이런 즐거움을 양나라 사람 도홍경(陶弘景)[1]의 고시(古詩)에서 마지막 한 구를 고쳐서 읊어 보았다.

정자 안엔 무엇이 있는가?
고갯마루엔 자욱한 흰 구름이로다.
홀로 즐기기엔 너무 아깝지만,
속인들에겐 말하기가 어려워라.

이렇게 읊고서 현감 이군에게 알리고 '열운(悅雲)' 두 자로 정자의 액호를 삼았다. 그런데 이 정자 주위에 구름이 늘 끼는 까닭은 무엇인지 꼬집어 말하기가 어렵다.

이 고을이 높은 산과 큰 물 사이에 있으니, 이 정자가 늘 구름에 둘러싸이게 되는 것은 자연스러운 일이다. 그러나 갠 날도 이와 같고, 흐린 날도 또 이와 같으며, 아침저녁으로 두루 퍼져서 하루도 구름이 끼지 않는 날이 없으니 온 고을이 온통 구름으로 덮여 있다 해도 지나친 말이 아니다.

해서 이 고을 노인들에게 물어보니 하는 말이, 정자의 남쪽 산에 옛날에 용이 숨어살던 연못이 있었는데 지금은 사람들의 발길에 묻혀서 평지가 되었다고 한다. 그러니 그 때문인 것은 아닌 모양이다. 또 어떤 사람은 말하기를, 관사의 북쪽에 높은 봉우리가 우뚝 솟아 있는데, 이 고을 주산으로 산이 신령하기 때문에 항상 구름이 낀다고 한다. 그렇다면 고을 중에서도 특히 정자에 구름이 더 많이 끼는 까닭은 무엇인가. 그것은 계운(溪雲) 때문이리라.

태산의 구름은 돌에 부딪혀 생겨서 일어나며, 일어날 때에도 온 데를 알 수 없고 흩어질 때에도 가는 곳을 모르게 떠도는 것이니, 일어나고 사라짐을 어떻게 따질 수 있겠는가.

곁에 있던 아이가 묻는다.

"구름이 생겨나는 곳이 정말 없는 것인가요?"

내가 "생기는 곳에서 생기느니라" 하고 대답하니, 아이는 되물었다.

"무슨 말씀입니까? 어떤 이가 정이천(程伊川)[2] 선생을 보고 뇌성이 일어나는 곳을 아느냐고 했을 때 '일어나는 곳에서 일어난다'고 하던 것과 같은 식의 말이군요. 그런데 그것이 이 정자와 무슨 상관이지요?"

나는 다만 웃고 대답하지 않았다. 이것으로 열운정기를 마친다.

---

1) 중국 남송 때의 도사. 구곡산에 들어가 도를 닦으며 호를 화양은거(華陽隱居)라 했다.
2) 중국 북송 때의 학자 정이. 호가 이천이다. 형인 정호와 함께 이정자(二程子)라고 일컬어지며 성리학의 기초를 닦았다.

> **원제 _ 열운정기(依雲亭記)**
> **김수온 _** (金守溫, 1410~1487)
> 호는 괴애(乖崖). 세종 23년 문과에 급제하여 승문원 교리로 집현전에 들어가 〈의방유취(醫方類聚)〉 편찬에 참여했으며. 성종 때는 임금을 잘 보좌한 공으로 좌리공신이 되어 영산부원군에 봉해졌다. 고전에 밝아 원각사 비의 비명을 지었다.

살구꽃이 피면 한 번 모이고

정약용

　위아래로 5,000년이나 되는 시간 속에서 하필이면 함께 태어나 한 시대를 같이 살아간다는 것은 결코 우연한 일이 아니다. 또 가로세로 3만 리나 되는 넓은 땅 위에서 하필이면 함께 태어나 한 나라에서 같이 살아간다는 것도 결코 우연한 일이 아니다. 그러나 같은 시대, 같은 나라에서 함께 살아간다고 해도, 나이로 보면 젊음과 늙음의 차이가 있는데다가, 그 사는 곳이 서로 멀리 떨어져 있는 시골이면, 서로 만난다 해도 정중하게 예의를 차려야 하니, 만나는 즐거움이 적을 것이다. 게다가 죽을 때까지 서로 알지 못한 채 살다가 마는 경우는 또 얼마나 더 많겠는가.

　더구나 이 몇 가지 경우 외에도, 또 출세한 사람과 그렇지 못함에 있어서 차이가 나고, 취미나 뜻하는 바가 서로 다르면, 비록 동갑내기이고 사는 곳이 가까운 이웃이라고 해도, 서로 더불어 사귀거나 잔치를 해 가며 재미있게 놀 수는 없을 것이다. 그러니 이런 것들이 모두 인생에서 친구로 사귀어 어울리는 범위가 좁아지는 까닭인데, 우리나라는 그 경우가 더 심하다 하겠다.

내가 일찍이 이숙(邇叔) 채홍원(蔡弘遠)과 더불어 시 모임을 결성하여 함께 어울려 기쁨과 즐거움을 나누자고 의논한 일이 있었다. 이숙이, "나와 그대는 동갑이니, 우리보다 아홉 살 많은 사람과 아홉 살 적은 사람들 가운데서 나와 그대가 모두 동의하는 사람을 골라 동인으로 삼도록 하세"라고 말했다. 그러나 우리보다 아홉 살 많은 사람과 아홉 살 적은 사람이 서로 만나게 되면 열여덟 살이나 차이가 나므로 허리를 굽혀 절을 해야 하고, 또 앉아 있다가도 나이 많은 이가 들어오면 일어나야 하니, 너무 번거롭게 된다. 그래서 우리보다 네 살 많은 사람부터 시작하여 우리보다 네 살 적은 사람에서 끊기로 했다.

그렇게 해서 모두 열다섯 사람을 골라냈는데, 이유수, 홍시재, 이석하, 이치훈, 이주석, 한치응, 유원명, 심규로, 윤지눌, 신성모, 한백원, 이중련과 우리 형제 정약전과 약용 및 채홍원이 바로 그 동인들이다.

이 열다섯 사람은 서로 비슷한 나이 또래로, 서로 가까운 거리에 살며, 태평한 시대에 벼슬하여 그 이름이 가지런히 신적(臣籍)에 올라 있고, 그 뜻하는 바나 취미가 서로 비슷한 무리들이다. 그러니 모임을 만들어 즐겁게 지내며 태평한 시대를 더욱 아름답게 하는 것이 또한 옳지 않겠는가?

모임이 이루어지자 서로 약속하기를, "살구꽃이 처음 피면 한 번 모이고, 복숭아꽃이 처음 피면 한 번 모이고, 한여름 참외가 익으면 한 번 모이고, 서늘한 초가을 서지(西池)에 연꽃이 구경할 만하면 한 번 모이고, 국화꽃이 피면 한 번 모이고, 겨울이 되어 큰 눈 내리는 날 한 번 모이고, 세모에 화분의 매화가 꽃을 피우면 한 번 모이기로 한다. 모일 때 마다 술과 안주, 붓과 벼루를 준비해서 술을 마셔가며 시가를 읊조릴 수 있도록 해야 한다. 나이 어린 사람부터 먼저 모임을 주선토록 하여 차례대로 나이 많은 사람까지 한 바퀴 돌고 나면, 다시 시작하여 반복하게 한다. 정기 모임 외에 아들을 낳은 사람이 있으면 한턱 내고, 고을살이를 나가는 사람이 있으면 한턱 내고, 승진한 사람도 한턱 내고, 자제가 과거에 합격한 사람도 한턱 내도록 한다"라고 규정했다. 이에 이름과 규약을 기록하고 그 제목을 붙이기를 〈죽란시사첩(竹欄詩社帖)〉이라 했다. 그리한 것은 그 모임이 대부분 우리 집인 죽란사에서 있었기 때문이다.

번옹(樊翁)[1]께서 이 일에 대하여 들으시고는 탄식하며, "훌륭하구나! 이 모임이여. 나는 젊었을 때 어찌하여 이런 모임을 만들지 못했던고? 이야말로 모두가 우리 성상께서 20년 내내 백성들을 훌륭하게 길러내고, 인재를 양성해 내신 결과로다. 한 번 모일 때마다 임금님의 은택을 노래하고 읊조리면서, 그 은혜에 보답할 길을 생각해야 할 것이요, 부질없이 곤드레만드레가 되어 왁자지껄하게 떠들기나 해서는 안 될 것이다"라고 말씀하셨다고 한다.

이숙이 나에게 서문을 쓰라고 부탁하기에 번옹이 경계해 주신 말씀을 함께 적어서 서문으로 삼는다.

1) 채홍원의 아버지 채제공의 호가 번암(樊巖)이므로 번옹이라 했다.

원제 _ 죽란시사서첩(竹欄詩社書帖)
정약용 _ (丁若鏞, 1762~1836)
조선 말기의 학자. 조선 후기 유형원과 이익의 실학을 계승하여 집대성했다. 저서로는 〈목민심서(牧民心書)〉, 〈흠흠신서(欽欽新書)〉, 〈경세유표(經世遺表)〉 등이 있다.

내가 살아가는 모습

박지원

  6월 어느 날 밤, 낙서(洛瑞)가 나를 찾아왔다가 돌아가서 글 한 편을 지었는데, 그 글에 이런 말이 있었다.
  "내가 연암 어른을 찾아갔었는데, 그 어른은 사흘이나 끼니를 거른 채 망건도 벗고 버선도 벗고 창틀에 다리를 걸치고 누워서, 행랑의 천한 것들과 어울려 서로 말을 주고받고 계셨다."
  그 글에서 연암이라고 한 것은 바로 나를 말함인데, 내가 황해도 금천협 연암 골짜기에 살기 때문에 사람들이 그 골짜기 이름을 따서 내 호를 삼아 부르고 있는 것이다.
  그때 나의 식구들은 모두 광릉에 있었다. 내가 본래 몸집이 비대해서 몹시 더위를 타는 데다가 또 풀과 나무가 울창해서 여름밤의 모기와 파리떼도 두통거리이려니와, 논에서 개구리 떼가 밤낮 없이 울어대는 것도 지겨워서 여름만 되면 늘 서울집으로 피서를 오곤 했다. 서울집이 비록 낮고 좁아터졌지만 모기나 개구리 때문에 고생하는 일은 없었다.

집에는 집을 봐주던 계집종 하나뿐이었는데, 갑자기 눈병이 나서 미친 듯 울어대더니 나를 두고 달아나 버렸다. 당장 밥을 지어줄 사람이 걱정이었다. 할 수 없이 행랑채에 사는 사람에게 부탁해서 밥을 먹게 되었다. 그러다 보니 자연히 서로 터놓고 지내게 되고, 저희들도 나를 꺼리지 않아 노비처럼 부릴 수 있었다.

혼자 조용히 살자니 마음에 한 가지 생각도 일어나지 않고, 가끔 시골집에서 오는 편지를 받더라도 다만 평안하다는 글자나 훑어보고는 팽개쳐 두었다.

이러다 보니 거칠고 게으른 생활에 버릇이 들어, 남의 경조사에 인사하는 것도 모두 그만두어 버리게 되었다. 어떤 때는 며칠씩 세수를 하지 않기도 하고, 어떤 때는 열흘이 넘도록 망건을 쓰지 않기도 했다. 손님이 와도 아무 말도 없이 조용히 앉아 있기만 하는 때도 있었다.

그런가 하면 어떤 때는 나무 장수나 참외 장수가 지나가면 불러서 앉혀 놓고 그들에게 효제충신(孝悌忠信)과 예의 염치에 대하여 친절을 다해 가르치기도 했다.

남들은 나를 보고 눈치 없이 한 번 말이 나오면 질리도록 오래 끈다고 불평을 하지만 그 버릇을 고칠 수가 없었다. 또 어떤 사람은 나더러 가정이 있으면서도 객지에서 나그네 노릇을 하고, 처자가 있는데도 중처럼 혼자 산다고 비웃지만, 나는 더욱 느긋해져서 바야흐로 해야 할 일이 한 가지도 없는 것을 만족스럽게 여기며 살고 있다.

어느 날이었다. 까치 새끼 한 마리가 한쪽 다리가 부러져 비틀거리고 다니는 것이 보기에 우스웠다. 밥알을 던져 주었더니 차츰 길이 들어 날마다 찾아와 서로 친하게 되었다. 그래서 그놈과 장난을 하며 "맹상군은 전혀 없고 단지 평원군[1]'의 식객만 있구나'라고 말했다.

왜 그랬는가 하면, 우리나라 관습에 화폐의 단위를 문(文)이라고 하기 때문에 결국 돈은 전문(錢文)이라 할 수 있다. 그런데 제나라 재상 맹상군의 성이 전(田)이요 이름이 문(文)이므로 맹상군은 곧 전문(田文)인데, 이 전문(田文)과 돈을 뜻하는 전문(錢文)의 음이 같기 때문에 그런 농담을 해본 것이다. 그리고 평원군의 식객이란 절름발이라는 뜻이다.

졸다가 남은 시간이 있으면 책을 보고, 책을 보다가 또 졸아도 아무도 깨우는 사람이 없어서 어떤 때는 하루 종일을 푹 자버리기도 한다. 때로는 어쩌다가 글을 지어 나의 뜻을 펴 보기도 하고, 그러다가 싫증이 나면 새로 배운 철현소금(鐵絃小琴)으로 두어 곡조를 뜯기도 한다. 어떤친구가 술을 보내 주면 기쁘게 퍼마신다. 취한 뒤에는 나자신을 스스로 예찬해 보기도 한다.

"내가 나만을 위하는 것은 양주[2]와 같고, 모든 사람을 고루 사랑하는 것은 묵적[3]'과 같고. 자주 쌀독이 비는 것은 안연과 같고, 꼼짝 않고 앉아 있는 것은 노자와 같고, 마음이 넓어서 사물에 구애 받지 않는 것은 장자와 같고, 참선하는 것은 석가모니와 같고, 이것저것 따지지 않는 것은 유하혜와 같고, 술을 잘 마시는 것은 진(晉)나라 죽림칠현의 한 사람인 유령과 같고, 남의 집에 얹혀 밥을 얻어먹는 것은 한신과 같고, 잠을 잘 자는 것은 진박⁴⁾과 같고, 거문고를 잘 타는 것은 자상호와 같고, 책을 저술하는 것은 양웅⁵⁾과 같고, 스스로를 훌륭한 사람에 비기는 것은 제갈공명과 같으니, 나는 거의 성인에 가깝지 않은가! 다만 키만 크고 무능하기로는 조교⁶⁾에게 겸손해야 하고, 3일을 굶고도 염치를 찾는 것으로는 오릉중자⁷⁾에게 양보해야 하니, 그것이 부끄럽고 부끄럽구나."

그리고는 혼자서 크게 한바탕 웃는다.

그때 나는 정말로 사흘째 굶고 있었는데, 행랑살이하는 사람이 남의 지붕을 이어주고 품삯을 받아 와서야 겨우 저녁밥을 지었다. 행랑방 어린애가 밥투정을 하느라 울면서 먹으려 들지 않자, 행랑살이하는 사람이 성이 나서 밥사발을 엎어 개에게 주고는 고래고래 소리를 지르면서 '죽으라'고 욕을 퍼부었다. 그때 내가 막 밥을 먹고 곤해서 드러누웠다가 송나라 장영이 촉 지방의 수령으로 있을 때 어린애를 목베어 죽인 일을 예로 들어서 깨우쳐 주고, 또 평소에 가르치지 않고 도리어 욕만 퍼부으면 커서 은혜도 모르는 불효자가 된다고 말해 주었다.

고개를 들어 하늘을 보니 은하수는 지붕 위에 드리워 있고 별똥별이 서쪽으로 흐르며 하늘에 하얀 직선을 그린다. 행랑살이하는 사람과의 대화가 채 끝나지 않았는데 낙서가 오더니 "어르신께서는 혼자 누워서 누구와 이야기하십니까?" 하고 물었다. 그가 이른바 "행랑의 천한 것들과 이야기를 주고받더라"고 적은 것은 바로 이런 내용이다.

또 낙서의 글에는 눈 오는 날 떡을 구워 먹던 때의 일을 말하고 있는데 그것은 내가 옛집에 살고 있을 때의 일로, 낙서의 집과 우리 집이 서로 마주하고 있어서 그가 어려서부터 나를 잘 보아 왔기 때문이리라. 그때만 해도 나를 찾아오는 손님들도 많았고, 나도 세상에 대해서 펴고자 하는 뜻이 적지 않았다. 그런데 금년 내 나이 40도 채 못되어 벌써 머리털이 하얗게 센 것을 보고서 그가 느낀 바가 적지 않았던 모양이다.

그러나 나는 이미 병들고 피곤해졌으며, 기백은 쇠하여 꺾였고 세상에 대한 의욕도 조용히 사라져 버렸으니, 다시는 옛날 그때로 돌아갈 수가 없다. 이에 그를 위해 글을 지어 보답하고자 하는 것이다.

1) 조나라의 왕자로 식객이 많기로 유명했다. 그의 식객 가운데 다리를 저는 사람이 있었다.
2) 춘추전국 시대의 사상가. 자는 자거(子居). 극단적인 이기주의와 개인주의를 주창했다.
3) 춘추전국 시대 노나라의 사상가 묵자. 겸애숭검(兼愛崇儉)의 사상을 주창했다.
4) 송나라 때 도사로 한번 잠들면 100여 일을 잤다고 한다.
5) 전한 때의 학자.
6) 〈맹자〉에 나오는 인물로, "교가 들으니 문왕은 10척, 탕왕은 9척인데, 저는 9척 4촌의 키로 곡식만 축내고 있을 뿐이니 어찌해야 옳겠습니까?"라고 했다고 한다.
7) 제나라 사람으로 지나치게 청렴한 사람이었다.

원제_수소완정하야방우기(酬素玩亭夏夜訪友記)

운금루기

이제현

　세상에서 구경할 만한 경치가 반드시 궁벽한 먼 지방에만 있는 것은 아니다. 임금이 도읍한 곳이나 수많은 사람들이 모여서 사는 곳에도 아름다운 경치가 있다. 그러나 조정에서 명예를 다투고 저자에서 이익을 다투다 보니, 비록 형산·여산·동정호·소상강이 한 발 내디디면 굽어볼 수 있는 거리에 있어 쉽게 찾을 수 있을 것 같아도 의외로 아는 사람이 드물다.
　왜 그런가 하면 사슴을 쫓아가는 사람은 산을 보지 못하고, 금을 움켜쥐려는 사람은 사람을 보지 못하기 때문이다. 가을 새의 털끝은 보면서도 수레에 실은 섶을 보지 못하는 것은, 마음이 쏠리는 곳이 있으면 눈이 다른 것을 볼 겨를이 없기 때문이다.
　일을 벌이기 좋아하는 재력가들은 멀리 언덕을 넘고 나루를 지나 시골 마을에 자리잡고, 아름다운 경치 속을 유람하는 데에 만족하면서 스스로 고상하다고 여긴다. 강락¹⁾이 경승지에 새 길을 내는 것을 보고 백성들이 의아해 했고, 허범²⁾이 시골을 찾는 일을 진등 같은 호걸다운 선비가 꺼렸다. 그러니 굳이 그렇게 하지 않는 것이 오히려 고상한 생활이 아니겠는가.

경성 남쪽에 사방이 백 묘(畝)가 되는 못이 있는데, 그 연못가로 빙 둘러 여염집들이 고기 비늘처럼 빽빽하게, 빗살처럼 나란히 늘어서 있다. 이고, 지고, 말을 타고, 걷는 사람들이 그 곁을 연이어 왕래한다. 그러나 아무도 그윽하고 기이하며 한가롭고 넓은 터가 그 사이에 있는 줄은 알지 못한다.

정축년 여름에 못에 연꽃이 흐드러지게 피었을 때 현복군(玄福君) 권후가 그곳을 발견하고 매우 마음에 들어, 바로 못 동쪽에 땅을 사서 누각을 지었다. 높이는 두 길쯤 되게 하고 넓이는 세 길쯤 되게 했는데, 주춧돌을 안 받쳤지만 기둥이 썩지 않게 하고, 기와를 이지 않았지만 초가 지붕이 새지 않게 했으며, 통나무를 대패로 밀지 않았지만 굵지도 않고 가늘지도 않으며, 벽은 백토만 바르고 단청을 하지 않았으니 화려하지도 않고 누추하지도 않았다. 건물의 모양은 대략 이와 같았는데 그 연못의 연꽃을 모두 감싸고 있었다.

여기에 그 아버지 길창공과 형제 등 친척들을 초청하여 그 위에서 술자리를 벌여 즐겁고 유쾌하게 놀았는데, 날이 저물도록 돌아가는 것을 잊을 정도였다. 그때 아들 중에 큰 글씨를 잘 쓰는 이가 있어, '운금(雲

錦)' 두 글자를 쓰게 해서 걸어 놓고 누각의 이름을 삼았다.

  내가 가보니 붉은 꽃향기와 푸른 잎 그림자가 넓은 못에 가득히 비치는데, 맑은 이슬과 시원한 바람이 아지랑이가 낀 연못 위로 미끄러지니 과연 이름이 헛되지 않았다. 게다가 용산의 뭇 산봉우리가 청록색으로 누각의 처마 밑으로 모여드는데, 그 모습이 밝은 아침과 어두운 저녁에 따라 각기 달랐다.

  또 건너편 여염집의 모습은 누각에 앉아서도 자세히 헤아릴 수 있으며, 이고, 지고, 말 타고, 걸어서 왕래하는 사람들과 달리는 사람, 쉬는 사람, 가다가 돌아보는 사람, 서로 부르는 자와 친구를 만나 서서 이야기하는 자와 어른을 만나 절하는 자들이 모두 그 모습을 드러내니 바라보며 즐길 만했다.

  한데 저 사람들은 여기에 못이 있는 것만 보고 누각이 있는 것은 알지 못하는데, 어떻게 그 누각에 사람이 있는 것을 알 수 있으랴.

  참으로 찾아 구경할 만한 명승지는 반드시 외진 곳에만 있는 것이 아니요, 벼슬아치나 일반 백성들이 항상 마주치면서도 알지 못하는 곳에도 있으니, 아마도 하늘이 만들고 땅이 감추어 쉽게 사람들이 볼 수 없게 한 것인가 싶다.

  권후는 만호의 부신(符信)을 차고 외척의 지위를 차지했는데, 나이가 사십도 안 되어 부귀와 이록(利祿)에 취하고 빠질 만하지만, 능히 어질고 지혜로운 이가 즐기는 산수를 즐기며 백성을 놀라게 하지 않고, 선비에게 미움을 받지 않으면서 벼슬아치나 일반 백성들이 미처 알지 못하는 곳에 그윽하고 기이하고 한가로우며, 또한 넓은 터를 차지했다.

그리고 그것으로 그 어버이를 즐겁게 하여 손님에게 미치며, 그 몸을 즐겁게 하여 다른 사람에게까지 미치니, 이야말로 본받을 만한 일이 아니고 무엇이겠는가. 여기에 익재거사 아무개는 기문(記文)을 적어 둔다.

1) 중국 남송 때의 시인. 이름은 영운. 지방의 태수가 되어 경치가 좋은 곳이 있다는 말을 듣고 일꾼을 동원해서 길을 닦으니 백성들이 도둑인 줄 알고 놀랐다고 한다.
2) 허범이 유비와 함께 사람들을 평할 때 진등을 헐뜯었다. 이에 유비가 그를 보고 "그대는 국사인데 세상을 구할 마음은 없고 밭이나 구하고 집값이나 묻고다니니 이것이 진등이 꺼리는 바이다"라고 말했다. 여기서 호걸다운 선비란 진등을 말한다.

원제_운금루기(雲錦樓記)
이제현 (李齊賢, 1287~1367)
호는 익재(益齋). 고려 충렬왕부터 공민왕까지 일곱 임금을 섬기며 활약한 대학자이자 외교관이자 문장가였다. 충선왕이 북경에서 만권당을 세우고 부르자 그곳에 가서 원나라의 학자들과 교유했다. 저서에는 〈익재집〉 등이 있다.

어부의 즐거움

권근

　나의 벗 공백공의 호는 어촌(漁村)이다. 나와 같은 해에 태어났으나 나보다 생일이 늦기 때문에 나는 그를 아우라 부른다. 풍채가 좋고 인품이 활달하고 또 명랑해서 좋아하지 않는 사람이 없다. 그는 대과에 급제한 후 높은 벼슬에 올라, 인끈을 매며 필기를 위해 늘 붓을 지니고 나라의 옥새를 주관하니, 사람들이 모두 그에게 큰 기대를 걸었다.
　그러나 그런 분주한 일상 속에서도 늘 한가로운 전원 생활에 대한 미련을 버리지 못했다. 그래서 가끔 흥이라도 나면 굴원[1]의 어부사를 흥얼거리기도 하는데, 그 음성이 하도 맑아서 주변 공기까지 정화시키는 것 같다. 또 어떻게 들으면 증자가 상송(商頌)을 읊는 것도 같아서 듣는 사람으로 하여금 마치 강과 호수 사이에서 노닐고 있는 듯한 착각을 일으키게 할 정도이다. 그의 목소리가 이렇게 청아한 것은 아마도 그의 마음이 물욕에 얽매이지 않고 세속을 떠나 있기 때문인지 모른다. 어느 날 그는 나에게 이렇게 말했다.

"나는 어려서부터 어부가 되고 싶었네. 아마 자네는 그 즐거움이 어떤 것인지 잘 모를 걸세. 하긴 나도 한때 강태공[2]이 주나라 문왕을 만난 것과 같은 그런 멋진 인연을 바라지 않은 것은 아니지만, 그것은 강태공 같은 성인에게나 있을 수 있는 일이라는 것을 나중에야 알았다네. 또 한때는 엄자릉의 고결함을 흠모했으나 그는 현인이지만 나는 그렇지 못한 사람이라 감히 그를 따를 수가 없다는 것도 나중에야 깨달아 알았다네.

해서 차라리 나는 어부가 되는 꿈을 꾸곤 했다네. 어른 몇 사람과 아이들 몇을 데리고 갈매기를 벗삼아 유유자적한다는 것은 얼마나 멋진 일인가. 어떤 때는 낚싯대를 잡고 또 어떤 때는 배를 저어 조류를 따라 오르내리면서 배가 흐르는 대로 맡겨 두기도 하지. 그러다 깨끗한 모래톱을 만나면 닻을 내리고 뭍에 올라 고운 모래를 밟아도 보고, 경치가 좋은 곳을 만나면 양쪽 산과 산 사이를 강물을 따라 그냥 흘러가기도 한다네. 때로는 살찐 고기를 잡아서 끓이거나 회를 쳐서 안주 삼아 술잔을 주고받으며 즐겨도 좋지. 그러다가 해가 지고 달이 뜨고 그리고 마침 바람이 부드럽고 물결이 잔잔해지면 뱃전에 기대 휘파람을 불어도 좋고, 돛대를 두드리며 큰 소리로 노래를 불러도 좋지. 흰 물결을 일으키며 맑은 달빛 속을 헤쳐 나가다 보면 모든 것이 멀고 아득해서 마치 신선들이 탄다는 뗏목을 타고 높은 하늘로 떠가는 것 같은 환상에 사로잡힐 때도 있다네.

　강에 자욱한 안개가 가랑비처럼 보슬보슬 도롱이와 삿갓을 적시는데, 나는 그물을 던져 은빛이 번득이는 월척의 고기를 건져 올리면 놈들은 배 위에서 펄떡펄떡 뛰고 야단이지. 그때 그 생동감이 넘치는 모습을 보는 즐거움이라니, 눈이 번쩍 뜨이고 가슴이 후련해지지. 그러다 밤이 깊어지면 어둠이 하늘을 덮지. 사방은 칠흑같이 캄캄해서 둘러보아도 아득하고 망망하기만 한데, 다만 멀리 어촌에서 희미한 불빛이 가물거릴 때, 배의 뜸3)에는 빗방울 듣는 소리가 성겼다 빨라지고 빨라졌다 다시 성겨지면서 우수수 울리면, 주변 공기는 갑자기 서늘해지고 기분이 쓸쓸해질 때가 있지. 그럴 때는 뜸 안에 누워 쉬어 본다네. 그러면 심신은 텅 비어 아무 것에도 매임이 없이 허공에 떠도는 듯, 창오에서 죽은 순임금을 생각하기도 하고 상수에 빠져 죽은 굴원을 애도할 때도 있다네.

　그러다 아침이 되어 맞은편 언덕에 아름답게 핀 꽃을 보게 될 때는 마치 몸이 그림 가운데 있는 것 같고, 또 장마가 그친 다음 차가운 물위를 지나갈 때는 마치 거울 속을 지나는 것도 같다네. 따가운 불볕이 내리 쬐는 여름날에도 버드나무 가지가 늘어진 낚시터에는 미풍이 일게 마련이라네. 눈이 내리는 겨울 하늘 아래에서 차가운 강물에 홀로 낚시를 드리워 보기도 하지. 네 계절이 차례로 바뀌지만 어부의 즐거움이란 언제나 이처럼 변함이 없다네.

　저 출세욕에 얽매인 자들은 구차하게 영화에 매달려 전전긍긍하지만

나 같은 사람은 지금의 내 처지에 늘 만족한다네. 가난하여 고기를 잡아 생계를 잇는 사람들이야 이익을 따지기에 마음이 분주하겠지만, 나는 잡아도 그만, 안 잡아도 그만, 스스로 유유자적함을 즐길 뿐이지. 세상살이에서 성공과 실패는 다 운명에 달린 것이요, 일을 시작하고 성과를 거둬들이는 것도 다 때가 있는 법. 부귀를 뜬구름같이 여기고 공명을 헌신짝처럼 여기고, 이렇게 세상 밖에서 방랑하는 내가 어찌 시세에 영합하여 이름을 낚시질하고, 벼슬길에 빠져들어 목숨을 하찮게 여기고 이익을 추구하다가 스스로 함정에 빠지고 마는 무리들과 자리를 같이 하겠는가. 이것이 내가 겉으로는 관복 차림을 하였으나 속뜻은 늘 강호에 두어 노래하며 사는 까닭이라네. 이런 나의 생활을 그대는 어떻게 생각하는가?"

나는 그의 말을 다 듣고 기꺼이 그대로 적어 그에게 보내고, 가끔 읽으면서 스스로를 돌아다보는 계기를 삼으려 한다. 을축년 7월 어느 날.

1) 중국 전국 시대 초나라의 시인. 회왕과 경양왕을 섬겨 벼슬을 하였으나 모략에 빠져 방랑 생활을 하다가 멱라수에 몸을 던져 죽었다. 작품으로는 〈이소(離騷)〉 등이 있다.
2) 주나라 초기의 정치가. 성은 강(姜), 이름은 상(尙). 속칭 강태공 또는 태공망이라 한다. 문왕이 위수 가에서 만나 스승으로 삼았다. 뒤에 무왕을 도와 은나라를 멸망시키고 천하를 평정하였으며 그 공으로 제나라에 봉해져 그 시조가 되었다.
3) 띠나 부들 같은 풀로 엮어 만든 거적처럼 생긴 것으로 비올 때 물건을 덮어놓는 데 쓰이나 배에 설치해서 비를 피하게 만든 것.

원제_어촌기(漁村記)

밤나무 예찬

백문보

　윤상군(尹相君)이 처음에 곤강(坤岡) 남쪽에 집터를 마련했다. 집터 동편과 서편에 밤나무 숲이 울창하였으므로 거기에다가 정자를 짓고 율정(栗亭)이라고 이름했다. 그 후에 또 조금 서편으로 가서 새로 집을 샀는데 밤나무 숲이 더욱 무성했다. 성안에 있는 집에서는 밤나무를 심는 사람이 적은데, 윤공은 집을 구할 때마다 밤나무 있는 곳을 선택했다.

　그는 일찍이 나에게 말했다.

　"봄에는 잎이 무성하지 않아 가지 사이가 성글어서 그 사이로 꽃이 서로 비치고, 여름이면 잎이 우거져서 그늘에서 놀 수가 있으며, 가을에는 밤이 먹을 만하며, 겨울이면 밤송이를 모아 아궁이에 불을 땔 수가 있다. 그래서 나는 밤나무를 좋아한다."

나는 말한다. 불이 마른 것에 잘 붙고 물이 축축한 곳으로 흐르는 것은, 성질이 같은 것끼리 서로 찾아가는 것이니 이치에 있어서 반드시 그러한 것이다. 대개 그 숭상하는 것이 같으면 물건이나 내가 다를 것이 없는 것은 어쩔 수 없는 일이다. 왜 그런가 하면 하늘과 땅 사이에 나는 풀이나 나무가 모두 한 기운이기 때문이다. 그러나 그 뿌리와 싹과 꽃과 열매가 어려운 것, 쉬운 것, 일찍 되는 것, 늦게 되는 것 등 가지각색인데, 오직 이 밤나무는 모든 나무 가운데서 가장 늦게 나며, 재배하기도 어렵고 기르는 데 시간도 오래 걸린다.

그러나 자라기만 하면 쉽게 튼튼해지며, 잎이 매우 늦게 돋지만, 돋기만 하면 곧 그늘을 쉽게 만들어 준다. 꽃이 매우 늦게 피지만 피기만 하면 곧 흐드러지며, 열매가 매우 늦게 맺히지만 맺히기만 하면 곧 수확할 수 있다. 그러니 이 밤나무는 모든 사물에 공통되는 차고 이지러지고 줄어들고 보태는 이치를 함께 가지고 있는 것이다.

윤공은 나와 같은 해에 과거에 합격했는데 그때의 나이가 30여 세였다. 그러다가 나이가 40세가 넘어서야 비로소 처음으로 벼슬에 나아갔으므로 사람들은 모두가 늦었다고 하였으나, 공은 직무에 더욱 조심하며 충실히 했다. 그러다가 임금의 인정을 받아 등용되었는데, 하루 동안에 아홉 번 자리를 옮겨 대신의 지위에 이르게 되었으니, 이것은 별로 손질을 하지 않았는데도 무성하게 뻗어나간 밤나무와 같다. 그 기틀을 세우는 것이 처음에는 어려웠으나 그 성취하는 것이 뒤에는 쉬웠으니, 이것은 밤나무의 꽃과 열매의 성질과 같은 바가 있다.

나는 그것을 이치로 설명하려 한다. 대개 식물의 씨앗이 흙에서 싹틀 때 깊으면 싹이 더디 터진다. 꼬투리가 터지면 곧 눈이 트고, 눈이 트면 가지가 생겨서 반드시 줄기를 이룬다. 샘물이 웅덩이에 차게 되면 그것이 조금씩 흘러 나오게 된다. 그 흐르는 것이 멈추게 되면 물이 고이고, 고이면 못이 되었다가 반드시 바다에까지 도달한다. 그러므로 그 느린 것은 장차 빨리 되려는 것이요, 멈추는 것은 장차 끝까지 도달하려는 것이니, 곧 모자란 것은 채울 수 있으며 부족한 것은 보탤 수 있는 것과 무엇이 다르겠는가. 한 가지 사물에 대해서도 이것을 실증할 수 있는 것이다.

또한 여기에서 사람이 숭상하는 바를 관찰하건대, 곧 불을 숭상하면 불을 닮고 물을 숭상하면 물을 닮으니 나와 숭상하는 사물과 차이가 없다. 따라서 그대가 출세하여 영화롭게 된 것은 밤나무의 생장함과 같으며, 밤을 수확하여 간직함은 그대의 은퇴하는 것과 같다. 그 생장함에는 세상을 유익하게 하는 바가 있으며, 그 간직함에는 자신의 양생의 작용이 있다. 이에 나는 이 정자에 대하여 그 이치를 들어 글을 짓는다.

원제 _ 율정설 (果亭說)
백문보 _ (白文寶, ?~1374)

호는 담암(淡庵). 고려 충숙왕 때 문과에 급제하여 전리판서를 지냈다. 공민왕 11년에 중국 양자강 지방에서 행하던 농사법을 우리나라에 보급하여 수확량을 크게 올리는 데 성공하여 백성들의 식생활을 크게 향상시켰다.

네 벗이 사는 집

허 균

　내가 사는 집 이름을 사우재(四友齋)라고 하였는데, 그것은 내가 벗하는 이가 셋이고 거기에 또 내가 끼니 합하여 넷이 되기 때문이다. 그런데 그 세 벗이란 것은 오늘날 생존해 있는 선비가 아니고 지금은 이 세상에 없는 옛 선비들이다. 나는 원래 세상일에 관심이 없는 데다가 또 성격이 제멋대로여서 세상 사람들과 잘 어울리지도 못한다. 그래서 사람들이 무리를 지어 꾸짖고 떼를 지어 배척하므로, 집에는 찾아오는 이가 없고 밖에 나가도 찾아갈 만한 곳이 없다.

　그래서 스스로 이렇게 탄식했다.

　"벗은 오륜(五倫) 가운데 하나를 차지하는데 나만 홀로 벗이 없으니 어찌 심히 부끄러운 일이 아니겠는가?"

　벼슬길에서 물러나 생각해 보았다. 온 세상 사람들이 나를 더럽다고 사귀려 들지 않으니 내가 어디서 벗을 찾을 것인가. 할 수 없이 옛 사람들 중에서 사귈 만한 이를 가려내서 벗으로 삼으리라고 마음먹었다.

　내가 가장 사랑하는 이는 진나라 처사 도연명이다. 그는 한가롭고 고요하며 작은 일에 대범하여 항상 마음이 편안했으니, 세상일 따위는 마음에 두지도 않았다. 그래서 가난을 편히 여기고 천명을 즐기다가 죽었다. 그의 맑은 풍모와 빼어난 절개는 아득히 높아 잡을 길이 없으니, 나는 깊이 흠모만 할 뿐, 그 경지에 미치지는 못한다.

　그 다음은 당나라 한림 이태백이다. 그는 뛰어나고 호탕하여 온 세상을 좁다고 여기고, 임금의 총애를 받는 귀인들을 개미 보듯 하며 스스로 자연 속에서 방랑했다. 그런 그가 부러워서 따라 가려고 애쓰고 있는 중이다.

　또 그 다음은 송나라 학사 소동파이다. 그는 허심탄회하여 남과 경계를 두지 않으므로 현명한 사람이나 어리석은 사람, 귀한 이나 천한 이를 가리지 않고 모두 더불어 즐기니, 유하혜가 자기의 덕을 감추고 세속을 좇는 풍모와 같은 데가 있다. 내가 본받으려 하나 아직은 그리 되지 못하고 있다.

　이 세 분의 군자는 문장이 천고에 떨쳐 빛나지만, 내가 보기에는 문장은 그들에게 취미 정도에 지나지 않는다고 생각된다. 그래서 내가 취하는 바는 그들의 인품에 있지, 그들의 문장에 있는 것이 아니다. 만약 이 세 분 군자를 벗삼는다 할 것 같으면 굳이 속인들과 함께 옷소매를 맞대고 어깨동무를 하며, 또 소곤소곤 귓속말을 할 것도 없으며, 또 그렇게 하는 것이 친구의 도리라고 여기지도 않는다.

　나는 이정(李楨)에게 명하여 세 군자의 초상을 그리게 하고, 내가 찬(贊)을 지어 한석봉에게 해서(楷書)로 쓰게 했다. 그래서 내가 머무는 곳이면 반드시 그 초상을 좌석 귀퉁이에 걸어 놓으니, 세 군자가 엄연히 서로 마주보고 품평하며 마치 함께 웃고 이야기하는 듯하고, 더욱이 그 인기척 소리까지 들리는 듯하여 쓸쓸히 지내는 나의 생활이 괴로운 줄을 거의 알지 못한다. 이렇게 하여 나도 비로소 오륜을 갖추었으니, 사람들과 사귀는 것은 더욱 탐탁하게 여기지 않게 되었다.

　아, 나는 본디 글을 못하는 사람이라, 세 군자의 뛰어난 문장에도 따라가지 못한다. 게다가 성격마저 거칠고 망령되어 그런 인물이 되기를 바라는 것은 감히 생각지도 못하는 바이다. 다만 그분들을 존경하고 사랑하여 벗으로 삼고자 하는 정성만은 귀신을 감동시키고도 남음이 있다고 하겠다. 그래서 그런지 벼슬에 나아가고 물러나고 하는 것도 모르는 사이에 그 분들과 서로 일치되는 바가 있다.

　도연명은 팽택의 수령이 되어 80일 만에 관직을 그만두었고, 나는 세 번이나 이천 석을 받는 태수가 되었으나 임기를 채우지 못하고 번번이 배척받아 쫓겨나고 말았다. 적선(謫仙) 이백은 심양과 야랑으로 귀양 가고, 소동파는 대옥과 황강으로 귀양 갔으니, 이는 모두 어진 이가 겪은 불행이었다. 그런데 나는 죄를 얻어 형틀에 묶여 곤장을 맞은 뒤 남쪽으로 귀양을 갔었으니, 아마도 조물주가 장난을 쳐서 그들과 같은 고통만은 맛보게 하면서도 주어진 재주와 성품만은 갑자기 바꿀 수 없었던 모양이다.

다행히 하늘의 복을 받아 전원으로 돌아갈 수 있도록 허락되었으니, 관동 지방은 나의 옛 터전으로, 그 경치며 풍물이 중국의 시상산, 채석강과 견줄 만하고, 백성은 근실하고 땅은 비옥하여 또한 중국의 상숙현과 양선현보다 못지 않으니, 마땅히 세 분 군자를 모시고 벼슬을 모두 버리고 경포 호숫가로 돌아간다면, 어찌 인간 세상에 한 가지 즐거운 일이 되지 않겠는가? 저 세 분 군자가 안다면 역시 즐겁고 유쾌하게 생각하실 것이다.

내가 사는 집은 한적하고 외져서 아무도 찾아오는 이가 없으며, 오동나무가 뜰에 그늘을 드리우고 떨기로 난 대나무와 들매화가 집 뒤에 줄지어 심어져 있으니, 그 그윽하고 고요함은 꽤 즐길 만하다. 그런 중에 북쪽 창에다 세 군자의 초상을 펴놓고 분향하고 읍을 하는 생활을 한다. 이에 편액을 사우재라 하고, 그 연유를 위와 같이 기록해 둔다. 신해년(1611년) 2월 사일(社日)에 쓰다.

1) 조선 선조 때의 화가. 대대로 그림을 잘 그린 집안인데 그도 11세에 이미 대성하였고 13세에 장안사 벽화를 그린 천재 화가이다. 30세에 술로 요절했다.

> **원제_ 사우재기(四友齋記)**
> **허균** (許筠, 1569~1618)
> 선조 때 문과에 급제하고 뒤에 형조판서를 지냈다. 자유분방한 사상과 행동으로 미치광이, 부도덕한 사람으로 취급받기도 했다. 그는 적서 차별이 심한 사회의 병폐를 고치려고 당파를 만들다가 광해군 9년 기준격의 고발로 체포되어 참수형을 받았다. 〈홍길동전〉의 저자.

세 가지 유익한 벗

유방선

　서파삼우(西坡三友)란 나의 벗 이이립이 지은 자기의 별호이다. 그는 호걸이다. 어려서 육경(六經)에 통달하여 유학계에 이름을 떨쳤고, 을유년 과거에 급제하여 대간을 역임하고 인물을 뽑아 배치하는 일을 맡아온 지 10년. 그 동안 벼슬길에 있으면서 공로와 이름이 현저했으니 하늘이 낸 재능이라 이를 만하다.

　기해년 가을에 물러나기를 청해 남방으로 돌아와 영천 서파리에 살았는데 서파삼우란 그때 지은 것이다. 세 벗이란 확대경과 뿔잔과 쇠칼을 두고 한 말이다. 그는 말했다.

　"내가 벗들과 떨어져 혼자서 사니, 사람들이 나에게 벗을 구하려 하지도 않거니와 나도 또한 사람들에게 꼭 벗을 구하려 하지 않았네. 이제 세 물건으로 벗을 삼으니, 확대경으로는 불을 일으켜 무엇을 끓이는 일을 맡게 하고, 뿔잔으로는 술을 채우게 하고, 칼로는 생선을 다듬어 스스로 술을 붓고 스스로 마시니, 이내 취하고 또 배부르다네. 생선과 쌀이 나는 시골에 소요하면서 태평성대를 즐기고 있네. 이것이 내가 이들을 벗으로 취한 이유일세. 자네가 이 뜻을 자세히 설명해 준다면 고맙겠네."

내가 말했다.

"벗이라는 것은 그 덕을 벗하는 것이니, 진실로 벗할 만한 덕이 있다면 사람이든 물건이든 모두 벗삼을 수 있는 것일세. 그렇기 때문에 옛사람들도 물건으로서 벗을 삼은 이가 많았네. 그러나 물건 중에 취하여 벗으로 삼을 만한 것이 이것들만이 아니거늘, 반드시 이들로 벗을 삼은 것이 어찌 입과 배를 채울 계책 때문이었겠는가. 자네가 말한 바는 겸손한 표현일 뿐일세.

내가 보기에 확대경은 불을 취하는 기구인데 한 번 불을 붙여 꺼지지 않게 하면 그 빛이 비치지 않는 곳이 없으니, 이는 마치 마음의 밝은 덕이 한 번 밝아져 그치지 않게 하면, 그 밝음이 이르지 않는 곳이 없는 것과 같은 것일세. 이 불을 취한 사람이 이런 생각을 가지고 있으면 반드시 날로 새롭고 또 날로 새로워지는 공이 있을 것이니, 어찌 불을 피우는 화덕에만 그치겠는가.

뿔잔의 재료는 바로 뿔인데 뿔은 가운데가 비었고 안으로 향하며 아래로 임하는 길이 있고, 거기에 담긴 술이 맑거나 탁하거나 다 포용하는 아량을 가지고 있네. 이 술잔을 사용하는 사람이 술잔의 이와 같은 덕을 생각한다면, 반드시 도를 즐기고 선을 좋아하는 마음을 지니게 될 것일세. 어찌 석 잔 술의 의미를 알지 못할 염려가 있겠는가.

칼이라는 것은 쇠인데, 쇠의 기운은 가을과 통하고 그 덕은 예리함에 있으니, 그 예리함을 물체에 활용하여 진평[1]은 고기를 공평하게 잘 나누었고, 그 예리함을 정치에 적용하여 여회[2]는 사건 처리에 있어서 결단을 잘 내렸네. 이 칼의 용도를 살피건대, 칼을 쓸 때에는 결코 성급하게 해서는 안 되네. 그것은 칼을 쥐고 있는 한 누구도 감히 자네가 하는 옳은 말을 거역할 수 없기 때문일세.

이 세 가지 벗들이 안으로 몸을 닦는 방법과 밖으로 백성에 임하는 도리를 갖추고 있으니, 공자가 일컬은 유익한 벗과 맹자가 논한 '고인을 벗으로 한다'는 말이 본래 이것이라 생각되네. 이러한 자질을 갖춘 사람으로 이러한 벗을 얻었으니, 가히 벗을 취하는 법을 안다고 이를 만하네. 각자의 덕을 취하여 잘 쓴다면 그 효과가 작다고 할 수 없을 것일세.

다른 날에 그대가 조정에 초빙되어 대신의 직책을 받고, 백관을 등용하기도 하고 파면하기도 하여, 일세를 다스려 위로는 군왕의 덕치와 교화를 돕고 아래로는 청사에 아름다운 이름을 전하게 된다면, 반드시 이 벗들의 힘을 입지 않았다고 하지 못할 것이네."

아, 대장부가 이 세상에 태어나서 때를 만나고 못 만나는 것은 하늘에 달린 일이다. 그러나 밝은 임금이 위에 있어, 천지가 조화를 이루고 만물이 무성하게 이루어지는 도가 날로 새로우니, 군자가 함께 나아갈 때인가 한다. 어찌 기뻐하지 않겠는가. 마땅히 눈을 크게 뜨고 기다릴 일인가 한다.

1) 한나라 고조 때의 공신이며 정승.
2) 당나라 태종 때의 정승으로 일을 잘 결단하기로 이름이 났다.

원제_ 서파삼우설(西坡三友說)
유방선_(柳方善, 1388~1443)
조선 전기의 학자. 시문에 재능을 보였을 뿐만 아니라 학문에도 정통하였으며, 서거정, 이보흠 같은 훌륭한 제자를 길러냈다.

삼각산 기행

이정구

　금강산에서 돌아온 뒤로, 웬일인지 늘 마음이 안정되지 못하고 허전하기도 했다. 이것은 당나라 사람들이, "현산(峴山)을 떠나자니 못내 아쉬워 뒤돌아보는 마음, 마치 고향 사람을 이별하는 것만 같구나"라고 한 심정이라고나 할까?
　나는 지난 몇 해 동안 예조에 근무하다 보니 처리해야 할 문서 더미 속에 묻혀 살아야만 했다. 그 때문에 더욱 뜻에 맞지 않아 연이어 세 차례나 사직을 바라는 상소를 올리고 나서 혼자 서실에 앉아 있는데, 홀연히 밖에서 문을 두드리는 소리가 났다. 나가 보니 중흥사의 성민(性敏) 노승이 보낸 사미승 천민(天敏)이었다. 성민은 나의 불문의 벗인데, 삼각산 등반을 약속한 일이 있었다. 편지에 산중에 가을이 깊어 단풍이 한창인데, 며칠만 지나도 다 지고 말 것 같으니, 구경할 생각이 있거든 한 번 찾아와 이 좋은 기회를 놓치지 말라는 것이었다.

나는 마침 멀리 금강산의 경치를 잊지 못하여 어디론가 표연히 떠나고 싶은 심정이었는데, 이 편지를 받고 보니 마음이 들떠서 내 마음을 내 마음대로 할 수가 없었다. 그리하여 곧바로 행장을 꾸려서 출발하려다가 다시 생각해 보니 혼자 가는 것이 너무 쓸쓸할 것 같았다. 그래 이럴까 저럴까 생각 중이었는데, 그때 마침 신자방 형으로부터 편지가 왔다. 나는 바로 답장을 썼다.

"산승이 나에게 단풍과 국화 구경을 오라고 해서 지금 막 가려던 참이오. 형도 만약 구경할 뜻이 있으면 저 홍제교 다리 어름에서 만나기로 합시다. 그런데 산중 놀이에 피리가 빠져서는 재미가 없으니 형의 집에 있는 피리 부는 하인도 데려가는 것이 좋겠소."

피리 부는 하인이라고 한 것은 바로 억량을 두고 한 말인데, 그는 피리 잘 불기로 장안에 이름이 나 있어 나도 전부터 알고 있던 터였다. 편지를 지닌 심부름꾼이 떠나고 나서 생각해 보니, 신형이 나에게 편지를 보낸 것이나, 내가 신형에게 함께 놀러 가자고 청한 것이 모두 평소에 약속한 것이 아니므로, 그가 꼭 온다고 할 수는 없었다. 그래서 생각해낸 것이 계자제였다. 이웃에 사는 계자제는 재주가 뛰어난 공자였다. 하인을 시켜 함께 가기를 권하니 바로 허락했다. 하인이 돌아오는 길로 나는 그와 말고삐를 나란히하여 길을 나섰는데, 생질인 박대건도 따라나섰다.

이 날이 계묘년 9월 15일이었다. 사미승 천민이 길을 인도하고, 나와 자제가 각각 술 두 통씩, 심부름하는 아이 하나에 말 한 필씩, 이렇게 단출한 차림인 데다 그것도 얼굴을 가리고 길을 떠났으므로 나를 알아보는 사람들이 없었다.

길을 떠나면서 부리는 사람을 급히 보내, 피리 부는 악공인 이산수를 불러오게 했는데, 부리는 사람이 돌아와 말했다.

"악공인 이용수를 찾아가서 물어보았더니, 산수가 집에 없다고 합니다."

나와 자제는 그 말을 듣고 서운한 기분으로 말을 몰아 홍제교에 도착해 보니 신자방도 오지 않았다. 더욱 허전해진 채 중흥석문에 도착하니 신자방이 돌 위에 앉았다가 우리를 맞이하면서 말했다.

"어째 이리 늦게 오나? 내가 기다린 지 한참 되었네. 그런데 그 피리 부는 하인은 벌써 다른 집 잔치에 가버리고 없다고 하네. 자네 편지가 늦은 것이 한이로세."

나는 실망하고 있던 참에 신자방을 만난 것만도 다행으로 여겨서 다른 것은 생각할 겨를도 없었다. 우리가 민지암 동구에 이르렀을 때, 피리 소리가 골짜기 시냇가에서 흘러 나왔다. 자세히 들어보니 억량의 피리 소리 같았다. 그래서 심부름하는 하인을 시켜 살짝 보고 오라고 했더니 이렇게 말했다.

"과연 그렇습니다. 억량이 지금 신평천 여러 어른의 잔치에 따라와서 흥이 한창 무르익고 있습니다."

나는 심부름하는 하인을 시켜 우리가 가는 곳을 알리고 떠났다.

우리가 중흥사 문에 도착했을 때는 해가 뉘엿뉘엿 넘어가고 있었다. 친구인 성민 스님과 여러 스님들이 우리를 반갑게 맞이해서 섬돌에 앉았다. 계자제는 갈증이 심하다고 하면서 술병을 풀어서 찬 술 한 사발을 따라 마셨다. 그러고는 나에게도 함께 마시자고 권했다. 그때 홀연히 피리 소리가 먼 데서부터 점점 가까이 들려왔다. 조금 있다가 한 사람이 와서 절을 하는데 가까이 보니 억량이었다. 어떻게 빠져 나왔느냐고 물었더니 이렇게 대답했다.

"심부름하는 하인이 전하는 말을 듣고는 감히 오지 않을 수가 없어서 배앓이를 핑계 대고 지름길로 뛰어왔습니다."

우리는 기뻐서 손백을 치며 어쩔줄 몰랐다. 곧 피리 한 곡조를 불게 하고는 그 상으로 큰 잔에 술을 한 잔 가득 따라 주었다.

조금 있자니 어느새 앞산에 달이 떠올랐다. 가을 하늘은 드넓은데 한 점 구름도 없었다. 산은 텅 비고 골짜기는 고요한데 온갖 소리가 그쳐 괴괴한 가운데 피리 소리가 청아하게 울려 퍼지는 것이. 마치 신선이 살았다는 구령에서 들려오는 것 같았다. 밤이 깊자 우리는 승방에서 이불을 함께 덮고 등불을 달아 놓고 누워서 이 이야기 저 이야기를 했다. 그때 아련히 소년 시절 공부하던 일이 떠올랐다.

아침 일찍 일어나 산영루 옛 자리까지 걸어 내려갔다가 이어서 향옥탄을 찾았다. 때는 바로 무서리가 내린 지 겨우 몇 밤이 지났을 뿐이라 단풍이 성홍색으로 물들여 놓은 것 같았고 푸른 소나무와 황금빛 국화가 시냇가 골짜기에서 아름다움을 다투고 있었다. 참으로 금수 세계

그대로였다. 나는 자방에게 말했다.

"성민 스님이 나를 속이지 않았소이다."

자방도 웃으면서 말했다.

"자네도 나를 속이지 않았네 그려."

나는 말했다.

"형도 약속을 저버리지 않았지요."

그러다가 우리는 서로 술잔을 주거니 받거니 하며 삼각산을 올려다 보니 푸르스름한 빛을 띠고 우뚝 솟아 있었다. 스님을 불러 백운대로 가는 길을 물으니 이렇게 대답했다.

"임진왜란 뒤로는 오고가는 사람이 전혀 없어서, 길이 끊어진 지 벌써 오래 되었습니다. 이 절에 사는 스님들조차도 일찍이 가본 사람이 없습니다. 다만 노적봉만은 나무꾼들 다니는 길이 조금 나 있으나 거기도 정상에 올라가기는 어렵다고 합니다."

나는 자방에게 말했다.

"우리는 모두 이제 백발이 다 되었소. 이번 걸음도 어쩌다 우연히 이루어졌는데, 지금 와서 저 산의 봉우리 하나도 오르지 못한다면, 훗날에는 올라가기가 더욱 어렵지 않겠소?"

그러자 자방이 말했다.

"나는 나이가 그대보다 열 살이나 위이니, 어찌 저 위태로운 봉우리에 올라가기를 바라겠는가?"

우리는 아침밥을 일찍 먹고 나서 절 뒤에 있는 조그마한 암자에 올라갔다. 생질인 박대건이 좁은 길이라도 찾아서 노적봉에 올라가겠다고 했다. 내가 지팡이를 짚고 그 뒤를 따라 나서자, 자방이 자제를 보고 말했다.

"우리 두 사람만 뒤에 남아 있다가 어찌 차마 월사(月沙)에게 비웃음을 당하겠는가?"

마침내 우리는 앞뒤에서 서로 잡아주고 받쳐주면서 올라갔는데 위험한 돌이 길을 가로막아서 열 발자국을 올라가려면 아홉 번은 넘어져야 했다. 그렇게 봉우리 아래에까지 이르고 보니 바위가 높고 길이 가팔라서 전혀 발붙일 곳이 없었다. 사미승 천민이 두 명의 스님과 함께 먼저 올라가서 돌 틈으로 나무 막대기를 세워 사다리를 만들고 동아줄을 내려뜨려 우리 허리를 묶어서 당겨 올렸다. 이렇게 하여 마침내 산정에 다다르고 보니, 정상은 좁아서 겨우 여남은 명이 앉을 정도였다. 까마득하여 밑을 내려다 볼 수조차 없었다. 눈을 감고 정신을 안정시킨 뒤 서로 붙잡고 의지하여 한참을 쉬고 나서야 사방을 둘러볼 수 있었다.

서남쪽으로 푸른 대해가 아스라이 하늘과 맞닿아 있고, 구름 속에 떨어지는 해가 은빛 속에 아득했다. 펼쳐진 경관이야 끝이 없겠지만 눈으로 보는 데는 한계가 있으니, 여기서 보아 기록할 만한 산으로는 수락산, 아차산, 관악산, 청계산, 천마산, 송악산, 성거산 등이었는데, 서로 잇닿은 것이 마치 작은 언덕같이 보였다. 또 월계 골짜기는 탁 트여서 놀란 물결이 서쪽으로 모여들고 한강 한 줄기는 마치 깨끗한 비단을 펼쳐놓은 듯 왕도를 감돌아 꿈틀대며 흘러가고 있었다.

이처럼 먼 산봉우리들과 어지러운 섬들이 구름 속에 숨었다 나타났다 하는 것을 늙은 스님이 가리키며 나에게, "저것은 어느 산이고, 이것은 어느 강이다"라고 가르쳐 주었지만, 나는 그때 마음이 들떠 있어서 구별할 수가 없었다. 그래서 다만 건성으로 "예, 예" 할 뿐이었다. 도성 백만 호의 집들은 아주 가까이 있었지만 볼 수가 없었고, 다만 발 아래서 연기가 피어오르니 마치 살아 있는 그림 한 폭을 보는 듯했다. 구름 사이로 상투처럼 드러난 것이 남산임을 알 것 같았다.

목이 타서 먼지가 일어날 것 같아 급히 술을 따라 목을 축였다. 몇 병의 술을 다 비우자 취흥이 도도했다. 나는 취해 노래하고 계자제는 일어나 춤을 추었다. 피리 소리가 바람을 따라 하늘로 퍼져 나가니 황홀하기가 마치 신선이 되어 선계에서 노니는 듯한 기분이었다.

앉아서 잠깐 산 아래 석문을 바라보니. 어떤 사람이 머리를 들고 흰 옷을 흔드는 것이 마치 우리를 부르는 것처럼 보였다. 우리는 그것을 의아하게 생각했지만 끝내 왜 그러는지 알 수가 없었다. 취흥이 다 하여 하산하는데, 술병은 모두 비어 있었다. 내려오는 길은 빠른 것 같았는데 한참 만에 절로 돌아왔다. 조금 전까지 노닐던 산꼭대기를 돌아다보니 아득하여 세상을 떠난 듯했다.

여러 스님들이 두부 찌개로 밥을 대접했다. 포단 위에 누워서 잠시 쉬고 있는데, 갑자기 어떤 사람들이 와서 말했다.

"저희는 노악사 이용수의 제자 아무개입니다. 노사께서 어제 심부름하는 하인으로부터 피리 부는 악공을 찾으신다는 말씀을 듣고, 종백노야(宗伯老爺)께서 이곳에 오실 것을 아셨습니다. 그리하여 오늘 아침에 거문고 타는 악사인 박아무개에게 술을 가지고 이곳 민지암에서 기다려서 맞이하라 했습니다. 기다리고 있사온데 여러분께서 저 높은 산꼭대기에 계신 것을 바라보고는 오래되도록 내려오지 않으실까 걱정이 되었습니다. 조금 전에 옷을 흔들며 부르던 사람들이 바로 저희들이었습니다. 노사께서는 돌아오시는 길에 잠시 머물러 이곳의 가을 경치를 마저 보시라고 말씀했습니다."

나와 자방은 기쁜 나머지 서로 돌아보며 말했다.

"이악사는 오늘의 이구년(李龜年)[1]이오. 참으로 풍류가 있는 분이구려."

드디어 스님들과 작별한 뒤에 골짜기를 따라 천천히 내려오는데, 다투어 흐르는 물줄기가 어찌나 요란한지 서로 말을 주고받을 수가 없었다.

우리가 동문(洞門)에서 나오자, 이악사가 몸소 거문고를 안고 절을 하여 맞이했다. 마침 가을비에 물이 불어 물소리가 요란하고 기이한 돌들이 높이 솟아 있어 영롱한 것이 매우 사랑스러웠다. 큰 소나무들은 햇빛을 가리고 푸른빛은 사람에게 스며드는데, 나는 여러 사람들과 함께 맨발로 물 속을 거닐다가 옷을 벗고 돌 위에 앉으니, 음식이 교대로 올라오는데, 온갖 안주가 자리에 그득했다.

우리는 흐르는 물에 술잔을 띄워서 다투어 마시기도 하고, 그물을 던져 고기를 잡기도 했다. 계자제는 단풍나무 가지를 꺾어서 머리 위에 꽂고, 나는 국화를 따서 술잔에 띄웠다. 우리는 술에 취한 데다 즐거움이 고조되어 손뼉도 치고 춤도 추었다. 청아한 거문고 소리에 묘한 곡조가 기이한 솜씨를 서로 자랑하니, 모두가 천고에 드문 아름다운 음률이었다.

신자방이 일렀다.

"자네들 세 사람(이용수, 억량, 이산수)이 진실로 명인인 줄은 알았지만, 오늘 들으니 더욱 맑고 깨끗함을 알겠네. 경치가 빼어나서 그런가?"

세 사람이 말했다.

"단지 경치가 빼어나서 그럴 뿐 아니라, 오늘 다행스럽게도 여러 신선들이 모인 자리를 만나니, 저희들도 정과 흥이 모두 어우러져 가락이 저절로 고상하게 된 것입니다. 마치 신이 도운 것 같습니다."

날이 저물자 모두들 일어나서 춤판을 거두고 얼큰하게 취한 채로 말을 타고 길을 나섰다. 돌아오는 도중에 피리 소리가 끊이지 않았고 거문고 소리도 때때로 들려오니 지나가는 사람들이 신선의 행렬인가 하는 눈으로 바라보았다.

조금 있자 달이 동산에 떠올랐고, 나는 다시 흥이 나서 말을 탄 채 술을 큰 잔에 가득히 따라서 마셨다. 황혼녘에 무악재를 넘었는데, 나는 하인들을 먼저 보내서 성문을 좀 늦게 닫도록 부탁했다. 우리가 성밖에 도착했을 때는 온 도성에 사람이 없는 듯 조용했고 달빛만 대낮같이 밝았다.

　남은 술이 있는가 물으니, 아직도 많이 남아 있다기에 수문장을 불러내서 함께 앉아 잔을 씻어 다시 술을 주고받았다. 피리 몇 곡조를 흐드러지게 부니 취하여 돌아갈 줄을 몰랐다. 그러다가 집에 돌아오니 밤은 이내 자정이었다.

1) 당나라 때 유명한 가수.

원제_유삼각산기(遊三角山記)
이정구_(李廷龜, 1564~1635)
호는 월사(月沙). 선조 23년에 문과에 급제하여 한림에 들어갔다. 임진왜란 때 명나라 병부 주사 정응태가 자기네 황제에게 조선이 일본을 끌어들여 명나라를 치려 한다고 무고했을 때 황제에게 글로 그것이 사실이 아님을 밝혀 오해를 풀었다. 광해군 때는 예조판서, 인조 때는 좌의정을 지냈다. 저서로는 〈월사집〉과 〈대학강의〉 등이 있다.

게으름도 때로는 이로움이 되나니

성 현

　병술년 여름, 어느 날 나는 곤히 잠이 들었는데 비몽사몽간이었다. 정신이 산란한 것이 마치 병이 든 것도 같고 그렇지 않은 것도 같았다. 또 몸에서 기운이 빠져나가면서 가슴이 돌에 눌린 것처럼 속이 답답했다. 게으름의 귀신이 든 것이 틀림없었다. 무당을 불러 귀신에게 다음과 같이 말하게 했다.

　"네가 나의 가슴속에 숨어들었기 때문에 나는 큰 병이 났다. 그 까닭을 말할 터이니 너는 잘 들어 보아라.

　내가 고금의 역사를 살피고 경전을 읽어보니, 게으른 사람은 이루어 놓은 것이 없고, 부지런히 일한 사람은 양식이 넉넉하며, 안일한 사람은 이룬 공적이 없고, 근면한 사람은 업적이 큼을 알았다. 하나라 우왕 같이 현명한 이도 촌음을 아꼈고, 주나라 무왕 같은 성인도 해질녘까지 한가할 틈이 없었다. 그런데 나는 왜 진작에 그런 생각을 못하였는지 모르겠다. 맡은 직책마저 게을리하고 놀기만 했으니 말이다. 저 농사꾼을 보아도 일년 내내 일에 쫓기고, 저 장인들만 해도 저마다 있는 힘을 다하는데, 나는 어떻게 된 것이 일찍이 게으름을 이기지 못하여 날마다 잠에만 녹아 떨어졌다.

내가 벼슬길에 대해서 잠시 생각해 보았는데, 사람들은 서로 뒤질세라 분주하게 권문세가를 기웃거리다가 마침내 높은 벼슬자리를 얻는 것이 보통이었다. 그런데 나는 그렇지 못하여 발이 있어도 나아가지 못하고 괴롭게 낮은 벼슬에 얽매여 세 분의 임금님을 모시면서도 영전 한 번 못했다.

내가 또 세상 사람들을 관찰해 보니, 매일 돈이 생길 구멍을 찾아다니다가 털끝 만한 이익이라도 보이면 서로 머리가 터지게 다투어서라도 얻은 재물을 자손에게 물려주려고 애를 썼다. 그런데 나는 저들과 같지 못해서 주먹을 쥐고 다툴 줄도 모르며, 화려한 것은 병적으로 싫어해서 가난 속에서 분수대로 사는 생활을 즐겼다.

내가 또 젊은 사람들을 돌아보니 아름다운 노래와 춤에 빠져서, 여름이고 겨울이고 가리지 않고 매일 흠씬 취해서 노는데, 나 같은 사람은 비록 초대를 받아도 한 번 응하지 않았다. 그래서 남들은 나를 목석 같은 사람이라고 비웃었다.

책이 있어도 읽지를 않으니 그 뜻이 애매하고, 거문고가 있어도 타지 않으니 취미가 적막하며, 손님이 찾아와도 제대로 대접하지 못하니 돌아가면서 욕을 한다. 또 말이 있어도 먹이지를 않으니 궁둥이뼈가 솟아나며, 병이 나도 치료하지 않으니 원기가 날로 쇠하고, 아들이 있어도 가르치지 않으니 세월만 허송하고 있다.

활이 있어도 다루지 않고, 술이 있어도 거르지 않으며, 손이 있어도 세수조차 하지 않고, 머리카락이 헝클어져도 빗질조차 하지 않으며, 길이 어질러져도 쓸지 않고, 마당에 잡초가 무성해도 벨 생각을 하지 않으며, 게을러서 나무도 심지 않고, 게을러서 고기도 낚지 않으며, 게을러서 바둑도 두지 않고, 게을러서 집을 수리할 생각도 못하며, 솥발이 부러져도 게을러서 고치지 않고, 의복이 해져도 게을러서 깁지 않으며, 종들이 죄를 지어도 게을러서 묻지 않고, 사람들이 시비를 걸어도 게을러서 화를 내지 않아서, 마침내 날로 내 행동은 굼떠 가고, 마음은 바보가 되며, 나의 용모는 날로 여위어 갈 뿐만 아니라 말수조차 점점 줄어들고 있다.

이 모든 나의 허물은 다 네가 내 속에 들어와 멋대로 한 결과이다. 어찌해서 다른 사람에게는 가지 않고 나만 쫓아다니면서 귀찮게 구는가? 너는 어서 나를 떠나서 저 극락정토로 가거라. 그러면 나에게는 너로 해서 받게 되는 피해가 없을 것이요, 너는 또 네가 마땅히 있어야 할 곳에 가게 될 것이 아니겠느냐?"

그랬더니 귀신이 이렇게 말했다.

"그렇지 않습니다. 내가 어떻게 당신에게 화를 입히겠습니까? 운명은 하늘에 있는 것이니 나의 허물로 여기지 마십시오. 굳센 쇠는 부서지고 강한 나무는 부러지며, 깨끗한 것은 더러움을 타기 쉽고, 우뚝한 것은 꺾이기 쉽습니다. 굳은 돌은 조용함으로 해서 이지러지지 않고, 높은 산은 고요함으로 해서 영원한 것입니다. 움직이는 것은 쉽게 요절하고 고요한 것은 오래오래 장수합니다. 지금 당신은 저 산과 같이 오래오래 살 것입니다.

경우에 따라서는 근면은 도리어 화근이 되는 것, 당신과 같이 게으름을 피우는 것이 도리어 복의 근원이 될 수도 있지요. 보십시오, 세상 사람들은 형세를 따라 우왕좌왕하여 그때마다 시비의 소리가 분분하지만, 지금 당신은 물러나 앉았으니 당신에 대해서 이러쿵저러쿵 시비하는 소리가 전혀 없지 않습니까? 또 세상 사람들은 물욕에 휘둘려서 이익을 얻기 위해 날뛰지만, 당신은 걱정이 없어 제 정신을 잘 보존하니, 당신에게 지금 어느 것이 흉한 일이 되고 어느 것이 길한 일이 된다고 생각하십니까?

당신은 이제부터 유지(有知)를 버리고 무지(無知)를 이루며, 유위(有爲)를 버리고 무위(無爲)의 경지에 이르며, 유정(有情)을 버리고 무정(無情)을 지키며, 유생(有生)을 버리고 무생(無生)을 즐기도록 하십시오. 그러면 그 도는 죽지 않고 하늘과 함께 아득하여 태초와 하나가 될 것입니다. 내가 이처럼 앞으로도 계속 당신 자신을 잘 지키도록 도울 것인데, 도리어 나를 나무라시니 사람이 자신의 처지를 알아야지요. 그래 가지고서야 어디 되겠습니까?"

이에 나는 그만 말문이 막히고 말았다. 그래서 앞으로 내 잘못을 고칠 터이니 그대와 함께 살기를 바란다고 했더니, 게으름은 그제야 떠나지 않고 나와 함께 있기로 했다.

원제_조용(嘲慵)
성현 (成俔, 1439~1504)
조선 성종 때의 문신·학자. 대사간·공조판서·대제학을 지냈다. 예악에 밝고 문장에 뛰어났으며 〈악학궤범(樂學軌範)〉을 편찬하여 음악을 집대성했다. 저서로는 〈용재총화〉, 〈허백당시문집〉 등이 있다.

3 사랑과 고뇌 그리고 소망

의로운 거위 이야기

주세붕

경인년 2월에 큰 누님께서 가락리 집에서 돌아가셨다. 누님 댁에는 한 쌍의 흰 거위를 기르고 있었는데, 누님이 돌아가시자 그 거위들이 안마당으로 들어와서는 안방을 바라보고 슬피 울었다. 이처럼 애처롭게 울기를 몇 달을 계속하니 온 집안 식구들이 그 때문에 더욱 가슴 아파했다.

나는 그때 감사의 부관이 되어 멀리 있었으므로 그런 소문만 들었을 뿐 직접 보지는 못했다. 이듬해 봄에 무릉촌 집이 완성되었기에 그 한 쌍의 거위를 데려다 놓았다. 그런데 두 마리가 다 수컷이었다. 나는 그 당시 쓸쓸하고 심심하게 지내고 있던 참이라 그놈들을 데려오게 한 것이다.

눈처럼 깨끗한 깃털은 티끌 하나 묻지 않았고, 이놈이 울면 저놈이 따라서 우는 것이 마치 무슨 이야기를 나누는 듯하고, 물을 마셔도 함께 마시고 모이를 쪼아먹어도 함께 먹었다. 또 그놈들이 마당을 빙빙 돌며 춤추듯 뛰어다니는 모양이 마치 서로를 위로해 주는 듯했다. 나는 정성으로 모이도 주고 물도 떨어지지 않도록 마음을 썼다. 날마다 그놈들과 노는 것이 하나의 재미가 되었는데, 뜻밖에도 그 해 시월 열나흗날 밤에 그 중 한 마리가 죽어 버렸다.

아침에 일어나서 거위 우리를 살펴보니 살아 있는 놈이 죽은 놈을 품고서 날개를 치며 슬피 울어대고 있는 것이 아닌가. 그 울음소리가 하늘까지 사무치니 보는 사람마다 불쌍하고 안타까워 한숨을 지었다. 동네 아이들이 와서 죽은 놈을 가져가자, 산 놈은 바로 일어나 이리저리 배회하기 시작했다. 원망 어린 소리로 울어대며 지난날 저희가 놀고 모이를 쪼아먹던 곳을 따라 사방으로 왔다갔다하는 것이 마치 죽은 놈을 찾는 것 같았다. 울음소리는 더욱 간절해지고 고통스러워지더니 열흘쯤 지나자 목이 쉬어 소리도 제대로 내지 못하게 되었다.

나는 이 거위를 보면서 생각했다. 저 거위는 하찮은 미물인데도 주인을 사모하는 정이 그처럼 충성스럽고, 친구를 불쌍히 여기는 모습이 이처럼 의로우니 얼마나 아름다운가? 내가 보기에 세상에는 자신의 이익을 위해 친구를 팔기도 하고 자신까지도 팔아 넘기는 사람들이 열에 다섯도 더 되는데, 하물며 나라에 충성하는 이는 몇 사람이나 될 것인가?

천지 사이의 많은 무리 가운데 오직 인간이 가장 귀한 존재이다. 그런데 저 꽉 막힌 미물인 거위는 군자의 지조를 지녔고, 신령스럽다는 인간은 도리어 미물만도 못하니, 그렇다면 사람의 옷을 입고도 말이나 소처럼 행동하는 그런 놈을 사람이라고 하는 것이 과연 옳은 일일까? 절대로 그렇지 않다. 반대로 깃털로 몸을 감쌌지만 어질고 의로운 마음을 가진 짐승을 그냥 미물이라고 하는 것이 과연 옳은 일일까? 절대로 그렇지 않다.

거위야, 거위야, 나는 너를 사랑한다. 내가 사람들의 나쁜 마음을 돌려서 너와 같은 성실한 마음을 지니도록 하고자 하지만 그렇게 되지를 않는구나. 그러니 앞으로 이 일을 어찌하면 좋겠느냐? 답답한 노릇이로구나.

이런 까닭으로 의로운 거위의 이야기를 적어서 오래 기억하고자 하는 것이다.

원제 _ 의아기 (義鵝記)
주세붕 _ (周世鵬, 1495~1554)
중종 17(1522)년 문과에 급제하여 황해감사를 지냈다. 풍기군수로 있을 때 백운동서원을 세웠는데 나중에 왕으로부터 '소수서원'이란 현판을 받았다. 효성이 지극했으며 인삼 재배를 백성들에게 가르쳐 풍기가 인삼 재배로 유명하게 된 시초를 열었다고 한다.

아내의 영전에

김종직

　삼가 제물을 갖추어 당신 영전에 고합니다. 우리가 백년을 함께하기를 기약했는데, 이제 겨우 서른 해. 그런데 당신은 영영 내 곁을 떠나려고 합니다. 무엇이 그리도 급하단 말입니까. 우리가 함께 보낸 지난날들을 생각하니 목이 메어 한 마디 말도 제대로 이을 수가 없습니다.

　당신은 명문가에서 태어나 나 같은 보잘것없는 서생의 아내가 되었으나, 조금도 그런 내색을 하지 않고 언제나 한결같이 어질고 너그럽고 또한 인자했습니다. 젊어서는 어머니를 공경하고 나이 들어서는 가족들의 화목을 위해서 더욱 힘썼으니, 돌아가신 어머님께서도 늘, "우리 며느리만한 사람이 없느니라" 하셨던 것을 나는 지금도 기억하고 있습니다. 게다가 나의 누이들과도 사이가 좋아 서로 두둔했으며, 동서끼리도 한 번 거스르는 일이 없었고, 고향의 일가 친척들에게도 덜

하고 더함이 없이 모든 사람들에게 한결같이 어질게 대했지요. 당신은 이처럼 덕이 높았는데 명은 왜 그렇지 못했습니까.

내가 천성이 가난을 두려워하지 않아 늘 양식이 떨어졌는데도 당신은 불평 한 마디 없이 쓰라린 가난을 잘도 참아냈으며, 물욕에 마음을 빼앗기는 일 없이 거친 음식에 남루한 옷을 걸치고도 오히려 담담했습니다. 그러나 제사 때나 손님을 대접해야 할 때에는 어떻게 해서든지 필요하다고 생각하는 음식은 결코 빠뜨리는 일이 없었지요. 변변찮은 재료라도 한 번 당신 손끝을 거치고 나면 모두가 맛있는 음식이 되던 것을…… 그런 당신은 마치 옛날 양홍(梁鴻)의 아내 맹광(孟光)[1]과도 같았고, 시상(柴桑)의 적씨(翟氏)[2]와도 같았지요. 그러기에 내가 당신에게 의지하는 바가 정말 컸었는데…… 벼슬에서 물러나거든 나물을 캐고 고기를 낚으면서 흰머리를 서로 마주대고 우리 함께 여생을 마치자고 하여, 이제 그 뜻이 거의 이루어지려고 하는 참인데, 아, 이 무슨 변괴인지 모르겠구려.

돌이켜 생각하면 당신은 이 세상에 와서 한 번도 좋은 시절을 보지 못하고 늘 고생만 하다가 떠난 것 같아서 마음이 더 아픕니다. 태어나 한 돌도 채 못 되어 어머니께서 돌아가시니, 슬프게도 연로하신 외증조 내외분이 어린 당신을 맡아 기르셨다지요. 그 밖에도 결혼하기 전까지 여러 차례 의지할 곳을 잃었고, 마지막으로 의지하던 외할머니마저 돌아가셨으니 어린 나이에 그 슬픔이 얼마나 컸겠습니까. 내 집에 와서도 좋은 일보다 궂은 일이 더 많았으니 안타깝기 그지없습니다.

당신은 두 번이나 삼년상을 치렀고, 불행한 나를 만나 두 딸과 다섯 아들을 모두 차례로 잃었으니 오장(五臟)인들 어찌 성할 수 있었겠습니까. 병이 다시 도진 것은 당연한 일이지요. 당신의 병은 산후에 생긴 것인데, 가슴속에 뭉쳐 돌아다니던 풍사(風邪)와 혈독(血毒)은 10년 동안 약으로 다스렸기에 나는 다 나은 줄로 알고 있었습니다. 하기야 가끔 도지긴 했지만 대단치 않아 시간이 지나면 나으려니 생각한 것인데, 그것이 내 잘못이었습니다. 치료만 게을리하지 않았던들 이런 일은 없었을 터인데 말입니다. 정말 당신을 볼 면목이 없습니다.

아, 이 일을 어찌하면 좋단 말입니까. 장인께선 아직 정정하신데, 철철이 받들던 약주는 이제 누가 담그며, 아무것도 모르고 방에서 놀고 있는 저 철부지 어린 딸아이는 누가 돌본단 말입니까. 가엾게도 훗날 시집을 가게 되어도 짐을 꾸려줄 당신이 없구려. 당신의 여러 동생들은 모두 저렇듯 건강한데 유독 당신만 내 곁에 없으니, 내가 수염을 그슬리면서 죽을 끓인들 누구를 위하여 맛을 보며, 마당에 가득한 노비들은 의지할 사람을 잃고 갈팡질팡하는데 누가 저들을 거느리며, 새로 지은 집에는 넓은 정원에 연못까지 있지만 다 소용이 없게 되었습니다. 함께 거닐 당신이 없습니다.

적막한 서편 침실은 당신이 거처하던 방이라, 옷이며 이부자리며 빗 같은 것들을 평시와 마찬가지로 놓아두었습니다. 상식도 때를 거르지 않게 하였습니다. 그런데 아이들을 많이 낳았어도 제대로 기르지 못해 정작 상제 노릇을 할 아이가 없으니 그것이 또한 슬픕니다.

나는 병을 핑계삼아 벼슬을 내어놓고 한 해만이라도 복을 입으려고 하였는데, 임금께서 약을 내리시고 또 치료하게 하시니 은혜를 저버릴 수 없어 장차 서울로 올라갈 수밖에 없습니다. 미안합니다. 당신의 장사에는 꼭 돌아올 것을 약속합니다. 이승과 저승이 결코 다르지 않으니 의당 당신도 나의 이런 슬픔을 짐작하리라 믿습니다.

당신도 알고 있는 미곡(米谷) 들판, 소나무와 노나무가 울창한 옥과(玉果)의 두 언덕 가운데다 임시로 당신을 모셨습니다. 그리고 그 동쪽에는 당신 어머니와 우리 아이들 묘소도 있습니다. 당신의 무덤은 섣달에 경영키로 했으니 그리 아시구려. 구천에서나마 가족들을 만나게 되면 그나마 조금은 위안이 되겠지요?

아, 간 사람이야 그렇다지만 살아 있는 이 사람은 누구를 의지해야 할지, 술을 부어 이별을 고하려 하니 다시 목이 메입니다.

1) 후한 때의 현모양처. 못생기고 힘이 세어 돌절구를 안아 올릴 만했다. 여러 차례 선을 보였으나 같은 고을에 사는 양홍처럼 어진 사람이 아니면 시집을 가지 않겠다고 했다. 이 소문을 들은 양홍이 그를 아내로 맞아들였더니 남편을 공경하는 마음이 지극하여, 밥상을 들 때에도 반드시 눈 높이까지 들어올렸다고 한다. 남편을 공경하는 것을 거안제미(擧案齊眉)라고 하는데 이 고사성어가 이로 해서 생겼다.
2) 도연명의 아내로, 스스로 살림을 꾸려 도연명을 내조했다.

원제_ 제망처숙인문(祭亡妻淑人文)
김종직_(金宗直, 1431~1492)
세조 5년 문과에 급제하여 형조판서에 올랐다. 명문장가이자 성리학의 대가로 영남학파의 스승이었다. 세조의 왕위 찬탈을 비난한 〈조의제문〉으로 연산조 때 무오사화에 휘말려 부관참시를 당했다. 김일손, 김굉필, 정여창, 조위 등은 다 그의 제자다.

형님 영전에 바칩니다

김일손

　형님, 형님은 지금 저를 버리고 아주 가시렵니까? 저는 아직도 형님이 돌아가셨다는 사실이 믿어지지 않습니다. 아마도 슬픔 때문에 미친 것이 아닌지 모르겠습니다. 어머님은 집에 계시고 누님은 편안하시며 큰형님은 나라 일로 분주하시고, 저는 형님 곁에 이렇게 있는데, 형님은 여기를 버리고 홀로 어디로 떠나시려는 것입니까?

　저세상으로 가시면 거기에 가까운 분들이 더 많다는 말인가요. 어찌 골육의 사랑을 오늘 이처럼 가벼이 버리시는 것입니까. 사랑하는 여인들은 슬피 울고 하인들도 모여서 울부짖으며, 여러 조카들은 피눈물을 쏟고 친한 친구들이 와서 곡을 하는데, 형님은 듣지도 못하고 누워서 일어나지도 못하니, 아무리 번거롭고 시끄러운 세상이라고 하지만 싫어하심이 어찌 이처럼 심하십니까?

아, 지난 일들이 다 꿈만 같습니다. 어제는 재미있게 노시더니 하루 사이에 말씀도 못하시고 웃지도 못하시고 쓰러져 누운 채 아무 감각이 없어, 말도 통하지 않고 병에 대한 증세도 설명하지 못하며, 약을 써도 그 맛을 모르고 뜸을 떠도 아픔을 알지 못하여 나를 슬프게 하시니, 하느님, 하느님, 원통하여 쓰러질 것 같습니다. 세상에는 사람도 많은데 어찌 하필이면 우리 형님을 이토록 미워하신다는 말입니까?

안회[1]는 단명했고, 원사[2]는 늘 가난했고, 강시[3]는 아내를 쫓았고, 맹동야[4]는 아들이 없었으니, 인생의 궁하고 고독함이 이보다 더한 것이 어디 있겠습니까만, 형님에 대한 저의 애통함은 이보다 더하오니, 형님은 알고 계신가요. 아득하고 적막합니다.

저는 형님의 죽음을 알고 있지만 형님은 제가 살아 있다는 사실을 알기나 하시는지요? 죽어서 영혼이란 것이 없다면 모르거니와 만약 그렇지 않다면 형님은 저의 애절한 이 마음을 반드시 아시리라 믿습니다. 이제 저의 지극한 정을 적어 형님께 아뢰어 하직하려고 합니다.

저는 형님보다 아홉 해나 뒤에 났으니 형님이 학문에 이미 통달했을 때 저는 아직 철부지 어린애였습니다. 형님은 일찍부터 효도와 우애가 천성에서 우러났고, 그 마음은 일찍이 옛사람을 본받아 그들과 같이 되고자 하지 않은 적이 없었습니다.

또 집안이 가난하고 어버이가 노쇠하심을 염려하며, 세월이 헛되이 흘러감을 탄식하고 항상 저의 게으름을 깨우쳤으며, 명절 때가 되면 음식을 몸소 장만하여 어버이께 올려서 양친께서 맛보시는 것을 본 후에야 비로소 마음에 흡족해 하였고, 곁에서 응대하는 데도 반드시 어버이의 뜻을 받들어 어김이 없었습니다. 저도 형님께 배워서 어버이를 섬기는 방도가 이러해야 한다는 것을 알게 되었습니다.

지난 경자년에 함께 과거에 낙방하여 입신양명을 기대할 수 없게 되자, 포기하고 시골에서 고기 잡고 곡식을 심어 스스로 살아가기로 하였습니다. 드디어 부모님을 모시고 재를 넘어 남쪽으로 내려왔지만 위로는 노쇠하신 어버이께 민망하였고 아래로는 저의 형편을 염려하여 여관의 등불 아래에서, 또는 고향의 눈 속에서 서로를 마주보며 슬피 눈물을 삼켰습니다.

이미 고향에 당도하니 고을 어른들이 따뜻하게 맞아 주었으며 명절이 돌아오자 마을 사람들이 모여 함께 술을 마시고 노래를 불러 족히 세월을 보내며 근심을 잊을 만했으나, 뜻으로 뜻을 맞추어 봉양하자니 명색이 없어 도리어 부끄러웠지요.

산방에서 부지런히 공부했지만 오히려 견문이 부족함을 느껴, 함께 책을 지고 점필재(김종직) 선생의 문하를 찾아가서 두어 달 강의를 듣고 드디어 방향을 알게 되어, 이로부터는 움직이면 반드시 함께하여 일찍이 하루도 떨어진 적이 없었습니다. 비록 이름은 천륜의 형제라고 하지만 실상은 친근한 벗과 같아서 가는 곳마다 서로 갈고 닦으면서 시례(詩禮)를 참고하였는데, 아, 이제 모든 것이 끝나고 말았습니다.

형님은 평소에 자기의 득실에 마음을 쓰기보다 세상사를 돌아보며 한숨짓더니 지금은 어느 곳에서 자욱한 먼지 속을 헤매는 이 보잘것없는 아우를 굽어보고 계시는지요.

옛날 어머님께서 병환이 나셨을 때 제 나이 어림을 염려하시어 저를 형님에게 부탁하시니 형님은 굶주리는 일이 없게 하겠노라고 약속하였습니다. 유학 시절에 어머님이 손수 만드신 의복이 제 등을 못 가리게 되면 형님은 자기 옷을 벗어서 제 몸을 덮어 주었습니다. 이제 세모에 임박하여 저는 살아가는 방도에 어두워 추위와 굶주림을 면하기 어렵게 될 터인데, 장차 누구를 의지해야 할지 모르겠습니다.

큰형님은 젊어서 자주 법도에 어긋나서 어머님은 항상 작은형님의 순명함을 사랑하셔서 "내가 죽으면 당연히 너에게 제사를 받아먹겠다"고 하셨는데, 오늘 어머님께서 도리어 제수를 마련하여 형님의 넋을 부를 줄 어찌 알았겠습니까.

제가 처음 아내를 맞으니 형님은 충청도에 오셔서 제가 집을 장만한 것을 기뻐하였습니다. 이별하기 전날 밤에는 우리 둘이서 서로 무릎을 맞대고 밤새도록 이야기하다 보니 어느덧 새벽닭이 울었습니다. 그리고 어머님께 청하여 좋은 전답과 얌전한 종은 저에게 주게 하시고 형님은 묵정밭과 어리석은 종을 차지하고 떠나셨지요.

임인년 겨울에 저와 함께 부지런히 공부하여 형님은 과거에 일등으로 뽑혔으니 저는 저의 낙방을 한탄하지 않고 형님의 출세를 기뻐했던 것입니다. 하루아침에 명성이 위로 대궐에 알려져 백의(白衣)로 부름을 받고 손수 임금님이 내리신 음식을 나누었습니다. 큰형님과 형님이 나란히 일등을 차지하여 임금님도 마음을 기울이는데 공경 재상인들

어찌 두 분을 영광스럽게 여기지 않았겠습니까.

　형님의 몸이 화평을 잃은 것은 전부터 병이 있었기 때문이었으나, 임금의 명령은 잠시도 지체할 수 없는지라 정신을 몹시 괴롭게 하여 드디어 수레에 실려 집으로 돌아오니, 임금께서는 깊이 걱정하시어 밤중에 의원을 보내시고 동시에 명을 내려 병세를 물으시고 약까지 보내주셨으니, 초야의 백성들이 놀래 등불 앞에 서로 대하여 감격스런 눈물이 옷깃을 적셨습니다.

　얼마 되지 않아서 아버님이 돌아가시니 3년을 몹시 애통해하여 몸이 상해서 뼈만 남게 되었습니다. 형님의 병이 호전되고 상복을 벗자 다시 벼슬을 지내어 직책을 세 번 옮기게 되셨습니다.

　그 해 병오년에 저도 과거에 급제하여 우리 형제 세 사람을 사람들이 세 개의 구슬에다 비유하였지요. 병조좌랑은 세상에서 높은 직위라 이르는데도 형님은 어머님을 봉양하기 위하여 그다지 달갑게 여기지 않고 일개 고을 현감 자리를 바랐던 것입니다.

　그러나 지나치게 소탈한 탓으로 현에서 물러나게 되었지만 역시 형님은 마음에 두지 않고 자연 속에서 자유롭게 지냈습니다. 이 아우도 역시 벼슬을 버리고 뒤따라가 가랑비 내리는 시내에서 그물로 고기를 잡고, 꽃 피는 봄 산에 매를 날려 꿩 사냥도 하여 그것으로 어머님을 충분히 봉양할 수 있었고, 계당(溪堂)은 이미 완성되고 소나무와 대나무도 이미 자랐으니 실컷 노닐면서 어머님을 모실 수 있었습니다.

　그런데 벼슬을 버리고 어머님 곁에 있는 것은 어머님의 본뜻이 아니기도 하여, 나라에서 벼슬을 한 번 내리니 일어나지 않을 수 없게 되었던 것입니다.

형님같이 뜻이 큰 이는 대체로 남의 뒤에 서 있기를 부끄러워하십니다. 그래서 진작부터 법을 다스리는 법관이 우임금이나 그의 신하 설이나 순임금의 신하 후직과 같은 훌륭한 인물이 될 수 없음을 알았으며, 처리해야 할 관청의 장부와 문서로 정력이 쇠잔해지고 벼슬하기를 싫어하셨습니다. 그렇지만 꾹 참고 있다가 돌아와서 늙은 어머님께 영광을 바치려 한 것인데, 그것이 목숨이 기름 태우는 불 속에서 녹아나는 줄도 모르고 오히려 섶을 더 많이 쌓아 놓도록 부추긴 꼴이 되고 말았던 것입니다.

하늘인가, 귀신인가, 제 형님이 무엇을 저버렸기에 가혹한 벌을 주어 이 지경에 이르렀습니까. 늘 자택에서 기쁜 마음으로 느지막이 출근하곤 하였는데 지금은 해가 높이 떴는데도 길게 누워 일어날 줄 모르고 초혼하는 소리가 세 번이나 들리니, 하늘인가, 귀신인가, 제 형님이 무슨 잘못을 했기에 이처럼 혹독한 화가 미친단 말입니까? 보잘것없는 세상 사람들은 수명도 길고 복도 많은데, 제 형님은 성품이 맑고 물욕이 없었으니 마땅히 유유자적하게 지냈어야 할 터입니다. 그런데 도리어 10년을 낭관의 직책으로 곤하게 보냈고 또 38년의 세상살이를 이제 청산하게 되어 저와 함께 한 이불 속에서 잠을 자는 기쁨을 오래도록 누리게 하지 않으니, 이것이 정녕 꿈이란 말입니까?

처음에는 세상에서 갑자기 죽은 사람들 가운데서 더러 되살아나는 경우도 있었기에 절명한 후 며칠 동안은 오히려 바라는 바가 있었는데, 지금은 사체가 이미 관 속에 들어서 제가 외쳐도 형님은 듣지 못하고 형님이 외쳐도 제가 듣지 못하게 되었습니다. 이제 이승에서는 형님과 영영 떨어지게 되었고 저승에 간다고 해도 꼭 만난다는 기약이 없으니 천지가 아득하고 우주가 그저 공허할 뿐입니다.

 지난달 초순에 어머님께 글월을 올려 탈이 없다고 말씀드리고 고향으로 갈 약속을 시월 초순으로 정하였습니다. 큰형님이 어머님을 모셨으므로 반드시 그 소식을 믿어 스스로 위안하실 것이라, 서로 색동옷을 입고 즐거움을 바치려 했는데 어찌 오늘 여기서 슬피 울 줄을 미리 알았겠습니까?

 진작 이럴 줄을 알았던들 무엇 때문에 서울서 벼슬살이를 하면서 모자 형제가 서로 봉양하며 살지 못하고 생사와 애락도 서로 알지 못하는 지경에 이르렀겠습니까?

 저는 이 며칠 동안에 미친 사람 같고 백치와도 같아서 인간 만사를 분간하지 못하게 되었습니다. 이제 형님의 유골을 모시고 고향으로 돌아가서 선영에 장사지내고 다시는 벼슬을 구하지 않고 여생을 마칠까 합니다. 다만 문에 기댄 채 집을 나간 자식이 돌아오기만 기다리던 늙으신 어머님께서 형님이 상여로 돌아오는 것을 보시고 놀라 실성하여 뜻밖의 변을 당하지나 않을까 그것이 두렵습니다. 그리고 형님이 평생에 부모께 효도하려던 소원이 오히려 죽어서 불효하는 결과를 가져올 것이 또한 두려울 뿐입니다. 형님이 이것을 아신다면 편히 눈을 감지 못하실 것입니다.

외숙께서 제게 형님을 용인 외가의 선산에 부장하라고 권하시는데 저도 생각해 보니 그렇게 하는 것이 좋을 듯합니다. 연릉계자[5]의 아들이 제나라에서 죽으니 영박에 장사지내며, 뼈와 살은 흙 속으로 돌아가지만 혼과 기운은 못 가는 데가 없다고 하였으니, 형님의 골육이 비록 그곳에 묻히더라도 혼백은 마땅히 고향으로 돌아와서 조상들과 함께 서로 따르게 될 것이라 믿습니다. 형님은 그쪽이 오히려 편안하지 않겠습니까?

그러나 저는 형님을 위해 어느 것이 좋은지 결정을 못하오니 바라건대 형님의 정령이 어둡지 않다면 저에게 꿈으로라도 알려 주십시오. 하지만 혹시라도 어머님의 꿈속에는 들어가지 말아 주십시오. 어머님의 불면증이 더욱 심해지는 일이 있을까 해서입니다.

아, 옛날에 저는 형님과 함께 좁은 평상을 같이하여 내심으로 장진(張陳)도 우리보다 더할 수 없다고 여겼는데, 직무에 매인 데다가 또 분가하여 떨어져 살며 분주하여 세월을 보내게 되니, 비록 같은 성 안에 살지만 한 달에 서로 만나 뵙는 날이 얼마 되지 못하였습니다.

지난번 저의 집에서 아버님 제사를 모실 적에 형님은 슬피 울었고, 저도 또한 몹시 슬퍼하여 서로 참담한 얼굴로 대하며 정을 흡족히 풀지 못한 채 그만 작별하고 말았습니다. 그러나 그때는 그래도 안색이 윤택하고 심지가 튼튼한 것 같았기에 병이 없는 것으로 여겼습니다. 그런데 닷새를 넘기고는 다시 뵙지 못하고 영결하게 된 것입니다. 진작 이럴 줄 알았더라면 제가 어찌 하루라도 더 숙식을 같이하지 않았겠습니까?

큰형님은 다만 아들 하나를 두어 선인의 뒤를 받들 뿐이요, 저는 지금 아들이 없어 뒤를 세울 수도 없으니, 인정이 극에 달하여 하늘을 보면 그저 아득할 뿐입니다. 형님의 소첩에 대하여 어떻게 하라는 말씀이 없었으나 다행히 유복자가 있으니 잘 낳아서 잘 자라 준다면 형님은 이 아이로 해서 대를 이을 것입니다. 그러나 만약에 잘 자라지 못한다면 당연히 형님의 신주는 선인의 사당에 모시든지 아니면 따로 사촌형제의 아들 중에서 가려서 대를 잇게 할 것이나 이 일은 어머님과 큰형님이 알아서 하실 것입니다.

슬픕니다. 후사를 마련해서 형님의 혼백으로 하여금 결코 불가의 공양을 받게는 하지 않을 것이며, 홀로 되신 형수님을 돌보아서 결코 생업을 잃는 일이 없도록 할 것이니, 제가 이 세상에 살아 있는 이상 형님은 너무 염려 마옵소서.

사람 가운데 오래 사는 사람은 백 년을 살 수 있다지만 그 나머지는 흔히 60세나 70세를 넘지 못하는데, 제 나이 이제 29세이니 이승에 있을 세월이 또한 얼마나 되오리까. 좁쌀밥[6]이 채 익지도 않아서 한 세상은 유유히 가고 천지도 다함이 있는데 초목만이 수심이 없구려.

형님은 중년에 성정이 혼미하여 술을 마시고 스스로 몸을 돌보지 않아 어머님께서 자못 실망하시므로 저는 늘 가동(賈同)이 채씨에게 보낸 시를 외우며 간절히 형님께 충고하였습니다. 형님은 기억하고 계시는지요. 그때 제가 술을 경계한 까닭은 형님의 건강을 해치는 술을 멀리하여 여러 해 더 사시도록 하여, 노모께서 먼저 가신 뒤에 돌아가시게 하자는 뜻이었습니다. 어찌 이 한이 오늘 다시 더할 줄을 알았겠습니까.

오늘은 형님께 한 잔 술을 권하려 해도 이제 소용없게 되었다고 생각하니 슬퍼서 그만 기절하고 말 것만 같습니다. 형님!

1) 공자의 수제자. 자는 자연(子淵). 노나라 사람. 집이 가난하고 불우하였으나 이를 괴로워하지 않고 무슨 일에 대해서도 성내지 않고 과오를 저지르지 않았다. 십철(十哲) 가운데 한 사람.
2) 공자의 제자 원헌(原憲)의 자. 노나라 사람으로 공자가 죽은 뒤 늪가에 숨어살았는데 가난 속에서도 도를 잃지 않았다 한다.
3) 중국 후한 사람. 아내 방씨와 함께 어머니를 극진히 봉양한 중국 24효자의 한 사람.
4) 중국 당나라 때 사람. 이름은 교(郊). 자가 동야. 불우한 생활 속에서도 시를 짓는데 전념했다.
5) 오나라 왕 수몽의 넷째아들 계찰(季札)이다. 수몽은 계찰이 현명하다는 것을 알고 그에게 왕위를 물려주려고 했지만, 계찰은 받지 않았다.
6) 〈침중기(枕中記)〉에 나오는 고사. 당나라 때 노생(盧生)이란 사람이 한단 땅 주막에서 여옹에게 베개를 빌려 베고 잠이 들었는데, 남가군에 가서 태수가 되어 온갖 부귀영화를 누리며 80살까지 잘 산 꿈을 꾸었다. 그런데 깨어 보니 아까 주인이 짓던 좁쌀밥이 채 익지 않았더라 한다. 부귀영화가 꿈처럼 덧없음을 비유한 말. 달리 한단지몽(邯鄲之夢) 또는 남가일몽(南柯一夢), 황량일취(黃粱一炊)라고도 한다.

원제_ 제중운문(祭仲雲文)
김일손_(金馹孫, 1464~1498)
성종 17년 문과에 급제하였으며 춘추관의 사관으로 있으면서 훈구파의 잘못을 사실대로 적었다. 스승 김종직의 〈조의제문〉을 사초에 넣은 것을 흠으로 잡은 훈구파 이극돈, 유자광 등이 무오사화를 일으켜 그를 사형시켰다. 문집으로 〈탁영집(濯纓集)〉이 있다.

열녀 함양박씨전

박지원

　제나라 사람들 말에 "열녀는 두 사내를 섬기지 않는다'고 했으니, 〈시경〉 백주(栢舟)편의 내용이 바로 이것이다. 우리나라의 〈경국대전〉에는, "개가한 여자의 자손에게는 정직(正職)[1]을 주지 말라'고 정하고 있으나, 평민이나 천민을 위해서 이런 법을 만든 것은 아니다. 그런데 우리나라 400년 이래로 온 백성들이 도덕에 교화되어 여자면 귀천도 따지지 않고, 족벌의 고하도 가리지 않고, 과부 치고 수절을 하지 않는 이가 없게 되어 마침내는 하나의 풍속을 이루고 말았다.

　그래서 옛날에 열녀라고 칭찬을 받던 이들은 오늘날로 치자면 보통 있는 과부들이니. 시골집의 젊은 아씨나 골목길의 청상들까지도 어른들이 개가를 하지 못하게 핍박하는 것도 아니고, 자손들이 정직을 받지 못하게 되는 수치스러움이 있는 것도 아닐텐데 굳이 수절을 한다.

한 술 더 떠서 "과부가 수절하는 것만으로는 절개를 지켰다 할 것이 없다"고 여기고, 이따금 스스로 밝은 햇빛을 등지고 남편을 따라 죽기를 빌다가, 강물에 몸을 던지거나 독약을 마시거나 목을 매어서 목숨을 끊기를 마치 극락 땅을 밟듯이 하니, 이것을 열녀라고 한다면 열녀라고는 하겠지만, 어찌 너무 모질고 지나친 일이 아니겠는가?

옛날 벼슬이 높은 두 형제가 있었다. 어머니 앞에서 어떤 사람이 청환(淸宦)[2]으로 나가는 길을 막아야 한다고 의논했다. 형제가 의논하는 말을 듣고 어머니가 물었다.

"그 사람이 무슨 잘못이 있기에 막으려 하느냐?"

아들들이 대답했다.

"과부 집 자식인데 집안 소문이 자못 시끄럽습니다."

어머니가 깜짝 놀라며 말했다.

"남의 집 규방의 일인데 무슨 수로 알았느냐?"

아들들이 대답했다.

"바람결에 들리는 소문입니다."

어머니가 또 말했다.

"바람결에 들리는 소문이라고? 바람이란 것은 소리만 있고 형체는 없는 법. 눈으로 보려고 해도 볼 수가 없고, 손으로 잡으려 해도 잡을 수가 없는데도, 텅 빈 공중에서 일어나 만물을 띄워서 움직이게 만들 수 있는 것이 바람이다. 어찌 풍문을 듣고서 확실치도 않은 남의 일을 논할 수 있단 말이냐? 더구나 너희들은 과부의 자식이 아니냐? 과부의 자식이 오히려 과부를 탓할 수 있단 말이냐? 거기 앉거라. 내가 너희들에게 보여줄 것이 있다."

어머니는 품속에서 동전 한 닢을 꺼내들고 말을 이었다.

"이 동전에 테두리가 있는가 보아라."

"없습니다."

"글자가 있는가 보아라."

"없습니다"

그러자 어머니는 눈물을 흘리면서 말했다.

"이 동전은 네 어미의 인사부(忍死符)니라. 그 테두리나 글자는 10년 동안 내 손으로 만지고 문지르고 하는 사이에 다 닳아서 없어진 것이다. 대개 사람의 혈기는 음양에 뿌리를 두고 있다. 그래서 혈기가 있으면 정욕도 자연 있게 마련이다. 임 생각은 외로움에서 생기고, 슬픔은 임 생각에서 일어난다. 과부가 외로움 속에 살다 보면 그 슬픔은 이루 다 말할 수가 없다.

혈기란 가끔 왕성할 때가 있는데 어찌 과부라고 정욕이 없겠느냐? 과부는 외롭고 슬픈 사람, 타들어가는 등잔불 빛이 그림자를 위로하는 외로운 밤이면 새벽을 기다리기가 참으로 어렵다. 또, 처마 끝에 낙숫물 듣는 소리, 창에 비치는 하얀 달빛, 낙엽이 지는 뜰, 외기러기 울고 갈 때, 첫닭이 울려면 아직도 멀었는데, 어린 계집종은 쿨쿨 코를 골고 있을 때, 이런 밤이면 나는 잠을 이루지 못했다. 그렇다고 이런 괴로움을 누구에게 호소할 수도 없었다.

그런 때면 이 동전을 꺼내 굴리면서 혼자 밤을 새웠다. 동전이 방 가운데를 굴러가는데, 그것이 둥글기 때문에 잘 굴러가다가도 샀자리 가장자리에 가면 멈춰서 버리는구나. 그러면, 다시 찾아서 굴리곤 해서 하룻밤에 보통 대여섯 판을 굴리고 나면, 그제야 날이 샌다. 십 년 사이에 해마다 그 동전을 굴리는 수가 줄어들었다. 십 년 뒤에는 닷새에 한 번 굴리거나 열흘에 한 번 굴리게 되더니, 이제 와서는 내 혈기도 다 쇠해서 다시는 이 동전을 굴리지 않게 되었다. 그러나 내가 이 동전을 버리지 않고 오히려 열 겹으로 싸서 소중히 간직해 온 지가 20여 년이다. 그것은 이 동전의 옛 공을 잊지 못해서 그러기도 하고, 때로는 스스로를 경계하는 바가 있어서 그러기도 한다."

어머니의 말이 끝나자, 세 모자는 서로 부둥켜안고 흐느껴 울었다.

어떤 사람이 이 이야기를 듣고 말했다.

"이 분이야말로 열녀라 할 만하다. 아, 굳은 절개와 정결함이 이와 같은데도, 그때 세상에 기록해 놓은 것이 없어서 그 이름이 잊혀져 전해지지 않는다. 왜냐하면, 과부가 수절을 하는 것이 이제는 온 나라에서 당연히 지켜야 할 규범이 되어 버려서 대수롭게 여기지 않게 되었기 때문이다. 그래서 과부가 한 번 억지로 목숨을 끊지 않고 수절하여 늙는 것은 그 가문에서도 특별한 절개로 보지 않게 되고 말았다."

내가 안의 고을의 일을 보기 시작한 다음 다음해인 계축년 어느 날이었다. 날이 곧 새려 할 즈음인데, 잠결에 들으니 청사 앞에서 몇 사람이 목소리를 낮추어 소곤거리는가 하면 간간이 슬피 탄식하는 소리가 섞여 있기도 했다. 아마도 매우 급한 일이 있는 모양이나, 내가 깰까봐 차마 말을 못하는 듯했다.

그래서, 닭이 울었느냐고 큰소리로 물었다. 좌우에서 이미 서너 홰나 울었다고 대답했다. 밖에 무슨 일이 있느냐고 다시 물으니, 통인 박상효의 형님의 딸이 함양으로 시집가서 일찍이 과부가 되었는데, 그 지아비의 3년상을 마치고는 약을 먹어 생명이 위독하니 살려 달라는 급보가 왔으나 상효가 오늘 저녁 숙직이라 감히 제 맘대로 가지 못하고 있다는 것이었다. 나는 빨리 가보라고 말했다. 저녁때가 되어서 함양 과부가 살아났느냐고 물으니, 좌우가 이미 죽었다고 대답했다.

내 입에서는 절로 탄식 소리가 새어 나왔다.

"참, 모진 사람이구나!"

곧 고을의 아전들을 불러 물어 보았다.

"함양에 열녀가 났다는데, 그는 본디 안의현 출신이라 하니, 그 여자의 나이가 지금 몇 살이며, 함양 누구네 집으로 시집갔으며, 어려서부터 지조와 행실은 어떠했는가를 너희들 중에 아는 사람이 있는가?"

이에 한 아전이 한숨을 쉬며 나와서 말했다.

"박씨의 친정은 대대로 이 고을 아전이었고, 그 아비의 이름은 상일인데 아비와 어미가 다 일찍 죽고, 오직 이 딸 하나여서 어려서부터 할아버지 할머니 밑에서 자랐습니다. 효도가 극진했고, 나이 열아홉 살에 시집가서 함양 임술증의 처가 되었습니다. 술증도 대대로 고을 아전인데 늘 몸이 병약했습니다. 그녀와 한 번 초례를 치르고는 반 년이 채 못되어 죽어 버렸습니다. 박씨녀는 지아비의 초상을 예법대로 치르고 며느리의 도리를 다하여 시부모를 섬겼으므로, 두 고을의 친척이나 이웃들이 그녀의 어짊을 칭찬하지 않는 사람이 없더니, 이제 와서 그 행실이 드러난 것입니다."

다른 늙은 아전 하나가 감개한 어조로 말을 이었다.

"그녀가 아직 시집가기 몇 달 전에 어떤 사람이, '술증이 병이 골수에 들어 사람 노릇하기가 참으로 어렵게 생겼는데 어쩌자고 혼인을 물리지 않느냐?'라고 말했더랍니다. 그 조부모가 넌지시 그녀의 뜻을 물어 보았으나 그녀는 묵묵히 말이 없었답니다. 혼인날이 다가오자 그녀의 집에서 사람을 보내 술증을 엿보게 하니, 술증이 비록 얼굴은 단정하나 병으로 지치고 기침까지 덮쳐서 빼죽하게 서 있는 것이 그림자가 걸어다니는 것 같더랍니다. 집안에서는 더럭 겁이 나서 다른 중매쟁이를 대려 했더랍니다. 그러자 그녀는 정색을 하고 '앞서 마른 옷은 누구의 몸에 맞게 한 것이며, 또 누구의 옷이라고 했습니까? 저는 처음 지은 옷을 지키기를 원합니다'라고 말했습니다. 그러자 집안에서 모두 그녀의 뜻을 알아채고 마침내 기약한 날에 사위를 맞이했더랍니다. 비록 혼례식을 올렸다고는 하지만 실은 끝내 빈 옷만 지켰을 뿐이라 하옵니다."

그 일이 있은 지 얼마 되지 않아 함양군수 윤광석이 밤에 이상한 꿈을 꾸고 느낀 바 있어 〈열부전〉을 지었고, 산청현감 이면제도 역시 그녀의 전(傳)을 짓고, 거창 선비 신돈항도 박씨를 위해서 그 절개에 대한 전말을 기록했다.

아마도 그녀는 죽기 전에 이런 생각을 했을지도 모른다.

"젊은 과부가 이 세상에 오래도록 살아 있게 되면 두고두고 일가 친척들의 동정을 받게 될 것이고, 또 이웃 사람들의 망령된 생각을 면하기도 어려울 것이니 속히 죽어 없어지는 것이 낫겠다."

슬프다. 그녀가 상복을 입고도 죽음을 참은 것은 장례를 치르기 위함이요, 장례를 치르고도 죽음을 참은 것은 소상(小祥)이 있기 때문이요. 소상을 치르고도 죽음을 참은 것은 대상(大祥)이 앞에 있기 때문이다. 이제 대상이 끝나서 상기가 다하자 지아비가 죽은, 같은 날 같은 시를 택해서 죽음으로써 마침내 그 처음 먹은 뜻을 이루었으니, 어찌 열녀가 아니겠는가?

1) 사족(士族) 이상의 신분에 한하여 임용되는 문무 관직. 잡직의 반대.
2) 학식이나 문벌이 높은 사람들이 하던 규장각, 홍문관 등의 벼슬. 지위와 봉록이 높지 않지만 뒷날 높이 될 벼슬자리.
3) 죽음을 참게 하는 부적.

원제_열녀함양박씨전(烈女咸陽朴氏傳)

빠진 이를 아쉬워하며

김창흡

　숙종 44년 무술년은 내가 예순여섯 살이 되던 해이다. 갑자기 앞니 하나가 빠져 버렸다. 그러자 입술도 일그러지고, 말도 새고, 얼굴까지도 한쪽으로 삐뚤어진 것 같았다. 거울에 얼굴을 비춰 보니 놀랍게도 딴 사람을 보는 것 같아 눈물이 나려 했다. 그렇게 한참을 바라보다가 다시 곰곰이 생각해 보니, 사람은 짚자리에 떨어지고 나서부터 늙은이가 되는 동안에 참으로 많은 절차를 밟게 된다는 것을 알게 되었다.

　사람이 태어났다가 갓난아이로 죽으면 이도 나보지 못한 채 죽게 되고, 예닐곱 살에 죽으면 젖니도 갈지 못한 채 죽고 마는 것이다. 그러나 여덟 살을 지나 육칠십 살까지 살면 새 이가 난 뒤이고, 다시 팔구십 살이 되면 이가 또 새로 난다고 한다.

　그런데 내가 살아온 나이를 따져 보니, 거의 4분의 3을 산 셈이다. 영구치가 난 뒤로 벌써 환갑이 되었으니, 너무 일찍 빠졌다고 하여 한탄할 수만은 없을 것 같다. 더구나 금년은 크게 흉년이 들어서 굶어 죽는 사람이 그 수를 헤아릴 수 없을 지경이니, 그러한 정상을 생각해 보면 나처럼 이 빠진 귀신이 된 이가 몇 사람이나 있겠는가? 나는 이러한 일들을 생각하며 스스로 마음을 넉넉하게 먹기로 했다. 그렇지 않고 슬퍼한들 무슨 소용이 있겠는가?

그렇다고 해도 아쉬움은 남는다. 사람이 체력을 유지하고 기르는 데는 음식 만한 것이 없는데, 음식을 먹으려면 이가 없어서는 안 된다. 그런데 하루아침에 이가 빠져 버리고 나니 빠진 이 사이로 물이 새고 밥은 딱딱하여 잘 씹히지 않으며, 간간이 고기라도 씹으려면 마치 독약을 마시는 사람처럼 얼굴이 절로 찌푸려진다.

책상 앞에 앉아도 빠진 이 때문에 어려움에 처한 나의 신세가 걱정된다. 그렇지 않아도 쇠약한 몸이 음식을 제대로 먹지도 못하고, 매미의 배에 거북의 창자 꼴이 될 것이니 참으로 딱한 노릇이다. 그렇다고 어쩌겠는가? 그러니 먹고 마시는 일은 되어 가는 대로 내버려 둘 수밖에 없다.

나는 어릴 때부터 책읽기를 좋아했다. 그런데도 아직까지 입에 올리지 못한 책이 수두룩하다. 이제부터라도 아침저녁으로 시골 풍경을 바라보면서 책이나 흥얼거리는 것으로 말년을 보내려 했다. 그리하여 캄캄한 밤에 촛불로 길을 비추듯, 인간의 근본에서 벗어나지 않기를 바랐던 것이다.

이렇게 마음먹고 책을 펴서 읽기 시작했다. 그러자 이가 빠진 입술 사이로 흘러나오는 소리가 마치 깨진 종소리 같아서, 빠르고 느림이 마디지지 못하고, 맑고 탁한 소리가 조화를 잃고, 칠음(七音)[1]의 높낮이도 분간할 수 없으며 팔풍(八風)[2]도 이해할 수 없었다. 처음에는 낭랑한 목소리를 내보려고 안간힘을 써 보았으나 끝내 소리가 말려 들어가고 말았다. 나는 내 모양이 슬퍼서 책 읽는 일을 그만두어 버렸다. 그러고 나니 마음은 더욱 게을러져 갔다.

결국 인간의 근본을 찾으려 했던 최초의 마음을 그대로 유지할 수 없다는 것을 알게 되었다. 이것이 이가 빠지고 난 뒤에 나의 마음을 가장 슬프게 하는 것이다.

나의 일생을 돌이켜볼 때 내가 비록 늙었다고는 하나 몸이 가볍고 건강하다는 것만은 자신했었다. 걸어서 산에 오르거나, 종일토록 먼 길을 말을 타고 달리거나, 때로는 천리 길을 가도 다리가 아프다거나 등이 뻣뻣해지는 걸 느끼지 못했다. 그래서 내 또래들과 비교해 볼 때에 나만한 사람이 드물다고 생각하며 자못 기분이 좋았다. 이미 노쇠한 것도 잊고 오히려 건장하다고 잘못 생각하고는, 어떤 일을 당해도 겁내지 않고 달려들어 처리했으며, 신바람이 나면 아무리 먼 길이라도 달려갔다가 반드시 녹초가 되어서야 돌아오곤 했다.

그리고 벌려 놓은 일이 너무 많아서 수습할 수 없게 되면 스스로 타이르기를, 이 뒤로는 시골에 몸을 숨겨 다시는 문 밖에도 나가지 않겠다고 마음먹곤 했다. 그러나 이러한 일은 마치 버릇처럼 되어서, 저녁이면 후회하면서도 아침이면 다시 그런 일을 되풀이하곤 했다. 이는 아마도 나이에 따라 분명히 체력의 한계가 있는데도 그것을 모르고 겁없이 살아온 데 그 원인이 있을 것이다.

그런데 지금 얼굴이 일그러져 추한 모습으로 갑자기 사람들 앞에 나타나면 모두들 놀라고 또 슬퍼하지 않는 사람이 없을 것이니, 내가 아무리 늙었음을 잠깐만이라도 잊으려 한다 해도 가능한 일이겠는가? 그러니 이제부터라도 나는 노인으로서의 분수를 지켜야겠다.

옛날 선인들의 예법에, 사람이 예순 살이 되면 마을에서 지팡이를 짚고 다니고, 군대에 나가지 않으며, 또 학문을 하려고 덤비지 말아야 한다고 했다.

나는 일찍이 〈예기〉를 읽었으나 이와 같은 예법에는 동의하지 않고 계속해서 잘못을 저지르곤 했는데, 지금에 와서야 그 동안 내가 한 행동이 잘못 되었음을 크게 깨달았다. 앞으로는 조용한 가운데 휴식을 찾아야 할까 보다. 결국 빠진 이가 나에게 경고해 준 바가 참으로 적지 않다 하겠다.

옛날 성리학의 대가인 주자(朱子)도 눈이 어두워진 것이 계기가 되어, 본심을 잃지 않고 타고난 착한 성품을 기르는 데 전심하게 되었으며, 그렇게 되자 더 일찍 눈이 어두워지지 않은 것을 한탄했다고 한다. 그렇다면, 나의 이가 빠진 것도 또한 너무 늦었다고 해야 하지 않을까. 얼굴이 일그러졌으니 조용히 들어앉아 있어야 하고, 말소리가 새니 침묵을 지키는 것이 좋고, 고기를 씹기 어려우니 부드러운 음식을 먹어야 하고, 글 읽는 소리가 낭랑하지 못하니 그냥 마음 속으로나 읽어야 할 것 같다.

　조용히 들어앉아 있으면 정신이 안정되고, 말을 함부로 하지 않으면 허물이 적을 것이며, 부드러운 음식만 먹으면 오래 사는 복을 누릴 것이다. 그리고 마음 속으로 글을 읽으면 조용한 가운데 인생의 도를 터득할 수 있을 터이니, 그 손익을 따져 본다면 그 이로움이 도리어 많지 않겠는가?

　그러니 늙음을 잊고 함부로 행동하는 자는 경망스런 사람이다. 그렇다고 늙음을 한탄하며 슬퍼하는 자는 속된 사람이다. 경망스럽지도 않고 속되지도 않으려면 늙음을 편하게 받아들여야 한다. 늙음을 편하게 여긴다는 말은 여유를 가지고 쉬면서 마음내키는 대로 자유롭게 사는 것이다.

　이리하여 담담한 마음으로 세상을 조화롭게 살다가, 아무 미련 없이 죽음을 맞이해야 한다. 그리고 눈으로 보는 감각의 세계에서 벗어나, 일찍 죽는 것과 오래 사는 것이 서로 다르지 않다는 생각을 가지게 된다면, 그것이 곧 인생을 즐겁게 사는 길이며, 근심을 떨쳐 버리는 방법이 될 것이다. 그래서 아래와 같이 노래를 짓는다.

이여, 이여!
그대 나이 얼마인가?
60년이 돌아오니,

온갖 음식 갖추어 맛보았지.

공을 이루면 물러나고,
보답이 극진하면 사양하는 법.
나는 나의 빠진 이를 보고,
세상의 조화를 깨달았지.

하늘에 빛나는 찬란한 별도,
떨어지면 한낱 볼품없는 돌.
여름내 무성한 나뭇잎도,
서리 내리면 떨어지는 법.

이것은 절로 그리되는 일.
딱하다 애처롭다 할 것 없다네.
나는 조용히 자취를 감춘 채,
침묵 속에 내 마음을 지키려 하네.

편안한 잠자리 하나면,
온갖 인연이 모두 부질없는 일.
배를 채우는 데는 고기가 필요 없고,
얼굴은 동안이 아니어도 상관없네.

정신이 깨어 있는 이여!

그대는 오직 이 이의 주인이로세.

....

1) 동양 음악의 궁(宮), 상(商), 각(角), 치(徵), 우(羽)의 다섯 음에 반상(半商), 반치(半徵)를 더한 일곱 음.
2) 여덟 가지의 악기, 곧 금(金), 석(石), 사(絲), 죽(竹), 포(匏), 토(土), 혁(革), 목(木)을 팔음이라 하는데 아마도 이 팔음을 팔풍이라고 한 듯하다.

> **원제 _ 낙치설(落齒說)**
> **김창흡** _ (金昌翕. 1653~1722)
> 호는 삼연(三淵). 노론 계열의 학풍을 이은 성리학자. 영의정 김수항의 아들로 벼슬에 뜻을 두지 않고 학문에 열중하여 성리학의 대가로 이름을 날렸다. 김창집·김창협은 그의 형이다.

아내 숙부인 김씨 행장

허균

아내의 성은 김씨로 서울 명문가의 출신이다. 고려 때의 정승 방경의 현손인 척약재 구용은 고려 말에 이름을 떨쳤으니 벼슬이 삼사의 좌사에 이르렀고, 그 4대손인 윤종은 무과에 급제하여 벼슬이 절도사에 이르렀다. 그 아들 진기가 경자년 사마시에 합격하여 별제로 처음 벼슬길에 나아갔다. 이 분이 대섭을 낳으니 그도 계유년 사마시에 합격하여 또한 도사(都事)가 되었다. 관찰사 청송 심공 전(銓)의 딸에게 장가드니, 나의 아내는 바로 그분의 둘째 따님이다.

아내는 신미년(1571년)에 태어나 나이 열다섯에 우리 집으로 시집오니, 성품이 조심스럽고 성실하며, 소박하고 꾸밈이 없었으며, 길쌈에 전념하여 조금도 게으름이 없었다. 말은 더듬듯 조심스러웠고, 시어머니 섬기기를 매우 공손히 하여 아침저녁으로 몸소 문안드리고, 음식은 반드시 맛을 보고 나서야 드렸으며, 제철 음식을 아주 넉넉하게 했다.

종을 다루기를 엄하게 했지만, 용서할 것은 용서해 주었고, 욕설로 꾸짖지 않으니, 시어머니께서는 "우리의 어진 며느리로다"라고 칭찬하셨다.

내가 나이 어린 때라 아내에게 장난치기를 좋아했지만, 얼굴에 싫은 기색을 띤 적이 거의 없었다. 어쩌다 조금이라도 함부로 굴면 문득 이렇게 나무랐다.

"군자의 처신은 마땅히 엄히 해야지요. 옛사람은 술집이나 다방에도 함부로 들어가지 않았다던데, 더구나 이보다 심한 짓이겠습니까?"

내가 이 말을 듣고 마음으로부터 부끄러운 생각이 들어 조금이나마 더러 자제하기도 했다.

그리고 항상 나에게 부지런히 공부할 것을 권했다.

"장부가 세상에 한 번 태어나면, 과거에 급제하여 높은 벼슬에 올라 어버이를 영화롭게 함은 물론, 자기 몸도 또한 이롭게 하는 것입니다. 우리집은 가난한 데다 시어머님은 연만하시니 너무 재주만 믿고 느긋하게 세월을 허송하지 마십시오. 세월은 빨리 흐르는 것입니다. 나중에 후회한다고 어찌 미칠 수 있겠습니까?"

임진년 왜적을 피하여 북으로 가던 참에 아내는 마침 임신 중이어서 몹시 지친 몸으로 단천에 이르러 아들을 낳으니, 그때가 칠월 초이렛날이었다. 이틀이 지나서 왜적이 갑자기 들이닥치자 순변사 이영은 후퇴하여 마천령을 지키려고 했다. 그래서 나는 어머님과 아내를 이끌고 밤을 새워 고개를 넘어 임명역에 이르렀는데, 아내는 기운이 다하여 말도 제대로 못할 형편이었다. 그때 같은 성씨인 허행이 우리를 맞이해 주어서 해도로 피난을 했으나 거기서도 오래 머물 수가 없었다. 있는 힘을 다하여 산성원에 사는 백성 박논억의 집에 도착했다.

그때가 초열흘날 저녁이었는데, 아내는 그날 밤을 넘기지 못하고 기어이 숨을 거두고 말았다.

소를 팔아 관을 사고 옷을 찢어 염을 했다. 그러나 체온이 오히려 따뜻해서 차마 그대로 묻을 수가 없었다. 갑자기 왜적이 성진창을 친다는 소문이 들리므로, 도사공이 급히 명하여 뒷산에 임시로 묻으니, 그때 나이 겨우 스물두 살. 함께 산 세월을 생각하니 겨우 여덟 해에 불과했다.

슬프다. 그때 태어난 아들은 젖이 없어 끝내 일찍 죽고 말았다. 처음에 난 딸아이는 자라서 진사 이사성에게 시집가서 아들 딸 하나씩을 낳았다.

기유년에 내가 당상관으로 진급하여 형조참의로 임명되니 법도에 따라 아내를 숙부인으로 추봉하게 되었다. 아내의 맑은 덕행으로도 오래 살지 못하고, 게다가 뒤를 이을 아들도 없으니, 하늘의 도리조차도 믿기 어려운 일이다.

우리가 가난할 때 아내와 마주앉아 짧은 등잔 심지를 돋우고 반짝거리는 불빛에 밤을 밝히며 책을 읽다가 내가 조금이라도 싫증을 내는 기색을 보이면 아내는 반드시 농담 삼아 "게으름 피우지 마세요. 저의 부인첩[1]이 늦어집니다"라고 말했는데, 18년 뒤에야 다만 한 장의 빈 교지를 그녀의 영전에 바치게 되었을 뿐, 그 영화를 누릴 이는 나와 귀밑머리를 마주 푼 짝이 아닐 줄을 어찌 알았으랴. 만약 저승에서나마 이 사실을 안다면 반드시 슬픔을 이기지 못할 것이다.

슬프다. 을미년 가을에 길주에서 아내의 뼈를 거두어 임시로 강릉 교외에 묻었다가, 경자년 3월에 돌아가신 어머님을 따라 원주 서면 가시덤불에 길이 묻었다.

그 언덕은 선산 왼쪽에 있으며 묘는 인좌(寅坐) 신향(申向)[2]이다. 삼가 아내의 행적을 쓴다.

1) 벼슬한 사람의 부인에게 내리던 첩지.
2) 인시(寅時) 방향, 즉 4시 방향을 등지고 신시(申時), 즉 16시 방향을 바라보는 자리.

원제_망처숙부인김씨행장(亡妻淑夫人金氏行狀)

늙은 말과의 대화

홍우원

  숭정 9년(1636년) 4월 어느 날 나는 종을 시켜 마구간에 엎드려 있는 늙은 말을 끌어내 놓고는 말에게 말했다.
  "안되었다, 말아. 이제 너는 나이도 많고 기력도 떨어졌다. 그래서 내가 너에게 빨리 달리라고 해도 그렇게 하지 못할 것이며, 뛰어넘어 가라고 해도 그렇게 하지 못할 것을 나는 잘 안다. 또 내가 너에게 멍에를 걸어서 수레를 끌고 험한 고개를 넘어가라고 해도 너는 자빠질 것이며, 무거운 짐을 싣고 먼 곳을 가라고 해도 넘어지고 말 것이다.
  그러니 말아. 앞으로 너를 어디다 쓰겠느냐? 내 너를 백정에게 보내 도살하려고 하나 차마 그렇게는 하지 못하겠고, 또한 성안 저잣거리에 끌고나가 팔아 버리려고 하나 누가 너를 사가겠느냐? 참으로 안되었다, 말아. 그러니 내가 할 수 없이 너의 재갈과 굴레를 벗겨서 놓아 줄 테니 네가 가고 싶은 데로 가거라. 이제 너는 나에게 아무 소용이 없구나."

이렇게 말하자 말은 내 말을 알아듣기라도 하는 듯이 귀를 내리고 있다가, 무언가 할말이 있는 것처럼 머리를 들고 있더니 또 한참 동안 몸을 움츠리고 있었다.

입으로 말을 할 수는 없지만 무언가 할말이 있는 듯하여 내가 그의 마음을 대신 상상해 보았다.

"예, 주인님 말씀을 따르겠습니다. 그러나 주인께서도 어질지 못한 분이십니다. 옛날 제가 젊었을 적엔 하루에 백 리도 달릴 수 있었으니 저의 다리가 건장하지 못했던 것이 아니고, 한 번에 여러 섬의 곡식을 실을 수 있었으니 저의 힘이 강하지 못한 것도 아니었습니다.

또 주인께서 가난하실 때 저만은 그 사정을 알았습니다. 집안은 거칠어지고 가난에 찌들어 쓸쓸하기 그지없었습니다. 그래서 양식 항아리에는 한 말의 곡식도 남아 있은 적이 없고, 상자에는 옷감 몇 필도 갈무리해 놓은 것이 없었으니, 마님은 굶주려 비쩍 마르고 어린 자식들은 밥 달라고 졸라대는데, 빚을 내야만 아침저녁으로 죽이나마 먹을 수 있는 형편이었습니다.

그때 저는 주인님을 위하여 있는 힘을 다했습니다. 주인께서 동으로 가라면 동으로 가고, 서로 가라면 서로 가고, 남으로 가라면 남으로 가고, 북으로 가라면 또 북으로 갔습니다. 그래서 멀게는 하루에 수천 리, 가깝게는 수백 리를 달리며, 등에 지기도 하고 수레에 실어 나르기도 하여, 일찍이 하루도 편하게 지낸 날이 없었으니, 저의 노고가 적다고 할 수는 없을 것입니다. 그 결과 주인집 몇 식구의 목숨이 저로 인해 온전하게 살아 남았고, 저로 인해 길거리나 구렁텅이에서 굶어죽지 않았던 것입니다. 옛날 한나라 고조는 말 위에서 천하를 얻었고, 지금 주인께서는 말 위에서 집안을 일으켰으니, 저의 공이 없다고 말할 수는 없을 것입니다.

　대체로 임금이 신하를 부릴 때 노고가 많은 자에게는 반드시 후하게 상을 내리고, 공이 큰 자에게는 반드시 많은 녹을 주는 것입니다. 이는 윗사람이 아랫사람에게 일을 잘하도록 권장하여 아랫사람이 윗사람을 위하여 있는 힘을 다하도록 하기 위함입니다. 그런데 지금 주인께서는 그렇지 못하십니다. 저의 노고가 이처럼 많은데도 저를 먹이는 데는 인색했으며, 저의 공로가 이와 같이 많은데도 저를 매우 야박하게 대우하였습니다. 저는 한 번도 배불리 먹어본 적이 없었습니다. 그러면서도 재갈과 굴레로 저를 속박해 놓고, 또 채찍으로 두들겨 가며 부렸습니다. 몹시 굶주리고 목마른데도 저를 억지로 달려가고 뛰어가게 하니, 제가 한시도 쉬지 못한 지가 벌써 여러 해가 되었습니다. 그러니 비록 제 나이가 늙지 않고 젊었다 하더라도 저의 기력이 어찌 몹시 피로해지지 않았겠습니까?

　유라는 말은 하루에 천 리를 달리는 천하의 준마이지만, 이치에 맞지 않게 부리고 그 능력을 발휘할 만큼 충분히 먹이지 않았다면 오히려 보통 말만도 못하였을 것입니다. 더구나 기기[1]나 화류[2] 같은 명마에 미칠 수 없는 저 같은 노둔한 말이야 더 말할 것이 있겠습니까? 그러하니 저의 기력이 몹시 쇠약하여 쓸모없이 된 것이 어찌 주인님의 잘못이라고 하지 않을 수 있겠습니까?

젊어서 있는 힘을 다하여 일했는데 늙었다고 내버린다면 이는 어진 군자로서는 차마 할 수 없는 일입니다. 그런데도 주인께서는 그렇게 하겠다고 하시니, 그 심히 어질지 못함을 생각할 때 탄식이 절로 나옵니다.

제가 비록 늙었다고 하나 아직 먹성은 좋습니다. 그러니 주인께서 만약 조금만 주의를 기울여 저를 보살펴 주시고 마음을 써서 저를 먹여 주신다면, 옥산의 벼가 아니더라도 동쪽 교외에 널려 있는 풀이면 저의 시장기를 면할 수 있고, 예천의 단 물이 아니더라도 남쪽 골짜기 맑은 물이면 저의 갈증을 풀어 버릴 수 있습니다. 그리고 쌓인 피로를 풀도록 한동안 휴식을 주시면 정신이 들고 기운이 소생할 것입니다. 그런 뒤에 제 힘에 맞게 부리시고 제 능력을 헤아려 일을 시키신다면, 제가 비록 늙었지만 주인님을 위하여 떨쳐 일어나 최선을 다할 터이니, 마음껏 부리시어 저의 남은 생애를 마치게 해 주십시오. 그렇게 하신다면 큰 행복으로 여기겠습니다.

그러나 끝내 저를 버리신다면 할 수 없는 일이겠지요. 아직 저의 발굽은 차가운 눈과 서리를 견딜 수 있고, 저의 털은 찬바람을 막을 수 있습니다. 그러니 아무데서나 풀도 뜯고 물도 마시며 제 나름대로 목숨을 보존하며 명대로 살아갈 수 있습니다. 그러니 지나치게 저에 대해서 걱정할 것은 없는 줄로 압니다. 그럼, 이제 떠나겠습니다."

나는 말이 했음직한 말을 생각해보고 나니, 말문이 막혔다.

"이것은 나의 잘못이다. 말이 무슨 죄가 있겠느냐? 옛날에 제나라 환공이 행군을 하다가 길을 잃었을 때 관중이, '늙은 말을 풀어놓고 그 말이 가는 대로 따라가'라고 하여 길을 찾았다고 한다. 관중 같은 이도 늙은 말을 버리지 않고 이용함으로써 그 임금을 도와서 천하를 제패하게 했다. 이런 사실은 가지고 보면 늙은 말이라고 해서 어찌 소홀히 대접할 수 있겠는가?"

마침내 나는 종에게 명했다.

"저 말을 잘 먹이고 함부로 다루는 일이 없도록 하라."

1) 하루에 천 리를 달린다는 명마.
2) 주나라 무왕이 천하를 두루 다닐 때 탔다는 여덟 필의 준마 중 하나.

원제_노마설(老馬說)
홍우원 (洪宇遠, 1605~1687)
조선 후기의 문신. 예조 · 이조 · 공조판서를 지냈으며, 허적(許積)의 역모 사건에 연루되어 유배지에서 죽었다. 저서로는 《남파집(南坡集)》이 있다.

호조참의를 사양하는 글

김창협

　저는 하늘과 땅 사이에 큰 죄인이옵니다. 아비가 화를 입은 뒤로 이미 여섯 해가 바뀌었습니다. 그런데도 저는 사리에 어둡고 미련한 데다가 어찌할 바를 몰라 끝내 죽지 못하고 우두커니 앉아 있거나, 터덜거리고 걸어다니고 있습니다. 그래서 이제는 지극한 아픔을 안고서도 구차하게 살아간다는 것이 수치가 된다는 것도 모르는 사람이 되어 버렸습니다. 그러니 살아서는 불효한 사람이 되었고, 죽어서는 불효한 귀신이 되게 생겼습니다.

　참으로 생각지도 못했는데, 하늘의 해는 다시 빛나고 조정은 말끔히 숙청되어, 임금께서 불쌍히 여기고 사랑해 주시는 은혜가 제일 먼저 죽은 저의 아비에게 미쳤습니다.

　무릇 성의(聖意)를 열어 보이시어 원통한 울분을 풀게 하여 구천에 있는 자를 밝게 씻어 주시니 다시 남은 한이 없을 것입니다. 그러니 비록 천지와 같이 크고 하해와 같이 넓은 것이라 할지라도 임금님의 큰 은덕에 비유되기에는 모자람이 있을 것입니다. 저는 감격하여 한편으로는 기쁘고, 한편으로는 슬퍼 오정(五情)이 꽉 막혀 저도 모르게 피눈물이 쏟아집니다.

 돌아보면 저의 불효한 죄가 위로 하늘에까지 통한 지 이미 오래 되었거니와, 오늘에 와서 스스로 속죄할 수 없다는 것을 더욱 잘 알게 되었습니다. 옛날에 제영[1]은 한낱 여자의 몸으로도 오히려 짧은 글로써 임금의 마음을 감동시켜 아버지를 형벌의 화에서 벗어나게 할 수 있었고, 전횡(田橫)[2]을 따르던 식객들은 골육간의 은의가 있는 것도 아닌데 다만 의기로 서로 감동되어 기꺼이 한 번 죽어 전횡을 따라 지하에 묻혔습니다.

 그런데 저는 저의 아비가 변을 당하던 날에, 적극적으로 머리를 경복궁 기둥에 부딪혀 아비의 목숨을 빌지도 못했고, 그렇다고 소극적으로 형틀을 끌어당겨 아비와 함께 죽지도 못했습니다. 이랬으니, 몸은 남자로 태어났으나 한낱 약한 여자에게도 미치지 못했고, 부모 자식 사이가 되어서 도리어 의리로 사귀던 주인과 나그네 사이만도 못했던 것입니다.

 또 옛날에 제나라 기량의 처가 하늘에 대고 울부짖으니 센바람이 궁전을 내리친 일이 있고, 연나라 신하 추연이 통곡하자 여름에 된서리가 내린 일도 있습니다. 이런 일들은 정성이 지극하면 하늘도 감동하여 그 징조를 나타낸 것입니다. 그런데 지금 저는 깊은 산중에 숨어 엎드려서 꾹 참고 욕되게 목숨을 부지할 뿐, 진작 지성을 다해서 천지를 감동시켜 임금님이 한 번 깨닫도록 하지도 못하고 세월만 보내다가 오늘에 이르렀습니다.

지난번 전하의 지극하신 어짊과 밝음이 아니었던들, 제가 늙어 죽어 언덕이나 구렁에 묻힌다 해도 끝내 죽은 제 아비의 억울한 원한을 아뢰어 죄인의 명부에서 그 이름을 씻어낼 수는 없었을 것입니다. 예로부터 오늘에 이르기까지 자식으로 태어나 불효한 사람들 가운데 어찌 저와 같이 심한 자가 또 있겠습니까?

제 생각으로는 지난날 법을 개혁하여 모든 제도를 새롭게 하고 인륜을 교화할 때에, 저와 같이 불효한 자를 더욱 엄중히 다루어 반드시 먼저 그 죄를 바로잡아 세상 사람들을 격려했어야 합니다. 그런데 도리어 죄도 없이 버려졌던 사람들과 동등하게 취급하여, 벼슬을 주어 새로 호조의 직책을 내리시니, 이것이 어찌 생각인들 할 수 있는 일이겠습니까?

또 제가 마음 속으로 더욱 애통하게 여기는 것이 있습니다. 죽은 제 아비가 조정에 나아간 지 40년 동안에 임금을 섬기고 몸단속하는 방도와 나라를 걱정하고 국사를 받드는 절도가 모두 본말을 갖추고 있음은 더 말할 것이 없습니다. 오직 조심하고 삼가서 권력이나 지위를 뽐내는 일이 없었고, 겸손하고 공경하며 두려워하고 검약하기를 처음부터 끝까지 한결같이 하였으니, 귀신의 재앙이나 사람의 시기를 당할 만한 일은 스스로 한 바가 없었습니다. 다만 저희 형제가 한 가지도 능한 것이 없는 터에, 요행스런 기회를 타고 서로 이어서 조정에 올라, 맑고 좋은 자리를 거쳐 갑자기 하대부(下大夫)³⁾의 반열에 올랐습니다.

그래서 영화와 총애가 사람을 놀라게 하여 세상의 눈총을 받게 되었으면서도 저희들은 부승지계(負乘之戒)⁴⁾와 지족지훈(止足之訓)⁵⁾을 잊고, 분수를 모르고 무작정 나아가 아주 중요한 자리에 오르고서도 돌아올 줄 몰랐습니다. 그러다가 끝에 가서는 가득 차는 데서 오는 재앙을 오직 죽은 아비에게만 미치게 하고 말았습니다. 그러고도 저는 요행으로 죄를 모면하였으니 불효가 이보다 더 클 수가 없는 것입니다.

저는 생각이 여기에 미칠 때마다 부끄럽고 한이 되어 땀과 눈물을 함께 흘리지 않은 때가 없었습니다. 그래서 길이 농사꾼이 되어 일생을 마칠 것이며 다시는 사대부의 축에 끼여들지 않겠다고 스스로 맹세한 지가 오래 되었습니다.

이제 만약 지난날의 뜻을 잊어 버리고 한때의 기회를 요행으로 여겨 다시금 갓끈을 장식하고 인끈을 매어 세상에 부산하게 돌아다닌다면, 이는 세상의 효자들에게 다시 죄를 짓는 일이며, 또 지하에 있는 죽은 아비를 만날 면목이 없게 되는 것입니다. 제가 비록 심히 사리에 어둡고 미련하오나 어찌 차마 이런 짓을 할 수 있겠습니까?

더구나 전하의 높은 덕이 만물에까지 미쳐서 새나 짐승, 자라나 물고기 같은 미물들도 제각기 타고난 대로 잘 살게 해 주십니다. 그러니 저처럼 사정이 참으로 불쌍하고 가련한 처지에 있는 사람이 어찌 내려

주시는 어지신 은혜를 반드시 입지 않을 수 있겠습니까?

속히 명하시어 저에게 내리신 직책을 거두시고, 나아가 조정의 사적에서 저의 성명을 삭제하여, 다시는 어떤 직책에 천거되는 일이 없도록 해주십시오. 그러면 저는 삼가 전원에서 노닐며, 임금님의 은택에 목욕하면서 날마다 나무하고 소를 치는 사람들과 손장단을 쳐가며 노래하면서 태평만세를 송축하겠사오며, 구천에서라도 결초보은할 것을 도모하겠나이다.

오직 임금님께서 불쌍히 여기시고 굽어살펴 주시면 이보다 더 큰 행복이 없겠습니다.

1) 한나라 문제 때 태창령 순우의의 딸인데, 아버지가 형벌을 받게 되자 관비로 들어가 아버지의 죄를 속죄하겠다는 글을 올렸다.
2) 전국 시대 말기의 제나라 임금으로 한나라 고조가 천하를 통일한 후 그를 회유하려 했으나 부하 500여 명과 함께 섬으로 들어가서 자살하니 부하들도 모두 따라 죽었다.
3) 당하관인 대부.
4) 소인이 군자의 자리에 있어서는 안 된다는 뜻.
5) 그칠 줄 알고 만족할 줄 알아서 넘치고 가득 차지 않도록 조심하라는 뜻.

원제 호조참의사소(戶曹參議辭疏)
김창협_(金昌協, 1651~1708)
조선 숙종 때의 학자. 영의정 김수항의 아들. 1689년(숙종15년) 기사환국(己巳換局) 때 아버지가 진도 유배지에서 사약을 받고 죽은 후 벼슬을 단념하여, 대제학과 예조판서로 여러 번 불렀으나 끝내 사양했다.

친구 박영기가 토계의 수신에게 제사지내고
그 아우의 시신을 찾는 것을 돕기 위하여 지은 글

김택영

　때는 계사년 5월 아무 날, 아무개의 아우 아무개가 토산에서 개성으로 돌아오는 길에 토계의 냇물을 건너다 물에 빠져 죽었습니다. 아무개는 쫓아가서 시체를 찾았으나 칠팔 일이 지나도록 찾지 못하여 할 수 없이 돌아와서 상복을 입었습니다. 이윽고 자기의 정성이 신명을 감동시키지 못하였음을 스스로 책망하고 이에 다시 제문을 지어가지고 달려와서 수신에게 나아가 진심으로 고합니다.
　아, 수신께서 나의 아우에게 차마 이럴 수 있습니까? 설혹 나의 아우에게는 차마 그럴 수 있다고 하더라도 그렇게 하면 당신의 덕에 누가 되지 않겠습니까? 당신의 덕을 나는 압니다. 하늘의 조화를 본받고 땅의 공덕을 맡아서 만물에게 고루 베풀어, 메마른 것을 윤택하게 하고 밤낮으로 쉬지 않으며, 인간을 이롭게 하고 인간을 살려내기도 합니다.

그런데 인간을 이롭게 하고 인간을 살리면서, 어떤 때는 사람을 해치기도 하고 사람을 죽이기도 하니 이것은 또 무슨 덕이란 말입니까? 나의 아우가 무엇 때문에 이렇게 되었단 말입니까? 그는 순박하고 건실하고 인정이 많고 신중한 성품을 타고난 사람으로, 집안이 몹시 가난해지자 몸을 돌보지 않고 일을 하여 집안을 꾸려나가고 어버이를 봉양해 왔습니다. 그리 하느라 이 지역을 오고간 것도 이미 여러 해가 되었으므로 신께 받은 은혜 또한 많았을 것입니다.

이번 장마 끝에, 나의 아우는 집에 돌아가고 싶은 생각이 간절한 데다, 온갖 생각이 다 나서 다만 사람들이 잘 건너는 것만 보고 신의 다른 뜻은 헤아리지 못한 채 물을 건너려다 마침내 이 지경에 이르고 만 것입니다. 그러니 이 자취만 보면 비록 내 아우가 제 발로 죽은 것이지만 그 실정을 따져 보면 내 아우는 실로 아무런 죽을 죄도 없었는데 신께서 차마 이럴 수가 있습니까?

아우의 죽음이야 이미 지나간 일이니 어쩔 수 없다고 합시다. 게다가 그 시체까지 감추어 보여 주지 않으니 나는 신이 무슨 뜻으로 이러시는지 알지 못합니다. 무릇 유(有)에서 무(無)로 들어가는 것이 물(物)이고, 무에서 유로 돌아오는 것이 정(情)입니다. 있다가도 없어지는 것이 자연이고, 없다가도 생겨나는 것이 인정입니다. 그러므로 천지의 도는 낮이 있으면 밤이 있고 생(生)이 있으면 사(死)가 있는 법, 한 번 형체가 있다가 날로 녹아 다 없어진다 해도 슬퍼하는 기색 한 번 보이지 않는 것입니다.

그러나 인간은 이와는 다릅니다. 삶을 좋아하고 죽음을 슬퍼하며, 죽은 자를 삼가 장사지내고 조상의 제사에 공경을 다하는 것은 모두 인정에서 나온 것입니다. 그래서 사람이 죽으면 3일이 지나서 염하는 것은 혹시라도 살아나기를 바라서요, 염한 다음에 입관하는 것은 그 형체를 소중하게 여겨서요, 다음에 묘를 쓰는 것은 그 형체가 오래도록 보존되기를 바라서입니다.

아, 내 아우는 죽어서 이미 다시 살아날 길도 없는데 그 시신이 어디 있는지조차 모르니, 염을 하려 해도 염할 형체가 없고, 입관을 하려 해도 입관할 형체가 없으며, 묘를 쓰려 해도 묘를 쓸 형체가 없습니다. 그러니 살아 있는 가족들이 그 슬픈 감정을 조금이나마 풀어 볼 곳이 없고, 한갓 마음만 찢어지고 갈라질 뿐입니다. 신은 또 어찌 차마 이럴 수 있단 말입니까?

또한 나의 아우가 죽고 나니 천하에 외로운 사람으로 나만한 이가 없지만, 그 처와 자식들이 애통해하는 모습이 더 심하고 나의 어머니는 더더욱 심합니다. 더구나 나의 아우는 어머니의 막내아들이니 더 말할 것이 있겠습니까? 그래서 나의 아우가 금년 들어 나이는 비록 서른 살이라고 하지만 나의 어머니에게는 아직도 네댓 살 먹은 어린 아이에 지나지 않으니 밖으로 나돌아다녀도 실은 항상 어머니의 품속을 떠나 있는 것이 아닙니다. 이러니 어머니께서 나의 아우를 생각하기를 비록 몸에 탈이 없다 하더라도 오히려 죽을까 걱정이십니다. 그런데 지금 아무 까닭 없이 그의 품속에서 그 어린애를 빼앗아다가, 산더미 같은 파도가 하얗게 부서지고 아득히 멀어 끝이 없는 성난 물결 속에 꼼짝 못하게 던져 버려 종적도 찾을 수 없게 되었으니, 팔십 노모께서는 아침부터 기다려 해가 기울고, 다시 기다리다 밤이 됩니다. 어머니가 막내를 부르는 소리가 끊일 새가 없으니 금방 끊어질 듯한 한 가닥 실낱같은 목숨이 떨어지지 않고 붙어 있는 것도 이제는 거의 바라기 어렵게 되었습니다. 신께서 차마 이러실 수 있습니까?

내가 나의 아우를 찾느라고 삽질을 한 것은 얼마이며, 헤엄을 친 것은 얼마이며, 배를 동원한 것은 또 얼마였습니까? 하늘에 부르짖어도 하늘은 듣지 않고, 땅에 대고 부르짖어도 땅은 말이 없습니다. 마침내 지쳐서 맥없이 집으로 돌아가니 나의 어머니와 제수와 조카들 볼 면목이 없고, 어찌나 부끄럽던지 문득 살고 싶은 생각이 없어졌습니다. 신께서는 어찌 또 이다지도 심하십니까?

내 아우보다 앞서 이곳에서 빠져 죽은 사람이 많았지만, 그 시체를 찾은 것이 빠르면 몇 시간을 넘기지 않았고 늦어도 하루 이틀이요, 더 늦어 보아야 사오 일을 넘기지 않아서 모두 땅으로 돌아갈 수 있었습니다. 그런데 신이여, 신이여! 어찌 유독 나의 아우에게만 이렇게 심하게 한단 말입니까?

비록 그렇더라도 신이 이렇게 하는 것이 어찌 신이 이렇게 하고자 해서 그리하는 것이겠습니까? 홍수와 가뭄, 살리고 죽이고 도와주고 억누르고 하는 것이 모두 하늘이 행하는 것이요, 기가 조화를 잃은 것이라, 기가 조화를 잃으면 신도 또한 어찌할 도리가 없어 더불어 함께 따라가는 것이겠지요. 요임금 때 홍수에 침수된 곳은 뒷날의 호자와 개봉의 사이인데, 황하가 범람하여 떠내려간 시체가 백만이나 되었으니, 그 재앙이 더할 나위 없이 모질었으나 신에 대해서 감히 원망하는 따위의 일은 없었습니다. 그것은 그렇게 하도록 시키는 이가 있었기 때문입니다. 이로써 말한다면 지금 저의 정황이 비록 매우 절박하지만, 신의 큰 덕이 만물을 윤택하게 하고, 사람을 이롭게 하기도 하며 살려 내기도 하는 일에 어찌 일찍이 지조 없이 변절하는 일이 있었겠습니까? 생각건대 신께서 화복을 미리 정함에 있어 진실로 때가 있을 것인데, 다만 내가 나의 아우에 대한 우애가 미진한 데가 있어서 이리 몸부림치는 것입니다.

바라옵건대 신께서는 이 몽매함을 불쌍히 여기시고 이 미련하고 게으름을 용서하시어 천심을 빨리 돌리시고 어진 길을 활짝 열어 주옵소서. 그리하여 위엄을 떨치시든지 꿈속에 나타내시든지, 바람에 따라 물결을 일으키시든지, 혹 햇빛을 빌려 그윽한 데를 비춰 주시든지 하시어, 내가 나의 아우의 형체를 찾아 가지고 돌아가 선영 아래 묻어 줄 수 있도록 하여 주시옵소서. 그리만 해주신다면 제가 비록 어리석으나 어찌 감히 혹시라도 신의 은덕을 잊을 리가 있겠습니까? 신께서는 너그러이 살펴 주옵소서.

그리고 또 가만히 생각해 보건대, 하늘과 땅 사이 온갖 만물 가운데 지극히 맑고 지극히 청결해서 깨끗하고 시원한 것으로 신의 덕에 짝할 이가 없을 것입니다. 그런데 지금 내 아우가 감히 7척의 더러운 몸으로 우러러 신의 덕을 더럽히고 있은 지가 지금까지 무릇 며칠이옵니까? 비록 신께서는 넓고 크신 마음으로 용납하시어 진실로 기다려 주신다 하더라도, 세상의 천박한 것들이 만약 이 일로 해서 신의 덕이 쇠해졌다고 의심하고 든다면, 이는 내 아우의 죄를 더욱 무겁게 하는 것이요, 나의 애통한 마음을 더욱 아프게 하는 것입니다. 엎드려 빕니다. 오직 밝으신 신께서는 굽어살펴 주소서.

원제_위박우영기제토계수신구제시문(爲朴友榮紀祭兎溪水神求弟屍文)
김택영_(金澤榮, 1850~1927)
조선 말기의 학자. 중추원 서기관, 통정대부 등을 역임하였으며, 을사조약이 체결되자 중국으로 망명하였다. 저서에 《한국소사》, 《숭양기구전》 등이 있다.

4 오는정 가는정

백영숙을 기린협으로 보내며

박지원

영숙은 장수 집안의 후예이다. 그 조상 중에는 충성으로 나라를 위하여 목숨을 바친 분이 있어 지금까지도 사대부들이 슬피 여기고 있는 바이다.

그는 전서와 예서에 능했고, 장고(掌鼓)에도 일가를 이루었다. 젊어서는 말을 잘 타고 활도 잘 쏘았으며, 무과에도 급제했다. 비록 때를 만나지 못해 벼슬길에 오르는 데는 실패했지만 임금께 충성하고 나라를 위해 목숨을 바치고자 하는 마음은 그 조상들의 충성심을 계승하기에 조금도 부족함이 없으며, 또한 사대부로서도 부끄러움이 없는 사람이다.

아, 그런데 그는 이제 가족을 데리고 강원도 두메산골로 가려 하고 있다. 그는 전에 나를 위하여 황해도 금천 땅 연암 골짜기에 터를 잡아

준 일이 있는데, 산은 깊고 길은 험해서 종일을 가도 사람 하나 만날 수 없는 곳이었다. 둘이서 갈대밭에 말을 세워 놓고, 채찍으로 높은 언덕을 가리켜가며 말했다.

"저쪽은 뽕나무를 심어 울타리를 삼고, 저 갈대밭은 불을 질러 밭을 일구면 한 해에 좁쌀 천 석은 좋이 걷을 수 있겠군."

그런 뒤에 시험삼아 부싯돌을 쳐서 바람을 따라 불을 놓았더니, 꿩은 놀라 푸드득 날아오르고, 노루란 놈은 앞으로 튀어나와 냅다 달아났다. 우리는 팔을 걷어붙이고 뒤쫓아 가다가 시냇물에 막혀 돌아와 서로 마주보고 웃었다. 그때 그는 이렇게 말했다.

"백 년도 못 되는 인생, 어찌 답답한 숲 속에서 땅이나 파고, 꿩이나 토끼 같은 것을 잡으면서 한평생을 보낸단 말인가?"

그러던 그가 이제 강원도 기린협에서 살 요량으로 송아지 한 마리를 끌고 들어가서, 그걸 길러 농사를 짓겠다고 한다. 그곳엔 소금도 없고 메주도 없어 아가위나 아그배 같은 것을 따서 장을 담가 먹어야 한다. 게다가 그 외지고 험한 것으로 말하면 전에 우리가 본 연암에 비할 바가 못 된다. 기린협에 비하면 연암은 한결 나은데도, 도리어 나는 이럴까 저럴까 망설이느라 아직도 거처를 정하지 못하고 있다. 그러니 주제넘게 그가 떠나는 것을 감히 만류할 수도 없다. 나는 그의 뜻을 장하게 여기고, 그가 겪을 곤궁한 생활에 대해서는 걱정하지 않기로 했다.

원제_증백영숙입기린협서(贈白永叔入麒麟峽序)

술 익자 살구꽃 피니

이규보

아룁니다. 전날 새벽에 일어나 우연히 책 궤 속에 간수하였던 시고(詩稿)를 보았습니다. 그 속에 기록된 친구들의 이름을 보니, 절반은 이미 저세상 사람이 되었고, 그나마 사방 천리에 뿔뿔이 흩어져, 서로 소식도 듣지 못하게 되었으니, 나도 모르게 탄식이 절로 나왔습니다.

그 사이에 함자진과 오덕전 등 두서너 친구를 만나 나이를 잊은 교제를 하다가, 역시 모두 먼저 돌아갔습니다. 이들은 선배이니 그렇다 치더라도 젊은 층도 또한 믿을 수가 없으니, 사람 목숨의 연약함이 어찌 이와 같은지!

오직 족하와 내가 다행히 탈이 없어 날마다 같이 사귀고 있으나, 아직 한 번도 틀리거나 틈이 벌어진 일이 없었습니다. 비록 그러나 인생은 모이고 흩어짐이 무상하여, 오늘은 모였지만 내일은 또한 각기 어디로 가게 될지 모르는 일입니다. 그렇게 되기 전에, 애써 재미나는 일을 도모해야겠습니다. 이 밖에 우리가 할 일이 무엇이겠습니까?

　지난번 이군의 집에서 매우 흔쾌히 술을 마셨는데, 부축을 받으며 돌아온 탓에, 취중에 무슨 말들을 했는지 모르겠습니다. 족하께서는 지금도 기억하고 있는지요? 다만 거나했을 때 아무 장식도 없는 거문고를 청해 탄 것만 기억납니다. 안화사의 환벽정 맑은 정자에서 두 차례 술을 마실 때, 저의 미치광이 같은 모습이 어떠했습니까?

　요사이 우리 집에서 술을 빚었는데, 자못 향기롭고 텁텁하여 마실 만합니다. 어찌 그대들과 함께 마시지 않을 수 있겠습니까? 더구나 지금 살구꽃이 반쯤 피었고 봄기운이 무르녹아 사람들을 취하게 하고 다감하게 합니다. 이처럼 좋은 계절에 한 잔 없을 수 있겠습니까? 바라건대 이군·박환고 등과 함께 오시어 한 잔 하십시다. 그렇지 않으면 우리 집 술이 며칠 되지 않아 곧 바닥이 나게 될 터이니, 뒤늦게 오시면 단지 물만 마시는 곤욕을 치르게 될 것입니다.

　황공하오며, 머리를 숙입니다.

원제_여전이지수서(與全履之手書)

초의 선사께

김정희

1

　병석에서 선사의 편지와 선물 꾸러미를 연달아 받으니 매우 기쁩니다. 부처님의 부적이라고 할까요, 아니면 이마를 적셔 주는 감로수라고나 할까요.
　아무튼 보내 준 차 덕분에 병든 위장이 지금은 시원하게 뚫린 것 같습니다. 더구나 맥이 풀려 있던 때라, 그 고마움이 뼈에 사무쳤답니다.
　자흔과 향훈도 차를 보냈구려. 그 넉넉한 마음이 여간 고맙지 않습니다. 나 대신 정중히 감사의 뜻을 전해 주었으면 합니다.
　그리고 향훈 스님이 따로 박생에게 보낸 엽차는 파공의 추차아에 못지 않게 향미가 있더군요. 가능하다면 내 것도 한 봉지 더 부탁했으면 합니다. 병이 어지간해지면 보잘것없는 글씨로나마 특별히 보답할 생각이니, 향훈 스님에게 나의 이 뜻도 함께 전하여 바로 내 소원이 이루어지게 해 주었으면 합니다. 포장 맛도 매우 좋습니다. 병든 혀를 상쾌하게 해 주었어요. 고맙구려.

진사(震師)의 행적을 적은 글은 인편에 돌려보내니 그대로 행해도 무방할 겁니다. 두 편의 글도 삭제할 것이 없으나 원록(原錄) 속에 상의해야 할 곳이 더러 있을 듯합니다. 그러나 지금 머리가 맑지 못해서 일일이 바로잡을 수가 없을 듯합니다. 게다가 이 일은 하루아침에 끝낼 성질의 것이 못 되니 다른 날을 기다려서 고치는 것이 좋을 듯합니다. 아니면 그대로 시행해도 무방하고…… 선문의 문자라는 것은 조금 이상한 데가 있더라도 보는 사람들이 알아서 살려 보기 때문이지요.

다른 글은 조금 정신이 맑아질 때를 기다려서 살펴볼 생각이니, 여기서는 자세히 되풀이하지 않겠습니다. 요컨대 백파(白坡) 노인의 마견(魔見)으로 뽑아 와도 다 되는 것은 아니라는 말입니다.

내가 병든 지 오늘로 50일째가 되었는데, 마치 고인 물이 흐르지 못하는 것과 같습니다. 날마다 열 냥쭝의 인삼을 복용하여 이미 대여섯 근이나 되었으니, 지금까지 버텨온 것도 그 힘 때문인지 모르겠습니다. 횡설수설. 이만 그칩니다.

2

 인편으로 편지를 받으니 선사가 사는 산중이나 내가 사는 이곳이 전혀 다른 세상은 아니라는 생각이 들었습니다. 그런데 같은 하늘을 이고 그리워하면서도 어찌해서 지난날은 그처럼 격조했는지 모르겠습니다.

 이곳은 세밑 추위가 기승을 부려서 벼루 물과 술을 얼리고도 남을 정도랍니다. 선사가 사는 남쪽은 들판에서도 이런 일은 없겠지요. 그러니 따뜻한 암자 속에서이겠습니까. 요새 청아하고 한가한 복을 입어 방석과 향등(香燈)이 한결같이 가볍고 편안하신지요? 그러하시기를 간절히 바랍니다.

 이 몸은 계속 서울에만 있으니, 설이나 지내고 봄이 오면, 다시 한 번 호남으로 갈 신과 지팡이를 매만질까 합니다.

 차는 이 갈증이 난 폐부를 적셔 주어 좋지만 얼마 되지 않는 것이 한입니다. 향훈 스님과 전에 차에 대해 약속했는데, 왜 아직 소식이 없는지. 부디 이 뜻을 전하고 차 바구니를 뒤져서라도 봄에 이리로 오는 인편에 보내 주면 고맙겠습니다. 글씨 쓰기도 어렵거니와 인편도 바빠서 이만 줄입니다.

 그런데 새로 딴 차는 왜 돌샘과 솔바람 속에서 혼자만 즐기면서 먼 곳에 있는 사람 생각은 하지 않는 것입니까? 서른 대의 매를 아프게 맞아야 하겠구려.

새 달력을 보내니 대밭 속의 일월(日月)로 알고 보시기 바랍니다. 호의는 별고 없으며 자흔과 향훈도 역시 평안하신지요? 두 스님에게도 달력을 보내니 나눠주시고 또한 멀리서 보내는 나의 정성도 아울러 전해 주기 바랍니다. 그리고 김세신에게도 달력이 전해졌으면 합니다.

3

편지를 보냈으나 답장이 없구려. 분명 산중에 바쁜 일이 있는 것도 아닐 터인데…… 혹시 나 같은 속인과는 어울리고 싶지 않다는 뜻인가요? 나는 이처럼 간절한데도 그대는 그저 묵묵부답이니…….

머리가 허옇게 센 지금 이 나이가 되어서 갑자기 이처럼 하는 까닭이 무엇입니까? 우스운 일입니다. 아예 절교하자는 말인가요? 이렇게 하는 것이 과연 스님으로서 옳은 일이라고 생각하십니까?

나는 선사를 보고 싶지도 않고, 또한 선사의 편지도 보고 싶지 않습니다. 다만 차로 해서 맺은 인연만은 끊어 버리지 못하고 또 쉽게 부숴 버리지도 못하여 다시 차를 재촉하는 것이니, 편지도 필요 없고, 다만 지난 두 해 동안 밀린 차 빚을 한꺼번에 갚되, 다시는 지체하거나 어긋남이 없도록 하는 것이 좋을 것입니다.

그렇지 않으면 마조(馬祖)[2] 스님의 꾸지람과 덕산(德山)[3] 스님의 몽둥이를 맞을 것이니, 이 꾸지람과 이 회초리는 비록 백천 겁이 지나도 피할 길이 없을 것입니다.

모두 뒤로 미루고, 이만.

---

1) 조선 시대 말기의 승려. 전북 고창 선운사에 추사가 쓴 비문과 부도가 전하고 있다.
2) 당나라 고승 도일선사(道一禪師)를 말한다. 성이 마씨이기 때문에 마조라고 한다.
3) 당나라 고승. 어려서 출가하여 깊이 경륜을 밝혀 〈금강경〉을 통달하니 그 도가 준엄하여 승려들을 봉살(棒殺)했다 한다.

원제_여초의(與草衣)
김정희 (金正喜, 1786~1856)
호는 추사(秋史) 또는 완당(阮堂) 등 300여 가지. 순조 14년에 과거에 급제하여 병조판서를 지냈다. 금석학의 대가로 북한산의 진흥왕 순수비를 밝혀냈고 독특한 서체를 창안하여 이른바 추사체로 유명. 저서로는 〈완당집〉, 〈금석과안록〉 등이 있다.

삽과 칼과 낫을 벗으로 삼은 사람의 이야기

권근

　김씨는 군자이다. 나의 고향 안동에 숨어산다. 한때 조정에 벼슬한 적도 있는데 지조가 굳고 악을 미워하며 남에게 아첨하기를 싫어하는 성미이다.

　더러 지방의 원님으로 나간 적도 있는데, 그때마다 버릇처럼 하는 말이, "백성을 다스리는 일은 별 것이 아니다. 농부가 곡식을 해치는 잡초를 먼저 없애는 것과 같은 것이다"고 하면서 백성에 해를 끼치는 자들을 제거하는 일부터 시작했다. 그래서 그가 이르는 곳마다 아전들이 두려워하여 감히 부정을 저지르지 못했다.

　벼슬에서 물러나 시골에 살면서도 늘 삽이 달린 지팡이와 줄이 달린 칼과 날카로운 낫을 가지고 다녔는데 그는 그것들을 자기의 세 명의 친구, 즉 삼우(三友)라 했다. 잡초가 나면 삽으로 밀어버리고, 잘못 뻗은 곁가지는 낫으로 잘라버리고, 그리고 필요없는 것들은 줄칼로 깎고 쓸어버렸다. 그렇게 해서 반드시 아름다운 꽃과 나무들이 잘 자라도록 하여 아주 보기 좋게 다듬었다. 쓸모없는 나무나 풀이 그 사이에서 제 멋대로 자랄 수가 없었으니 정원은 자연히 깨끗하게 정돈되었고 논밭이 말끔하게 가꾸어져, 온 고을 사람들의 모범이 되었다.

그런데 병부의 김공 역시 그 고을 사람으로 서울에 와서 예닐곱 차례나 나에게 삼우설(三友說)을 부탁하였으나 차일피일 미루어오다 오늘에 이르렀다. 내가 이미 김씨의 기풍을 사모하는 터이고, 또 김공의 청도 가볍게 거절할 수 없기 때문에 여기에 삼우설을 적어 볼까 한다.

일찍이 공자께서는, "유익한 벗이 셋이 있고, 해로운 벗이 또 셋이 있다"고 말씀하셨다. 이는 물론 학업에 힘쓰는 사람으로 마땅히 조심해서 친구를 사귀라는 가르침이다. 그런데 이들은 우리와 같은 사람이기 때문에 해롭든지 이롭든지 모두 벗으로 삼을 수 있는 존재들이다. 하지만 삽이며 낫이며 칼은 사람이 아니니 그것을 벗이라 말하기는 어렵다. 하긴 옛 사람들 가운데 사람이 아닌 것을 벗으로 삼은 예가 전혀 없었던 것은 아니었다. 백낙천[1]은 시와 술과 거문고를 삼우라 했고, 증단백은 아홉 가지 꽃과 술을 합해서 십우(十友)라 했다. 비록 사람은 아니지만 그것들을 통해서 즐거움을 얻고 또한 근심 걱정까지 풀 수 있었으니 벗으로 삼지 못할 것이 없다.

그런데 삽과 칼과 낫은 물건들 중에서도 제일 보잘것없는 물건이다. 쳐다보아도 눈을 즐겁게 하지 못하며, 사용해도 근심을 풀어 주지 못하니, 사람으로 말한다면 하인은 될 수 있을지언정 감히 벗이 될 수는 없는 것이다.

그러나 벗이란 대체 무엇인가? 나는 나의 인격 수양에 도움이 되는 것이면 다 나의 벗이 될 수 있다고 생각한다. 같은 도를 가진 사람을 벗하면 나의 덕을 닦는 데 도움이 되고, 같은 뜻을 가진 사람과 벗하면 그 일에 도움이 되기 때문이다. 비록 귀하고 천함이 다르더라도 참으로 도가 같고 뜻이 일치한다면 모두 나의 벗이 될 수 있는 것이다.

나의 뜻이 악을 미워하는 데 있고 저들이 악을 제거할 수 있는 힘을 가졌다면 내가 그 힘을 빌려서 나의 뜻을 이룰 수 있는데, 그들을 벗으로 삼지 못할 이유가 어디 있겠는가. 대개 곡식을 가꾸는 사람은 반드시 가라지를 제거하고, 난초와 혜초를 기르는 사람은 반드시 주변에 있는 가시덤불부터 잘라내는 법이다. 마찬가지로 마음을 다스리는 데 있어서는 반드시 물욕을 버리고, 나라를 다스리는 데 있어서는 반드시 간사한 무리를 제거해야 하는 법이다.

그러나 마음을 다스리는 일은 나 자신에게 달렸고 나라를 다스리는 일도 또한 하늘에 달린 것이라, 모두가 친구를 사귀는 것과는 관계가 없을 듯싶다. 다만 물질적인 것에 한해서 악을 제거할 수 있으니, 그런 일을 도와 줄 수 있는 벗이 필요한 것이다. 그런 의미에서 이 세 가지 농기구는 벗이 되고도 남음이 있다고 하겠다.

김씨가 세 가지를 벗으로 삼은 것은 숨어사는 사람으로서 악을 제거하는 데 뜻을 둔 까닭이다. 하지만 그가 관리가 아니기 때문에 그것을 정치에까지 베풀어볼 기회가 없었다. 오직 안으로 마음을 다스리고 밖으로는 일을 하는 데에서 비로소 그 효력이 드러나게 된 것이다. 이렇게 해서 그의 몸가짐이나 행실이 더욱 건실해지면 그의 절의가 더욱 높게 되고 또 그것으로 해서 그가 기른 곡식과 화초가 날로 번성하여 좋은 결실을 보게 될 것이다.

저 백낙천이나 증단백 같은 이들이 다만 마음을 즐겁게 하고 근심을 잊기 위한 목적으로 꽃이니 술이니 하는 것을 벗으로 삼았는데, 그런 벗은 결국은 마음을 나태하게 하여 자신의 의지마저 상실하게 만들 것이 분명하다. 거기에 비해 보면 김씨의 벗들은 공자가 말한 유익한 벗들이 아니겠는가.

아, 내 마음이 물욕에 사로잡힌 지 오래구나. 어떻게 하면 유익한 벗의 힘을 빌려 내 마음 밭에 자라난 이 탐욕의 가시덤불을 베어낼 수 있을까?

1) 당나라 때 시인. 이름은 거이(居易). 자가 낙천. 호는 향산거사(香山居士). 대중적 작품인 '장한가', '비파행'은 문사나 서민들 사이에서 널리 애송되었다. 평이하고 명쾌한 시풍은 원백체(元白體)로 통칭된다. 시문집에 〈백씨문집〉이 있다.

원제_삼우설(三友說)

아들 학연에게

정약용

    여기 내가 데리고 있는 네 아우의 재주는 형인 너에 비하면 조금 모자란 듯하다. 그렇지만 금년 여름에 고시(古詩)와 산부(散賦)[1]를 짓게 했더니 볼 만한 것들이 많이 나왔구나. 가을 내내 〈주역〉을 베끼는 일에 몰두하느라 비록 독서는 많이 할 수가 없었지만 그 애의 견해는 제법이란다. 요즘은 〈좌전(左傳)〉[2]을 읽는데, 옛 임금들의 전장(典章)이라든지 대부들의 사령(辭令)의 법도들을 제법 잘 배워서 벌써 볼 만한 경지에 이르렀다.

    하물며 너는 본래 재주가 네 동생보다 한참 낫고, 또 어려서 공부한 것도 동생에 비해서 대강은 갖추어졌다고 생각한다. 그러니 지금이라도 용맹스럽게 뜻을 세워 떨쳐 일어나 학문에 매진한다면, 서른을 넘기기 전에 반드시 큰 선비라는 이름을 얻을 것이다. 그 후에는 쓰이고 쓰이지 않고, 나아가 행하고 물러나 숨고 하는 일이 어찌 말할 거리나 되겠느냐?

자질구레한 시율(詩律)을 가지고 어쩌다 이름을 얻었다 하더라도 별로 쓸모가 없는 일이니, 모름지기 올 겨울부터 내년 봄까지는 〈상서〉³⁾와 〈좌전〉을 읽어야 한다. 비록 어려워서 읽기 힘든 곳이나 글이 난삽하고 뜻이 심오한 대목이 있더라도, 이미 다 주석이 달려 있으니 마음을 가라앉히고 이리저리 연구하면 읽어낼 수 있을 것이다. 그리고 틈틈이 〈고려사〉, 〈반계수록〉, 〈서애집〉, 〈징비록〉, 〈성호사설〉, 〈문헌비고〉 등의 책을 읽고 이 중에서 중요하고 쓸모 있는 대목을 뽑아 적어두는 일도 그만두어서는 아니 된다.

너는 점점 그 공부해야 할 때를 놓치고 있다. 집안 사정으로 보아서는 마땅히 밖에서 유학을 해야 할 것 같으니, 이곳으로 와서 나와 함께 지내는 것이 여러 가지로 옳은 일일 테지만, 부녀자들이 대의는 모르고 떨쳐 보내기 어려운 인정으로 너를 놓아주지 않을 것 같구나.

너의 아우는 문학이나 식견이 바야흐로 봄 기운이 돌아 온갖 식물이 싹터 오를 듯한 기세를 보이고 있다. 형인 너의 처지를 딱하게 여겨, 동생을 집으로 보내려고 해 보지만 차마 그렇게도 못하고 있다. 지금 생각으로는 내년을 지내고 내후년(경오년) 봄에나 겨우 네 아우를 돌려 보낼 것 같으니, 너도 그 날까지 세월을 헛되이 보내서는 아니 된다.

백 번 생각해 보아도, 나와 함께 공부할 생각이 있다면 집에서 꾹 참고 네 아우를 기다리다가 서로 만나보고 교대하는 것이 좋겠다. 만약 그 사정이 만의 하나도 희망이 없다면, 내년 봄 화창해진 뒤에 온갖 일 다 떨쳐 버리고 내려와서 함께 공부하자꾸나. 이 일은 결코 그만두어서는 안 된다. 왜냐하면 첫째로 네 마음가짐이 날로 흐트러지고 네 행실도 날로 거칠어지니, 이곳으로 와서 내 가르침을 받는 것이 좋겠다. 둘째로 너의 안목이 좁고 다급한 데다 뜻과 기상을 잃어 가니 이곳으로 와서 내 가르침을 받는 것이 좋겠다. 셋째로 경전 공부는 거칠고 서툴며, 재주와 식견이 빈약하고 결점투성이니 이곳으로 와서 내 가르침을 받는 것이 좋겠다. 자질구레한 사정일랑 돌아보지도 말고 아까워하지도 말아야 한다.

지난번에 성수 이학규의 시를 보았다. 거기에 너의 시를 논평했는데, 너의 잘못된 점들이 잘 지적된 것 같더라. 마땅히 승복해야 할 것이다. 그가 지은 시들 가운데는 제법 좋은 것들도 있더라만 내가 좋아하는 것은 아니다.

후세의 시율은 마땅히 두보를 공자로 삼아야 할 것이다. 일반적으로 그의 시가 모든 시인들 중에서 왕좌를 차지하는 까닭은 〈시경〉 300편이 끼쳐준 뜻을 터득하고 있기 때문이다. 〈시경〉이라고 하는 것은 모두가 충신, 효자, 열녀 그리고 좋은 벗들의 불쌍히 여기고 슬퍼하고 충직하고 순후한 마음의 발로인 것이다.

그러니 임금을 사랑하고 나라를 걱정하는 것이 아니면 시가 아니요, 시대를 아파하고 시속을 분개하는 것이 아니면 시가 아니며, 아름다움을 아름답다고 하고 미운 것을 밉다고 하며, 선을 권하고 악을 징계하는 뜻이 담겨 있지 않은 것이면 시라고 할 수 없는 것이다. 그러니 뜻이 서 있지 못하고, 학문이 순수하지 못하고, 인생의 대도를 아직 듣지 못 하고, 임금을 도와 백성을 이롭게 하려는 마음가짐을 지니지 못한 사람은 시를 지을 수 없는 것이니, 너는 그 점에 힘써야 할 것이다.

두보는 시를 지을 때 고사를 인용하되 그 흔적이 보이지 않아서 자기가 지어낸 것처럼 보이지만 자세히 살펴보면 다 뿌리가 있으니, 시성이라 할 만하니라. 한유[4]는 시를 지을 때 자법(字法)에 모두 뿌리가 있지만 어구는 자기가 지어낸 것이 많았으니, 시의 대현이라고 할 만하니라. 소동파는 시를 지을 때 구절마다 고사를 인용하되 그 인용한 티가 나고 흔적이 있는데 얼핏 보면 의미를 깨우칠 수가 없고 반드시 이리저리 따져 보아서 그 인용한 출처를 캐낸 뒤라야 겨우 그 뜻을 통할 수 있으니, 이것이 그가 시의 박사가 된 까닭이다.

소동파의 시로 말하면, 우리 세 부자의 재주로 모름지기 종신토록 전공한다면 아마 그 근처에는 갈 수 있을 것이다만, 사람이 이 세상에 태어나서 해야 할 일도 많은데 무엇 때문에 여기에 매달리겠느냐? 그러나 시를 지을 때 전연 고사를 인용하지 않고 음풍영월(吟風詠月)이나 하고 장기 두고 술 마시는 이야기를 가지고 운이나 맞추어 시라고 지어 놓는다면, 이것이야말로 서너 집밖에 안 되는 마을에 사는 선비의 시에 지나지 않을 것이다. 그러니 이 뒤로 시를 지을 때에는 고사를 인용하는 일에 주안점을 두도록 하여라.

비록 그렇기는 하지만 우리나라 사람들은 고사를 인용한답시고 걸

핏하면 중국의 고사를 인용하고 있으니. 이 또한 품격이 떨어지는 일이다. 모름지기 〈삼국사기〉, 〈고려사〉, 〈국조보감〉, 〈여지승람〉, 〈징비록〉, 〈연려실기술〉 등 우리나라의 책 속에서 그 사실을 캐내고 그 지방을 가려내서 시에 인용할 수 있어야 한다. 그런 뒤라야 세상에 명성을 떨칠 수도 있고 후세에 전할 수 있는 좋은 시가 나올 수 있는 것이다. 유득공이 지은 〈이십육국회고시〉[5]는 중국 사람들이 출판할 정도이니, 이를 증명할 만하다 하겠다.

〈동사즐(東史櫛)〉은 본디 이럴 때 쓰려고 편집해 놓은 것인데, 지금은 대연이가 차지하고 있으니 너에게 빌려줄 리가 없다. 중국의 17사(史)에 있는 〈동이전〉가운데서 유명한 고사들을 가려 뽑아 놓았다가 인용하면 될 것이다.

---

1) 운(韻)이 달리지 않은 부(賦).
2) 공자가 지은 〈춘추〉를 좌구명(左丘明)이 해설한 책으로 〈춘추좌씨전〉 또는 〈춘추좌전〉의 약칭이다.
3) 유교 경전인 삼경(三經)의 하나인 〈서경〉을 이른다. 중국 요순 때부터 주나라 때까지의 정사에 관한 문서로 공자가 엮었다.
4) 중국 당나라 때 문장가. 자는 퇴지(退之). 당송 팔대가 중 제일인자. 산문 문체의 개혁을 주도하여 고문을 부흥시켰다.
5) 조선 정조 때 유득공이 지은 한시(1권 1책)로 우리 역사상 국도가 되었던 26개 지방의 사적을 칠언절구로 읊었다. 중국에 전하여 극찬을 받았다.

원제 _ 기연아(寄淵兒)

추강 남효온 선생께 보내는 글

김시습

　어제 선생을 모시고 아름다운 경치를 즐기며 종일토록 노닐다가 청계에서 헤어졌습니다. 맑은 흥취를 다 누리지도 못했는데 그리도 급히 이별을 하고 보니 어찌나 서운한지 지금도 아쉬움이 남습니다. 선생과 이별한 지 며칠이 지났습니다만 함께 아름다운 자연과 문학과 술에 대해서 이야기할 만한 사람을 만나지 못했습니다. 사흘 동안 도덕을 논하지 않으면 혀가 굳는다고 했는데, 저에게는 그런 벗도 없고 다만 몇 자락 푸른 산과 한 조각 흰 구름만이 청하지 않아도 찾아 주는 벗이 되고 말 없는 짝이 되어 예나 다름없이 서로 사귀고 있습니다. 이것들이 저에게는 십 년의 벗들이랍니다.
　선생이 계시는 성안에도 이러한 벗들이 있는지 모르겠습니다. 선생은 저와 만나 신선의 세계를 이야기하고 헤어진 뒤, 마음으로 흠모할 만한 벗들을 날마다 서로 만나 보시겠지만 저는 여기에 미치지 못하니 허전할 뿐입니다.

전날 뵈었을 때 선생께서는 술을 끊었다고 하셨습니다. 하늘에 있는 주성(酒星)[1]을 하늘 감옥에 가두고, 취해 살던 지난날들을 진시황이 분서갱유하던 구덩이에 함께 넣고 태워 버리고 싶다고 했습니다. 그 마음은 아름답다면 아름답다고 하겠습니다. 저 하나라의 걸왕이나 은나라의 주왕도 술 때문에 망하였고, 진(晉)나라와 송나라의 선비들도 술 때문에 나라를 어지럽게 했으니, 이 술은 만세를 두고 마땅히 경계해야 할 물건이지요. 그러나 다른 한편으로는 다른 주장도 있을 수 있습니다.

고인이 술자리를 베푸는 뜻은 본래 선영에 제사지내고 손님을 대접하며 노인을 봉양하고 병을 다스리려는 데 있었습니다. 복을 빌고 즐거움을 나누는 백복(百福)의 자리에서는 술이 아니고는 안 되었으니, 술이 처음부터 사람들로 하여금 주정을 부리고 덕을 잃고 행실을 어지럽히고 몸을 망치게 하는 것이었겠습니까? 그러므로 옛 사람들이 술을 빚을 때 독하고 매운 술만을 좋은 술로 여긴 것이 아니었지요. 진한 향취가 나는 술로는 맑은 술도 있고 진한 술도 있으며, 달고 맛있는 술로는 기장 술도 있고 단술도 있었으니, 맑고 탁하고 진하고 싱거운 차이가 있었습니다.

그렇게 하고도 오히려 혹시라도 어지러워질까 두려워 주례(酒禮)를 까다롭게 정했던 것입니다. 한 잔씩 술을 나눈 뒤에 손님과 주인 사이에 백 번씩 절을 하게 함으로써 하루 종일 마셔도 취하지 않게 했던 것입니다. 그러고도 오히려 부족하게 여겨 엄격한 제도를 만들었으니, 술을 마시는 잔 수를 세는 사람이 있고 규정을 어기는 것을 감시하는 사람이 있고 좌우에서 도와주는 사람이 있어 품위를 갖추도록 했습니다.

〈시경〉에 "감찰을 세우고 사(史)가 돕는다" 하였으니 이것을 두고 말하는 것입니다. 그러고도 술을 잘못 마실까 두려웠으므로〈서경〉에 "이 술로 제사를 올린다" 하고, 또 "그 부모님께 경사가 있으면 있는 힘을 다하여 정중히 손님을 대접할 때 술을 가지고 한다"고 했습니다.〈시경〉에 "맛있는 술 장만하여 아름다운 손님을 잔치에 초대하여 마음껏 즐기게 한다" 했으니 이것이 손님을 대접하는 예입니다. "음식을 차려놓고 마음껏 술을 마시고, 형제가 다 모여 화목하게 즐긴다" 했으니 형제를 대접하는 예입니다. "깨끗이 청소하고 온갖 음식 차려내며, 살찐 수소 잡아 놓고 여러 친구를 초대한다" 하니 이것은 오랜 친구를 대접하는 예입니다. 이런 것들이 모두 술을 마시는 예절의 규칙들입니다.

그렇다면 우리가 술을 마셔야 할 경우를 들어봅시다. 제사를 지내면 음복을 해야 하고, 집을 짓고는 낙성식을 해야 하고, 손님이 오면 대접을 해야 하고, 길 떠나는 사람을 위하여 송별연을 해야 하고, 활을 쏘고 나서는 향사례를 해야 하고, 시골에는 향음주례[2]가 있으며, 가정에서는 술로 부모를 즐겁게 해드리고 오래 살기를 축원하는 헌수(獻壽)[3]의 예가 있습니다. 그러니 제사를 지내고 나면 음복을 하고, 헌수를 하고 나서 남은 술을 마시는 것으로 인정과 인사를 다할 수 있게 하려는 것이지, 뒷날 사람들로 하여금 웃옷을 벗어 던지고 함부로 떠들고, 엄청나게 퍼마시고는 개구멍으로 들고나게 하려 했던 것은 아닙니다.

이런 점은 살피지 않고 도리어 술이 재앙만 부른다고 생각하고는 다만 술을 뚝 끊어 버리려고 한다면, 이것은 마치 밥을 지으려다 불을 낼까봐 일생 동안 밥짓는 불을 지피지 않으려는 것과 같은 일입니다. 오로지 술 주정이나 하는 짓은 말할 거리도 되지 못하지만, 그렇다고 술을 뚝 끊는 것도 예에 벗어나는 일이며, 중용의 도에도 심히 어긋나 군자들이 행할 바가 아닙니다. 만일 술을 끊는 것이 맞는 일이라면 공자께서 "술을 아무리 많이 마시더라도 난잡해지지는 않았다"고 하고, 또 "술로 인하여 곤경에 빠진 일은 없었으니, 술이 무슨 문제가 되겠는가?"라고 말하지는 않았을 것입니다. 위(衛)나라 무령공도 과음에서 오는 폐단을 크게 뉘우치고 "석 잔만 마셔도 정신이 없는데 어찌 더 많이 마시겠는가" 했습니다. 무령공도 술을 완전히 끊지 않고 다만 경계하기만 했을 뿐입니다.

선생께서 만일 술을 끊어서 예의를 저버린다면, 이는 임금과 어머니를 버리고 일가 친척을 멀리하고 아무도 없는 곳에 가서 혼자 산다면 가능한 일이겠으나, 예악과 문물이 발달한 오늘날의 세상에 살면서 선왕의 가르침인 효제충신(孝悌忠信)을 행하려 한다면 종신토록 할 수 없는 일이지요.

비록 술을 한 잔도 마시지 않는다 하더라도, 제사지내고 음복도 하지 않겠습니까? 잔치에 가서 술을 올리기만 하고 한 잔도 안 마실 수 있겠습니까? 부모님을 모실 때 술이나 음식 맛을 먼저 보아야 하지 않겠습니까?

그러니 술을 절제한다든가 삼간다는 것은 맞는 말이지만 종신토록 완전히 끊어 버린다는 것에는 동의할 수 없는 바입니다. 선생께서는 어떻게 생각하십니까? 더구나 지난번에 선생의 얼굴을 보니 전날보다 살이 빠졌고, 따라서 기운도 부치는 것 같았습니다. 자꾸 여위어서 많이 초췌해 보였습니다. 그러니 집에 계시는 어머님께서 반드시 걱정하실 것입니다.

옛날 사람은 부모를 즐겁게 해드리려고 병아리를 가지고 놀다가 일부러 자빠지기도 했다는데, 어떻게 생각하십니까? 효자는 어버이를 위한 효도를 하루도 잊어서는 안 되고 어버이는 자식 사랑을 하루도 잊을 수 없다 하는데, 술에 취해 실수해서 어버이의 뜻을 어긴 것은 어버이 공경에 한 번 실패한 것이요, 술을 끊음으로 해서 어버이께 근심을 끼쳐 드리는 것은 또 한 번 잘못을 저지르는 것입니다. 사랑과 공경으로 부모님을 섬기는 도리야 선생께서도 익히 아는 바이니, 오직 선생께서 넓은 도량으로 살펴보시기 바랍니다.

원컨대 이 글을 어머님 앞에 보여 드려서 선생의 어머님이 선생을 아껴주는 곧고 진실한 친구가 있다는 것을 알게 해주시고, 선생께서는 어버이의 뜻에 순종하고 벗을 믿는 성실함을 다하시기 바랍니다.

저번에 허락하신 귀한 복령[4] 약간을 이 편지를 가지고 간 사람 편으

로 좀 보내 주십시오. 삼가 시의(時宜)를 따라 몸을 아끼시기 빌며 이만 그칩니다

1) 술을 주관하는 별.
2) 향사례는 시골 한량들이 모여서 편을 갈라 활쏘기를 겨루며 술을 마시는 놀이를 하는 것. 향음주례는 온 고을 안의 유생들이 모여 읍양(揖讓)의 예를 지키며 술을 마시는 것.
3) 회갑 잔치 등에서 장수를 비는 뜻으로 술을 올리는 것.
4) 땅 속의 소나무 뿌리에 기생하는 불완전균류로, 한방에서 귀하게 쓰이는 약재.

원제_답추강서(答秋江書)
김시습 (金時習, 1435~1493)
호는 매월당(梅月堂). 생육신의 한 사람. 다섯 살 때 사서삼경에 통달했다고 한다. 수양이 단종을 내쫓았다는 소식을 듣고 통곡하면서, "공부는 해서 무엇하랴" 하고 중이 되었다. 잠시 환속했으나 다시 입산하여 끝까지 절의를 지켰다. 저서로는 〈금오신화〉와 〈매월당집〉이 있다.

매월당 김시습 선생께 답함

남효온

　며칠 전에는 선생에게 더할 수 없는 후의를 입었습니다. 하찮은 저를 귀히 여겨 먼 길까지 전송해 주셨으니, 그 은혜와 영광을 말로 표현하기 어렵습니다. 더구나 저같이 재주 없고 보잘것없는 몸으로 무엇을 이루어 보겠다고 분발하지도 않고 하나를 들으면 열을 아는 지혜가 없는데도, 몸을 닦고 실천해 나가는 방법을 가르쳐 주시고, 옛 글에서 인용하시기를 틀림없을 때까지 반복해 주셨으니 이런 큰 복이 없습니다. 제 생각에는 머리가 부서지는 지경에 이르지 않고는 이 은혜를 갚을 길이 없을 것 같습니다.

　그러나 제가 일찍이 들으니, 천 근이나 나가는 무거운 물건도 맹분 같은 장사가 들기는 쉽고, 매우 가벼운 깃털 하나도 초파리가 짊어지기에는 너무 무겁다고 합니다. 그것은 힘에 강하고 약한 차이가 있기 때문입니다. 사람의 행실도 그와 같습니다. 특별히 애쓰지 않고도 도에 맞는 사람이 있고, 힘써 노력해야만 도를 행할 수 있는 사람도 있습니다. 힘써 노력하는 사람이 깊이 생각하지 않고도 도를 터득하고 애쓰지 않고도 도에 맞기를 원하지 않는 것이 아닙니다. 그가 태어날 때부터 타고난 기질이 맑고 순수하지 못하기 때문에 마땅히 남보다 백 배나 공을 들여야 하고 스스로 쉼없이 노력해야 합니다. 덕의 두텁고 엷음의 차이가 그런 결과를 가져오기 때문입니다.

술의 미덕에 대해서는 오경(五經)과 제자(諸子) 및 사서(史書)에 자세하게 실려 있습니다. 술을 적당히 마시면 손님과 주인 사이에 좋은 분위기를 이룰 수 있고, 늙으신 어른들을 봉양할 수 있고, 많은 사람이 있는 자리에서 술을 돌리면 빛이 날 수도 있으니, 세상에 나아가도 거슬리지 않고, 수심에 잠겼다가도 술을 마심으로써 풀 수 있고, 답답한 가슴도 술로 편안하게 할 수 있으니, 술은 즐거이 천지와 더불어 평화로움을 함께하고, 만물과 더불어 그 조화를 통하고 옛 성현들과 함께 벗할 수 있고, 천백 년의 세월을 한가롭게 보낼 수도 있는 것입니다.

만약 술의 중용을 잃으면, 옥에 갇힌 사람처럼 산발하고, 끝없이 노래하고 어지러이 춤추며, 정중한 자리에서 고래고래 소리지르고, 서로 사양해야 할 자리에서 엎어지고 넘어지고 합니다. 그래서 예를 망가뜨리고 의(義)를 없애서, 갑자기 광기가 발동해서 절도가 없어지고, 심하게 되면 까닭없이 제 마음대로 생각해서 성깔을 부리고 싸움을 일으키기도 합니다. 그러다가 작게는 몸을 망치고, 크게는 집안을 망치고, 더 크게는 나라를 망치는 사람들이 흔히 있습니다.

　술이 끼치는 화가 이와 같은데도 주공과 공자는 술을 마셔도 어지러움에 이르지 않았으며, 술의 덕이 이와 같은데도 진준과 주개는 술을 마시다가 몸을 망치게 되었습니다. 이처럼 술의 중용을 얻느냐 잃느냐 하는 차이는 머리카락 한 올의 여유도 용납하지 않으니 어찌 삼가지 않을 수 있겠습니까? 이런 까닭으로 중간이 되지 못하는 사람이 마음을 굳게 다잡지 못하고 술을 마시는 일에 절제하지 못하면 그 유혹이 다른 사람에게까지 옮겨져서 더욱 위태롭고 더욱 어지러워지다가 점점 술주정이 심해지고, 나중에는 자기가 술주정을 하는 줄도 모르는 경우도 있게 되니, 이치가 반드시 그러한 것입니다.

　선비가 되려고 마음먹고도 뜻이 굳지 못한 사람은 마땅히 몸가짐을 단속하고 마음 속으로 잘잘못을 철저히 가려서, 어지러워지려는 뿌리를 막고 끊어 내는 노력을 보통 사람보다 백 배나 더한 뒤에야 겨우 술의 화를 면할 수 있는 것입니다. 그래서 〈상서〉에는 계주지고(戒酒之誥)[1]가 있고 〈시경〉에는 빈연지편(賓筵之篇)[2]이 있고, 양자운은 술로써 잠(箴)을 지었고, 범노공은 술로써 시를 지었습니다. 저라고 해서 어찌 조용히 술잔을 들고 향음주례나 향사주례를 할 때 제대로 예절을 지키고 싶지 않겠습니까? 다만 마음이 약하고 덕이 두텁지 못하여 술맛에 이끌려 절제하지 못하면, 마음은 흐트러지고 행동은 어지러워져서 스스로를 이기지 못하게 되어 초파리가 깃털 한 개도 짊어지지 못하는 것과 같은 일이 있을까 두렵습니다.

저는 젊어서부터 술을 몹시 좋아하여 중년에 구설수에 오른 일이 적지 않았고, 버릇없는 주정뱅이가 되어 스스로 영영 버린 몸으로 치부하고 말았습니다. 그리고 나니 몸과 마음이 모두 외부의 자극에 놀아나 정신은 지난날보다 소모되고, 행실은 날로 처음 먹었던 뜻을 저버리고, 모르는 사이에 부덕에 길들여져 집안에서까지 함부로 술주정을 부려 어머님께 큰 부끄러움을 드렸습니다. 맹자께서는 "바둑을 두고 술 마시기를 좋아하여 부모를 돌보지 않는 것은 불효"라고 했는데, 하물며 술주정에 이르러서야 말할 것이 있겠습니까? 깨어서 스스로 생각해 보면 불효의 죄는 삼천 가지의 죄 가운데 으뜸인데 무슨 마음으로 다시 술잔을 들 엄두를 내겠습니까? 이에 하늘과 땅에 다짐하고 육신(六神)³⁾에 참배한 뒤 내 마음에 맹세하고 어머님께 "지금부터 임금님이나 아버님의 명이 아니면 감히 술을 마시지 않겠습니다"라고 아뢰었으니, 이처럼 한 것은 술에 취하여 정신을 잃는 것이 싫어서입니다. 그러니 신에게 제사지내고 나서 마시는 음복이나, 헌수를 드리고 나서 돌리는 진하고 달콤한 좋은 술이 창자를 적셔도 정신을 어지럽게 하지 않는다면, 제가 어찌 그것까지 사양하겠습니까?

저의 뜻이 대략 이와 같으니 선생께서 비록 술을 마시라고 하교를 하신다 해도, 맹세한 말을 저버릴 수 없는 상황입니다. 제가 맹세한 말을 저버릴 수 있다 하더라도 마음을 속일 수야 있겠습니까? 설혹 제가 제 마음을 속일 수는 있다 하더라도 귀신을 업신여길 수야 있겠습니까? 또 귀신을 업신여길 수는 있다 하더라도 천지를 소홀히 여길 수 있겠습니까? 천지를 소홀히 한다면 몸둘 곳이 어디 있겠습니까? 하물며 인자하신 어머님께서 자식을 기르면서 늘 "술을 조심하라"고 이르시다가 술을 끊겠다는 말을 들으시고 기쁜 빛이 얼굴에 어렸으니, 술을 끊겠다는 저의 맹세를 어찌 바꿀 수가 있겠습니까?

아, 깨어 있는 굴원이나 술에 취해 지내던 유령(劉伶)이 본래 둘이 아니요, 청백함으로 성인의 반열에 오른 백이나 화순함으로 성인의 반열에 오른 유하혜가 마침내는 한 가지 도에 이르나니, 선생께서는 애써 술 못 마시는 목생을 잘못한다고 우기지 마시고, 일자(一字) 서신을 내려 가부를 결정해 주시기 바랍니다.

오월의 뜨거운 더위 속에 선생의 생활이 온갖 복으로 가득하시기를 빌며, 도가의 연단(煉丹)⁴⁾ 만드는 데 쓰는 신묘한 복령 한 봉지를 올리오니, 제조하신 연단일랑 혼자 드시지 말고 저에게도 좀 나누어 주시어, 신선 도술로 이 뼈만 남은 앙상한 몸도 함께 건져 주시기 바랍니다.

---

1) 조심하고 경계하여 술을 마셔야 함을 알리는 글.
2) 손님을 대접하는 자리를 주제로 한 시.
3) 동·서·남·북 사방과 중앙 등 다섯 방향을 지키는 여섯 가지 신.
4) 옛날 중국에서 도사가 진사로 금이나 약을 만들었다. 여기서는 불로장생의 약을 의미한다.

원제 _ 답동봉산인잠공서 (答東峰山人岑公書)
남효온 _ (南孝溫,1454~1492)
호는 추강(秋江). 생육신의 한 사람으로 사육신의 전기를 썼다. 그 일로 연산군 때 부관참시를 당했다.

남명 조식[1] 선생께

이황

　황(滉)은 두 번 절하고 올립니다. 지난번에 이조에서 숨은 선비로 천거했을 때, 임금께서는 어진 인재를 얻어 쓰심이 즐거워 특명으로 육품관(六品官)의 벼슬을 주셨으니, 이는 실로 우리나라에서는 예로부터 드물게 있는 장한 일이었습니다.
　황이 나름대로 생각해 보니, 백성이 되어 벼슬하지 않는 것도 도리가 아닌데, 더구나 군신 간의 큰 윤리를 어찌 폐할 수 있겠습니까?
　그러나 선비가 간혹 등용되는 것을 꺼리는 것은, 다만 과거를 치르는 것은 사람을 욕보이는 것이고, 다른 방법으로 벼슬길에 나간다 하더라도 그 또한 한평생 낮은 지위에 머물게 된다고 생각하기 때문입니다. 이래서 자기 몸을 깨끗하게 하려는 선비는 부득이 자기의 종적을 감추고 멀리 도망쳐 벼슬길에 나가려 들지 않습니다.

그런데 지금은 그렇지 않습니다. 산림에 묻혀 있는 선비를 천거함에 있어 사람을 욕보이는 과거를 치르는 것도 아니고, 단번에 육품관의 직위를 제수하니 다른 방법으로 벼슬길에 나아갔다는 더러움도 없습니다. 그래서 함께 천거된 성수침 같은 이는 이미 토산현감에 부임했고 이희안 같은 이도 고령군수에 부임했으니, 이 두 사람은 모두 옛날에 벼슬을 사앙하고 한가하게 지내면서 일생을 마치려고 했던 사람들입니다.

전에는 벼슬길에 나오지 않다가 지금은 벼슬길에 나왔다고 해서 어찌 그 지조가 변했다고 하겠습니까? 그들은 반드시 지금 벼슬길에 나아가는 것은 위로는 임금님의 아름다운 정치를 이루어 드리고 아래로는 자기가 쌓아 올린 포부를 펼 수 있으리라고 생각했기 때문에 그렇게 했을 것입니다.

이 두 사람에 이어서 선생은 전생부주부[2]에 제수되었습니다. 사람들은 모두 조 선생의 뜻이 곧 두 선생의 뜻과 같을 것인데 지금 두 선생이 이미 벼슬길에 나왔으니, 조 선생도 벼슬길에 나오지 않을 리가 없다고 생각했습니다. 그런데 선생은 끝내 나오지 않았으니, 무엇 때문입니까? 사람들이 알아주지 않아서라고 한다면, 산림에 깊이 숨어 있는데도 발탁하여 천거해 주었으니 알아주지 않았다고 할 수도 없고, 또 때가 맞지 않아서라고 한다면, 임금께서 어진 이를 목마르게 구하시니, 때에 맞지 않는다고도 할 수 없을 것입니다.

선생은 문을 닫고 바르게 살면서 몸을 닦고 뜻을 기른 지 오래되었으니, 거기서 얻은 것이 크고 또 쌓은 것이 두터울 것입니다. 그 능력을 세상에 나와 펴나간다면 어디를 가나 이로움을 주지 않는 데가 없을 것인데, 또 어찌 선생은 그 능력을 믿지 못하고 저 칠조개[3]처럼 벼슬하기를 원하지 않는단 말이니까?

이것이 제가 선생이 하는 일에 대하여 밝게 깨달을 수 없는 대목입니다. 그렇다고 제가 선생을 어찌 깊이 의심할 수야 있겠습니까? 벼슬길에 나오지 않는 데에는 반드시 그만한 이유가 있을 것입니다.

저는 본래 영남 지방에서 나서 자라고 집은 예안에 있으므로 남쪽 지방을 오가는 중에, 선생의 거처가 삼가현 아니면 김해라는 말을 일찍이 들어 알고 있었습니다. 이 두 지방은 모두 제가 일찍이 지나갔던 곳이었는데도 아직도 선생의 은거지를 한 번 찾아가 영특하신 얼굴을 뵙지 못했으니, 이것은 실은 저 스스로 몸을 닦을 뜻이 없고, 덕 있는 이를 찾아보는 일을 게을리한 죄 때문입니다. 돌이켜 생각해 보면 너무 부끄러워서 할 말이 없습니다.

저는 자질이 조심성이 없고 비천한데다 스승이나 친구의 인도도 받지 못했으나, 어려서부터 오직 옛 성현을 사모하는 마음만은 늘 지니고 있었습니다. 그러나 몸에 병이 많아 친구들이 혹 자연 속에서 아무 생각없이 편안하게 지내면 병도 고칠 수 있을 것이라고 권했습니다.

그런데도 집은 가난하고 부모님은 늙으셔서, 어쩔 수 없이 저로 하여금 과거를 보아 국록을 타먹게 했습니다. 하지만 그 당시에는 제가 실로 식견이 부족하여 남의 말에 따라 움직였고, 몸은 늘 거짓되고 망령

된 데를 헤매었습니다. 어쩌다가 나의 이름이 추천하는 글에 오르내리게 되고, 몸은 세상 잡사에 골몰하여 날마다 눈코 뜰 새가 없었으니, 다른 일이야 어찌 말할 것이 있겠습니까? 그 후로 병은 더욱 깊어지고, 게다가 스스로 생각해도 세상에 보탬이 될 만한 계략도 없었습니다. 그제서야 비로소 지나온 자취를 돌아보고 옛 성현들의 글을 더욱 열심히 읽어보니, 지난날의 나의 학문과 취향 그리고 처신과 행사가 온통 옛 사람들에게 크게 잘못되었음을 알았습니다.

이에 두려움 속에 잘못을 깨닫고, 그 동안 가던 길을 바꾸어 만년의 일을 찾으려 하나, 마음도 쇠해지고 정신도 흐려진데다 질병이 잇달아 몸을 휘감으니 장차 힘을 쓸 수가 없게 되고 말았습니다. 그래서 자신의 뜻을 이룰 수 없게 되었으니 벼슬을 사퇴하고 성인들의 경전을 짊어지고 고향 산중으로 들어가서 지금까지 이루지 못했던 일들이나 열심히 하자 했습니다. 그러면서 하늘의 영험에 힘입어 조그마한 소득이라도 얻어 한평생을 헛되이 보내 버리지는 않기를 바랐습니다. 이것이 지난 10년 동안 제가 바라던 바였습니다.

그런데 성은을 욕되게 하고 헛된 이름이 사람의 입에 오르내려, 지난 계묘년부터 임자년까지 십 년쯤 되는 동안에 무릇 세 번이나 벼슬에서 물러나 고향으로 돌아갔다가, 세 번이나 부름을 받고 나오곤 했습니다. 그러나 심신의 원기는 늙고 병든 데다가 공부도 제대로 하지 못하니, 이러고도 무슨 성취가 있기를 바란다는 것 또한 어렵지 않겠습니까? 이렇게 때로는 세상에 나오기도 하고 산림에 묻혀 살기도 하며, 혹은 가까이하기도 하다가 멀리하기도 하면서, 스스로 나의 학문이 이룬 바에 따라 실행해 보기도 했으나, 결과는 다른 사람과 별로 다르지 않았습니다.

이런 까닭으로 마음은 더욱 편치 못하고 몸은 지쳐서 도성 가운데 누워 있으니 세월은 자꾸만 가고 고향으로 돌아가고 싶은 생각만 더욱 간절한 것이, 마치 강물이 도도히 흘러내려 가려고 하는 것과 같습니다. 이제야 멀리서나마 선생의 고매한 명성을 듣고 영향을 받아, 저의 게으른 마음을 일깨워 주심을 스스로 느끼고 있습니다.

대개 영리를 추구하는 길은 세상 사람들 누구나 바빠 좇아가는 길이요, 그걸 얻으면 즐겁게 생각하고 얻지 못하면 근심으로 여기는 것 또한 사람이면 모두 마찬가지입니다. 그런데 알지 못하겠습니다. 선생께서는 산림에 묻혀 살면서도 무슨 일을 스스로 세워 놓았기에 저 영리의 길을 잊을 수 있단 말입니까?

무엇인가 반드시 할 일이 있을 것이고 무엇인가 반드시 얻는 바가 있어서 그럴 것입니다. 또 무엇인가 반드시 지킴으로써 편안함을 얻는 것이 있을 것이고, 또 반드시 가슴속에 즐거워할 만한 것이 있을 것입니다. 그런데도 사람들이 그것을 알지 못할 뿐이겠지요.

그렇지만 저는 영리의 길에 마음을 두어 애석하게도 돌아갈 줄을 모르는 자이니 어찌 선생의 말씀 한마디를 목마르게 기다리지 않겠습니까? 저는 천 리를 사이한 옛 사람들의 정신적인 교제를 숭상하는 바입니다. 그러니 하필 수레를 타고 가서 만난 뒤에야 친구가 되겠습니까?

스스로 벼슬길에 나가는 것을 경솔히 하여 말년에 가서 자주 넘어지는 것은 비루한 자의 어두운 소행이고, 한 번 벼슬길에 나가는 것을 신중히 해서 평소에 지녔던 절개를 온전히 하는 것은 어진 이의 원대한 식견입니다. 이 두 사람의 거리가 어찌 백천만 리에 그치고 말겠습니까?

생각하건대 선생께서는 지난 잘못을 묻지 말고 만년의 간절한 소원을 어여삐 여겨, 물리쳐 외면하는 데까지는 이르지 않는다면, 또한 못난 이 사람은 큰 다행으로 생각하겠습니다. 황이 절하고 올립니다.

1) 조선 명종 때 학자. 세상에 나오지 않고 두류산의 산천재에서 성리학을 연구하여 명망이 높다.
2) 제향(祭享)에 쓸 양, 돼지 따위를 기르는 일을 맡아보던 관청의 주부 벼슬.
3) 공자의 제자로 공자가 벼슬할 것을 권하자 능력이 부족하다고 벼슬길에 나아가지 않았다.

원제_여조건중(與曺楗仲)
이황_(李滉, 1501~1570)
호는 퇴계(退溪). 서른네 살에 문과에 급제하여 여러 벼슬을 지내고 고향으로 돌아가 오로지 학문 연구와 제자 교육에 힘쓴 대성리학자. 자신의 철학을 이기사칠론(二氣四七論)으로 정립했다. 기대승, 이이, 유성룡, 성혼 등이 그의 영향을 받았다. 저서로는 〈자성록〉, 〈주자서절요〉, 〈도산집〉 등이 있다.

5 사랑하는 사람들, 정다운 이웃들

닭의 여섯번째 미덕

이 첨

집에서 닭을 기른 적이 있다. 밥을 먹다가 남은 것이 있으면 늘 닭을 불러 주곤 했다. 그것이 버릇이 되었던지 항상 밥상만 대하게 되면 소리를 내며 달려와 자리 옆에서 주는 밥알을 먹었다. 글 읽을 때에는 옆에 서 있기도 하고 엎드리기도 하며, 어떤 때는 한 발로 책상 밑에서 서성거리는 것이 글 뜻을 알아듣는 듯하고, 글씨를 쓸 때에는 벼룻물을 쪼아먹으며 벼슬을 갸우뚱거리며 곁눈으로 글씨를 보는 듯하고, 내가 오래 앉았다가 피곤하여 일어나 마당을 어정거리면 날개를 드리우고 나와 발을 나란히하여 내가 가는 대로 따라오는 것이 마치 아이가 어른을 뒤따르듯 했다.

닭은 본래 가축으로 기르는 것이니 사람에게 가까이하는 것은 그의 본성이지만, 가까이하여 사랑하는 데까지 이르게 된 것은 사람이 감화시켰기 때문이다. 동물 중에는 사람보다 신령한 것이 없기 때문에 큰 것으로는 용·호랑이·코뿔소·코끼리 같은 것도 기를 수 있고, 작은 것으로는 날짐승·물고기·곤충 같은 것도 모두 길들일 수가 있다. 그러나 저것들은 야성을 가진 동물이라 비록 억지로 순종하게 할 수는 있으나 은덕으로 감화시키기는 어려운 것이다.

닭의 성질이 본래 사람을 가까이하기 때문에 사람이 이끄는 대로 따르는 것이다. 옛사람은, "닭에게는 다섯 가지 덕이 있다"[1]고 했지만, 사람을 사랑하는 것은 그 가운데 들어 있지 않았다. 나는 이제 닭이 사람을 사랑하는 것을 인(仁)이라는 덕목으로 닭의 다섯 가지 덕목에 하나를 더하려고 한다. 그리고 글을 지어 기록해 두는 바이다.

닭의 성품이 우리의 성품과 얼마나 다른가? 감동시키면 바로 응할 줄 아네. 우리 사람들과 너는 원래 같은 무리. 그러니 네가 나를 어질게 본 것이겠는가, 내가 너를 어질게 본 것이겠는가. 아, 닭이여, 우리의 어진 본성을 저버리지 말자.

---

[1] 첫째, 머리에 관(벼슬)을 쓰고 있으니 문(文), 둘째, 발에 날카로운 며느리발톱이 있어서 무기가 되니 무(武), 셋째, 적과 잘 싸우는 용기가 있으므로 용(勇), 넷째, 먹을 것을 얻으면 서로 가르쳐 주므로 인(仁), 다섯째, 때를 알려주므로 신(信), 그래서 닭의 다섯 가지 덕은 문, 무, 용, 인, 신이라 한다. 윗글의 필자는 인을 여섯번째 덕목으로 넣는다고 한 것으로 보아 닭의 5덕을 잘못 알고 있었던 것은 아닌지 모르겠다.

> **원제_ 애계명(愛鷄銘)**
> **이첨**(李詹, 1345~1405)
> 호는 쌍매당(雙梅堂). 공민왕 때 급제하여 창왕 때는 좌대언을 지냈고, 조선조에서는 대제학을 지냈다. 권근 등과 함께 〈동국사략〉을 편찬했다.

나의 어머니 사임당의 생애

이 이

　나의 어머님은 진사 신공(申公)의 둘째 따님이시다. 어렸을 적에 벌써 경전에 통달했고, 글을 지을 수 있었으며 글씨도 잘 쓰셨다. 바느질이나 수놓는 일에까지 재주가 뛰어나 정묘한 경지에 이르셨다. 거기다가 천성이 온순 아담하시고, 지조가 굳고 정결하셨다. 몸가짐이 안존했고, 일을 처리하는 데는 치밀했으며, 말수는 적고 행동은 매우 조심스러우셨다. 또 스스로 겸손하게 하시니 외할아버지 신공께서 끔찍이 사랑하고 아끼셨다. 어머님은 성품 또한 지극히 효성스러워, 부모님께서 병환이 나면 근심하는 빛이 얼굴에 역력하다가 병환이 나으시고 나서야 얼굴이 펴지셨다.
　뒷날 어머님이 시집가게 되자, 외할아버지께서는 아버님께 "나에게 딸이 많은데 다른 딸들은 집을 떠나 시집을 가도 그렇게 서운하지 않았지만 자네 처의 경우는 참으로 내 곁을 떠나게 하고 싶지 않네"라고 말씀하셨다.

어머님이 혼인하신 지 오래지 않아 외할아버지께서 돌아가시니, 삼년상을 마치신 후에 서울로 올라와서 신부의 예로써 시어머니인 홍씨 할머님을 뵈었다.

어머님은 시댁에서 경솔하고 분별없는 언행을 삼가, 조신하게 처신하셨다. 어느 날 집안 일가들이 모여 잔치를 하는데 여자들이 모두 모여 담소한 일이 있었다. 어머님께서는 함께 앉아 있으면서도 아무 말이 없으니, 시어머님께서 "새아기는 왜 말이 없느냐?" 하고 물으셨다. 어머님께서는 꿇어앉아 "저는 여자이기 때문에 문 밖에 나가 보지 않아서 본 것이 아무 것도 없습니다. 그래서 할 말이 없습니다"라고 하셨다. 그러자 그 자리에 있던 이들이 모두 부끄럽게 여겼다.

뒷날 어머님은 강릉으로 근친을 가셨다가 돌아올 때, 외할머니와 눈물을 흘리며 이별하셨다. 일행이 대관령을 반쯤 올라왔을 때, 친정 마을인 북평을 바라보며 어머님을 그리는 정을 못 이겨 수레를 멈추고 한참 있다가 처연히 눈물을 흘리며 시를 한 수 지으셨다.

늙으신 어머님 강릉에 계시는데
서울을 향해 홀로 가는 이 마음.
때때로 고개 돌려 북촌을 바라보니
흰 구름 이는 곳에 저녁 산만 푸르네.

서울로 돌아온 뒤에 수진방에서 살았는데, 그때 당신의 시어머님이 연로하여 집안 일을 돌볼 수 없으므로, 어머님이 맏며느리로서 집안 살림을 도맡아 하셨다. 아버님께서는 성품이 활달하여 작은 일에 얽매이지 않아 집안 살림을 돌보지 않으시니, 살림이 넉넉하지 못했다. 그래도 어머님께서는 살림을 규모 있게 하여 웃어른을 봉양하고 아랫사람을 보살필 수 있었다. 집안 살림살이를 할 때 모든 일을 혼자 마음대로 처리하지 않고 반드시 시어머님께 말씀드린 뒤에 하셨다. 시어머님 앞에서는 일찍이 계집종들도 꾸짖은 일이 없으셨다.

말은 항상 온화했고 얼굴빛은 항상 화순했으며, 아버님께서 어쩌다 실수를 하시면 반드시 옳은 도리로써 간하여 고치게 하셨고, 자녀들이 잘못이 있으면 엄하게 경계하여 타이르셨다. 또 가까이 거느리고 있는 아랫것들이 잘못을 저지르면 엄하게 꾸짖으시니, 사내종이나 계집종들이 모두 공경하고 마음으로 받들어 모셔 잘 보이려고 했다.

어머님은 평소에 늘 친정인 강릉을 그리워하여 깊은 밤 고요할 때면 눈물을 흘리며 슬피 울기도 하시고, 때로는 새벽녘까지 잠을 이루지 못하기도 하셨다.

어느 날 친척 어른이신 심공(沈公)의 몸종이 와서 거문고를 탄 일이 있었는데, 어머님께서는 그 거문고 소리를 들으시고 눈물을 흘리며 "거문고 소리가 그리움을 품은 사람을 더욱 애타게 만든다"고 말씀하셨다. 그 자리에 있던 사람들이 모두 슬퍼했으나 아무도 그 뜻을 깨치는 사람은 없었다.

어머님께서 일찍이 외할머니를 생각하는 시구를 쓰셨는데, 다음과 같다.

밤마다 달을 보며 비나니
생전에 한 번 더 뵙게 해 주소서.

아마도 어머님의 효심은 하늘에서 내신 것인가 한다.

어머님은 갑자년 겨울 10월 29일에 강릉에서 태어나서 임오년에 아버님과 혼인하시고, 3년 뒤인 갑신년에 서울 시집으로 오셨다. 그 뒤로 때로는 강릉에 돌아가 계시기도 했고, 때로는 봉평에 사시기도 했으며 신축년에는 서울로 다시 돌아오셨다.

경술년 여름에 아버님께서 수운판관에 임명되시고, 이듬해인 신해년 봄에 삼청동 셋집으로 이사하셨다. 그해 여름에 아버님이 나라 물자를 운반하는 일로 관서 지방으로 가시게 되었는데, 두 아들이 모시고 갔다. 이때 어머님께서는 아버님이 계신 여관으로 편지를 보내셨다. 눈물을 흘리며 편지를 쓰셨다는데 그 내용을 아는 사람이 지금 아무도 없다.

그 해 5월에 일을 마치고 아버님께서 배편으로 서울로 올라오시는데, 미처 집에 도착하기도 전에 어머님께서 병환이 나셨다. 병환이 나신 지 겨우 2, 3일이 지나자 여러 자식들에게 "내가 아무래도 일어나지 못할 것 같구나"라고 말씀하셨다. 그리고 그 날 밤에 평상시대로 편안히 잠자리에 드셨다. 자식들은 병환이 좀 나으신 줄로 생각했는데, 17일 새벽에 갑자기 돌아가시니, 그때가 향년 48세셨다.

그 날 나는 아버님을 모시고 서강에 도착했는데, 행장 속에 있던 놋그릇이 모두 붉게 변해 있었다. 모두 괴이한 일이라고 생각하고 있었는데 조금 있다가 어머님의 부음을 듣게 되었다.

어머님께서는 평소에 글씨도 뛰어나게 잘 쓰시고 그림도 잘 그리셔서, 일곱 살 때부터 벌써 안견의 그림을 본받아 산수도를 그리시니 아주 훌륭했다. 특히 포도 그림은 세상에서 누구도 흉내낼 수 있는 이가 없었다. 어머님께서 그리신 병풍이나 족자가 세상에 많이 전해지고 있다.

원제_선비행장(先妣行狀)
이이 (李珥, 1536~1584)
호는 율곡(栗谷). 24세 때 과거에 급제하여 황해감사, 병조판서 등 여러 관직을 거쳤다. "덕은 서로 권장하고, 과실은 서로 규제하고, 예의는 서로 지키며, 재난은 서로 돕자"는 내용의 향약을 지어 여러 고을에 권장했다. 또 임진왜란 전에 10만 양병을 주장했으나 채택되지 않았다. 학문적으로는 퇴계의 영남학파에 대립되는 이통기국설(理通氣局說)을 주장하는 기호학파를 이루었다. 〈성학집요〉, 〈동호문답〉, 〈율곡전서〉 등의 저서가 있다.

어머님에 대한 그리움

이현보

　병술년(1526년) 여름 나는 장악원정 벼슬에 있었다. 그때 남방 진해 등지의 바다에 있던 나라의 배들을 잘못 간수하여 못쓰게 되어 가니, 그 죄를 다스리라는 왕명을 받고 그곳으로 내려갔다. 몇 달 동안 분주히 쫓아다녔으나 그 일을 다 마치지 못했는데, 당상관으로 승진되어 병조참지를 제수한다는 왕명을 받게 되었다. 놀랍고 당황하여 몸둘 바를 몰랐다.

　그때 어머님께서는 고향 예안에 계셨으므로 나는 그리로 달려가서 작별을 고했다. 어머님과 나는 서로 마주보고 감격하여 기쁨의 눈물을 흘렸다. 서울 친구가 보낸 옥관자가 때맞춰 도착해서, 어머님 앞에서 망건을 풀어 바꾸어 달았다. 어머님께서는 손으로 옥관자를 어루만지며 "그 옥관자가 구멍이 많아서 끈을 꿰기가 어렵지 않겠느냐?"고 물으셨다. 내가 장난 삼아 "그것을 달기가 어렵지¹⁾ 꿰기야 뭐 그리 어렵겠습니까?"라고 말씀드렸더니, 온 집안 식구들이 한바탕 웃었다.

나는 이러한 뜻을 담아 한 수의 시를 지었다.

새로 내린 교서에 먹물이 마르지 않았는데,
높은 관직 알리는 옥관자는 살쩍 위에 빛나네.
어머님은 관자 구멍 많은 것을 걱정하시지만,
달기가 어렵지, 꿰기야 뭐 그리 어렵겠는가.

그 다음 다음해 봄에 임금께서 동부승지를 제수하시고 말미를 주시어, 어머님을 뵈러 내려오게 되었다. 어머님께서는 내가 내려온다는 소식을 들으시고, 한글로 노래를 지어 계집종들과 아이들에게 가르치시면서 "승지가 내려오시거든 그 노래를 부르라"고 하셨다 한다.

그 노래는 다음과 같다.

먹기도 좋을씨고, 승정원의 선반(宣飯)이여.
놀기도 좋을씨고, 대명전(大明殿) 기슭이여.
가기도 좋을씨고, 부모님 찾아오는 길이여.

이런 노래를 지으신 것은 아마도 우리 어머님께서 일찍이 부모님을 여의시고 외삼촌인 문절공의 집에서 자라시어, 승지 벼슬이 높고 귀한 줄을 알고 계셨기 때문이었다. 게다가 그 당시 궁중에서 늘 쓰는 말에 승정원 관원들이 아침저녁으로 먹는 밥을 '선반'이라고 일컬었으므로 이렇게 기록한 것이다.

내가 집에 내려와서 이 노래를 듣고 찬탄을 이기지 못하여 그 노랫말을 절구로 옮겨 적었다.

구포궁주선(口飽宮廚膳)
신유청쇄지(身遊靑瑣墀)
남귀행색희(南歸行色喜)
책마향친위(策馬向親闈)

당시 경상감사인 신대용이 어머님의 장수를 축하하는 잔치를 베풀어 주었다. 그는 이 이야기를 듣고 일찍이 부모를 여읜 터라 부럽고 흠모하는 마음이 더욱 간절했다. 그는 정성을 다하여 술잔을 올리고 역시 절구 한 수를 지었다.

부모님 늙지 않고 오래 사시어,
학같이 하얀 머리칼 드리우고 경사스런 자리에 나란히 앉으셨네.
슬하의 아드님은 임금의 새로운 은총을 받아,
옥관자 머리에 달고 오색 구름에 싸여서 오네.

내가 과거에 급제하여 벼슬길에 올라 서울과 지방을 드나든 지 거의

40여 년 동안 양친을 봉양하면서 기쁘게 해드린 일이 한두 가지가 아니지만, 오직 이 두 가지가 가장 마음에 기쁘고 또 흐뭇하기도 하다.

좋은 이야깃거리도 되고 아까운 어머님의 말씀이기도 한 이 일들을 차마 그냥 헛되이 버릴 수 없어 한 편의 글로 기록하고 아울러 신대용의 시를 함께 적어서 애일당에 갈무리해 놓으니 후손들은 이 글을 보고 느끼는 바가 있기를 바란다.

1) 옥관자를 달 수 있는 당상관 이상의 벼슬에 오르기가 어렵다는 뜻.

원제_애일당희환록(愛日堂戲歡錄)
이현보_(李賢輔, 1467~1555)
호는 농암(聾巖). 연산군 4년 문과에 급제. 정언을 시작으로 호조참판을 거쳐 지중추부사에 이르렀다. 청백리로 녹선되었으며 특히 자연을 잘 노래한 시인으로 유명하다. 〈효빈가〉, 〈농암가〉, 〈어부사〉 등의 작품이 있다.

이낭중께 서해를 천거합니다

임 춘

　아무 달 아무 날에 저희들은 향기로운 난초탕에 목욕하고 머리를 조아리며 백 번 절하고 이조학사의 문전에 글월을 올립니다.
　돈 많은 장사꾼이 제 점포에 귀한 보물을 간직해 놓고 찾는 사람이 스스로 오기를 기다린다면, 흥정할 때 5만 금으로 값을 올리더라도 팔리는 수가 있습니다. 하지만 만약에 그 보물을 가지고 다니면서 길거리에서, "보물 사시오" 하고 외친다면, 비록 5만 금의 가치가 있는 것이라도 반드시 얼마쯤은 값을 깎아서 팔게 마련입니다. 경우에 따라서는 그 값이 더욱 싸질 수도 있는 것입니다. 그렇게 해도 팔리지 않는 경우가 있는데, 그것은 저쪽에서 원하지 않는데 내가 팔리기를 원하기 때문입니다.
　선비가 처세하는 것도 마찬가지입니다. 비록 특별한 포부를 가진 선비라 하더라도 진실로 그 재능을 짊어진 채 자중하지 못하고 당장 팔리기를 원한다면, 바라는 값보다 더욱 싸게 불러도 역시 팔리지 않을 수 있습니다. 그것은 이치가 저와 같기 때문입니다. 지금 5만 금의 값어치가 있는 보물을 가지고 스스로 외치며 각하의 문전에 가서 팔려고 한다면, 혹시라도 그 값만 떨어지고 팔리지 못할까 염려되어서, 감히 이런 말을 앞세워서 구구한 사정을 좌우에 아뢰는 것이니, 헤아려 주시기 바랍니다.

저희 친구 가운데 어진 선비 서해라는 사람이 있는데 국량이 깊고 넓어 이른바, "사람들이 그것이 보배인 줄을 알아도 그 그릇을 어떻게 이름지을 수는 없다"는 것과 같은 경우입니다.

대략 말한다면, 그가 황종 대려가 두들기는 대로 따라 울리는 것과 같음은, 학문에 정통하고 응대함에 민첩한 것이요, 우뚝 솟은 봉우리나 깎아지른 벼랑이 천 길 벽처럼 세워진 것과 같음은, 그 문장이 풍부하여 저술이 수려한 것이요, 삼강(三江) 칠택(七澤)이 순탄한 기세로 내려오는 것과 같음은, 그 의논이 크고 넓어서 막힘이 없는 것이요, 가을 서릿발같이 서슬이 퍼렇고 여름 햇볕처럼 늠름하여 두려워하는 것과 같음은, 그 기질이 호방하여 함부로 친히 할 수 없는 것입니다.

대개 천하의 선비가 여기에 장점이 있지만 저기에 단점이 있고, 저기에 가림이 있지만 여기에 드러남이 있는 법인데, 모든 좋은 점만을 갖춘 자는 오직 서해가 있을 뿐이니, 만약 금란에 조서를 기다리게 한다면 반드시 소정처럼 왕언(王言)을 윤색할 수 있으며, 봉산에서 붓대를 잡는다면 반드시 반고처럼 일가의 역사를 편성할 수 있으며, 비록 세상에 이름을 떨치는 선비가 수풀과 같을지라도 설령 국가에 대서 특필할 일이 있다면, 아마도 노국(魯國)의 선비는 이 한 사람일 것입니다.

옛 사람이 말하기를, "선비로서 심지가 이미 통하는데도 명예가 드러나지 않는 것은 친구의 허물이요, 명예가 이미 드러나 있어도 유사(有司)가 천거하지 않는 것은 유사의 허물이다" 했으니, 지금 여기에 선비가 있는데도 역시 드러나지 않는다면 어찌 감히 그 죄를 면할 수 있겠습니까. 오직 각하는 바른 문장과 바른 도로써 임금님이 후하게 대우하여 저절로 전부(銓部)에 발탁되어 인재를 감정하는 처지이므로, 유식한 선비들이 귀를 기울이고 들으며, 고개를 쳐들고 바라보며 각하에게 등용되기를 기대하지 않는 자 없으니, 진실로 먼 데서도 취택하여 천하다고 버리지 않고 가까운 데서도 취택하여 친하다고 기피하지 않음으로써, 그 소망을 충족시켜 나라 안의 높은 안목을 가진 선비를 즐겁게 하고, 천하의 의를 사모하는 사람을 불러들여야 할 것입니다.

어떤 사람은, "사람을 밝게 아는 것은 비록 성인으로서도 어렵게 여겼는데, 보잘것없는 저와 같은 무리들이 어찌 족히 사람을 알아서 천거하겠느냐" 할는지 모르지만, 밝게 관찰하기로 들면 비록 성인이라도 족히 믿지 못할 바 있고, 도리로써 헤아린다면 보통 사람으로도 실수함이 없을 수 있는 것입니다. 저희들이 서해에 대해서도 역시 겪어서 알 따름이요. 그밖에 모르는 점에 대해서는 각하의 밝으심을 기대하는 바입니다. 오직 바라건대 각하는 사람이 하찮다고 말까지 버리지는 마시고 동관 한액의 자리에 혹시 결원이 있다면 서해의 이름을 계의의 첫머리에 걸고 사무를 맡겨서 서서히 그 효과를 관찰하되, 만약 저희들의 말과 같지 않다면 내쫓고 다시 저희들에게 도리에 어긋나고 허물을 은폐한 죄를 더하여 주십시오. 그렇게 하여 요행을 바라는 선비로 하여금, 감히 어떤 자리를 엿볼 수 없게 하는 것도 또한 조정에서 선비를 취택하는 원칙에 욕이 되지는 않을 것입니다.

  서해는 훌륭한 사람이 아니면 사귀지 않으므로 조정에 연줄이 닿는 친척이 없으니, 각하를 위하여 말하는 사람이 반드시 적을 것입니다. 저희들이 이와 같이 간곡히 한 번 아뢰고자 하는 것은 결코 요새 세상에서 흔히 보는 그런 붕당을 만들어 서로 원조하며, 자기네들이 좋아하는 사람으로 어진 이를 만드는 것과는 같지 않습니다. 다만 공론에 따르고 또 각하가 그 사람의 내용을 알지 못하여 혹시 빠뜨릴까 염려해서 이렇게 하는 것입니다. 그 얼마쯤 올리고 낮추는 값에 대해서는 저울질하는 사람의 솜씨에 맡기고 특이한 보물로 하여금 이집 저집 찾아다니다가 5만 금의 값에도 팔리지 못하는 꼴을 보지 않게 하자는 것뿐입니다. 오직 각하는 헤아려 살펴 주십시오. 존엄을 모독하여 지극히 죄송합니다. 두 번 절하옵니다.

원제_ 상리부이낭중순우천서서해서(上吏部李郎中純祐薦徐諧書)
임춘_ (林椿, ?~1170)
고려 시대의 문인. 여러 번 과거에 낙방하였지만 이규보, 오세재 등과 함께 '강좌7현'의 한 사람으로 대접받았다. 가전체 소설 〈국순전〉, 〈공방전〉 등이 있다.

박연과 피리

성 현

　대제학 박연은 영동의 선비였다. 향교에서 공부를 하던 시절, 이웃에 피리를 잘 부는 사람이 있었다. 박연은 공부를 하는 틈틈이 그 사람에게서 피리를 배웠다. 얼마 후에 그는 그 고을에서 피리를 제일 잘 부는 사람이 되어 마을 사람들로부터 사랑과 존경을 받게 되었다.
　얼마 후 그는 과거를 보기 위해 서울에 오게 되었는데, 어느 날 장악원[1]에 있는 피리 잘 부는 광대를 만났다. 그는 자신이 제대로 피리를 불고 있는지 궁금해서 그 광대에게 한 번 봐 주기를 부탁했다. 그러자 광대가 그의 피리 소리를 듣고는 크게 웃으면서 말했다.
　"소리와 가락이 상스럽고, 절주에도 맞지 않으며, 나쁜 버릇이 이미 몸에 배어서 고치기가 어렵겠습니다."
　이에 박연이 말했다.

"비록 그렇더라도 가르침을 받고자 합니다."

그리고는 날마다 배우러 다니기를 게을리하지 않았다. 며칠 뒤에 그 광대가 그의 피리 소리를 듣고 말했다.

"이제 먼저 배운 선배라도 가르칠 만합니다."

또 며칠이 지나서는 말했다.

"이미 법도가 이루어졌으니 장차 대성할 수 있습니다."

또 며칠이 지나자 광대가 자기도 모르는 사이에 무릎을 꿇고 말했다.

"이제 제가 따라갈 수 없는 수준입니다."

그 후에 그는 과거에 급제했다. 그러나 거문고와 비파 등 여러 악기를 다루는 일에도 게을리하지 않아서 나중에는 어느 것 하나 통달하지 않은 것이 없었다.

후에 세종대왕에게 그 실력을 인정받아 관습도감 제조로서 음악에 관한 모든 일을 전담하게 되었다.

세종대왕이 석경을 만들고는 박연을 불러 교정하게 했는데, 박연이 어느 음률은 일분(一分)이 높고 어느 음률은 일분이 낮다고 했다. 다시 보니 그가 높다고 말한 것에는 돌 찌꺼기가 붙어 있었다. 세종대왕이 그것을 떼어내게 했다. 또 음률이 일분 낮다고 한 것에는 다시 돌 찌꺼기 일분을 붙이게 했다. 박연이 다시 소리를 들어보고는 "이제 음률이 바릅니다"라고 했다. 모두 그의 음률에 대한 신묘한 감각에 놀라지 않은 이가 없었다.

그런데 그의 아들이 계유의 난[2]에 연루되자 그도 파면되어 시골로 내려가게 되었다. 친한 벗들이 한강에서 전별하였는데, 그는 말 한 필에 하인 한 사람뿐인 쓸쓸한 행색이었다. 함께 술잔을 주고받다가 이제 소매를 잡고 헤어지려는 무렵에 그는 전대에서 피리를 꺼냈다. 그리고 연달아 세 곡을 불고는 떠났다. 듣는 사람들이 모두 쓸쓸하여 눈물을 흘리지 않는 이가 없었다.

1) 조선 시대 음률(音律)에 관한 사무를 맡아보던 관청.
2) 계유정난. 조선 단종 계유년(1453년)에 수양대군이 여러 고명대신을 없애고 정권을 잡은 난.

원제 _ 용재총화(慵齋叢話)에서

민영감 이야기

박지원

민영감은 남양 사람이다. 무신년 민란에 종군한 공으로 첨사 벼슬을 제수받았다. 그 자리를 그만둔 뒤로는 집에 틀어박혀 끝내 다시는 벼슬을 하지 않았다.

그는 어려서부터 총명하고 말 잘하기로 유명했다. 오직 옛 사람들의 뛰어난 절의와 위대한 자취를 흠모했는데, 때로는 의분에 북받쳐 슬퍼 탄식하기도 하고 흥분하기도 했다. 그리하여 그들의 전기를 읽을 때마다 탄식하고 눈물을 흘리지 않은 때가 한 번도 없었다고 한다.

일곱 살이 되자 그는 거처하는 방의 벽에, "항탁[1]은 이 나이에 남의 스승이 되었다"라고 큰 글씨로 썼다. 12살에는 "감라[2]는 이 나이에 장수가 되었다"라고 썼고, 13살에는 "외황아는 이 나이에 유세를 했다"라고 썼고, 18살에는 "곽거병[3]은 이 나이에 기련으로 출병했다"라고 썼고, 24살에는 "항적⁴⁾은 이 나이에 오강을 건넜다"라고 썼다. 40살이 되어서도 그는 아무런 이름을 이루지 못했지만 기세 좋게 "맹자는 이 나이에 마음을 움직이지 않게 되었다"라고 더욱 크게 써 놓았다.

해마다 이렇게 쓰는 글씨가 불어났지만 결코 벽에 글씨 쓰기를 게을리하지 않았다. 그래서 그의 방 벽은 모두 글씨로 덮여 새카맣게 되었다. 어느새 그는 70살에 이르렀다.

그의 아내가 비웃는 투로 말했다.

"영감님, 올해는 까마귀를 그리지 않으려오?"

민영감은 기분이 좋아서 대답했다.

"그래, 당신은 빨리 먹이나 갈구려!"

그리고는 곧 전보다 더 크게 이렇게 써놓았다.

"범증⁵⁾은 이 나이에 기발한 꾀를 내기 좋아했다."

그러자 그의 아내는 화를 내며 말했다.

"꾀가 아무리 기발한들 장차 어느 세월에 써먹으려우?"

그는 웃으며 말했다.

"옛날에 강태공은 80살에 무왕을 도와 큰 공을 세웠다네. 그런데 나는 그에 비하면 오히려 어린 아우뻘인걸, 뭐."

지난 계유, 갑술년쯤에 내 나이는 열일곱여덟 살이었다. 병이 오래되어서 시들시들 기운을 차리지 못했다. 그러다 보니 자연히 음악, 시화, 오래된 칼, 거문고, 골동품 등 온갖 잡물을 자못 좋아하게 되었다. 거기다가 지나가는 손님을 불러놓고 익살스러운 옛날 이야기로 마음을 달래 보았지만, 가슴 깊숙이 자리잡은 우울증을 완전히 풀어버릴 수는 없었다.

그러던 참에 어떤 이가 말했다.

"민영감은 참으로 기이한 선비지요. 노래도 잘하고 말도 잘한답니다. 그의 이야기는 정말로 활발하고, 괴이하고, 속이기 잘하고, 걸쭉하거든요. 그래서 듣는 사람이면 누구나 마음이 상쾌해지고 기분이 좋아지지 않는 이가 없답니다."

나는 그 말을 듣고 몹시 기뻐서, 민영감을 모시고 함께 오라고 부탁했다.

그렇게 해서 그는 나를 찾아오게 되었다. 나는 그때 마침 친구들과 음악을 듣고 있었다. 민영감은 인사도 서로 나누지 않았는데, 퉁소 부는 이를 찬찬히 쳐다보더니 별안간 그의 뺨을 때리면서 크게 꾸짖었다.

"주인께서는 즐겁게 놀자고 하는데, 너는 어째서 잔뜩 성이 나 있어? 이 놈아."

나는 깜짝 놀라 그 까닭을 물었다. 그가 말했다.

"저 놈이 눈알이 잔뜩 튀어나오도록 사나운 기운이 가득 찼으니, 성 낸 것이 아니고 무엇이란 말이오?"

내가 껄껄 웃자 그는 다시 말했다.

"어찌, 퉁소 부는 놈만 골이 나 있겠소? 저 피리 부는 놈은 얼굴을 돌리고 우는 꼴을 하고 있고, 장고를 치는 놈은 이마를 찌푸린 채 무슨 근심거리라도 있는 듯하오. 그러니 온 좌중이 무슨 큰 두려운 일이나 있는 것처럼 조용히 앉아 있고, 어린 종놈들까지도 웃지도 못하고 말하기조차 꺼리게 되었으니, 이래 가지고서야 음악이 마음을 기쁘게 할 수 있겠소?"

나는 곧 그들을 돌려보내고 그를 맞이하여 앉혔다. 그는 비록 키가 작고 몸집도 작았으며 흰 눈썹이 눈을 덮었다.

"저의 이름은 유신이고, 나이는 일흔세 살이오."

그는 이렇게 스스로를 소개하고는 나에게 물었다.

"그대는 무슨 병이 들었소? 머리에 병이 들었소?"

나는 아니라고 말했다.

"배에 병이 들었소?"

내가 또 아니라고 하자, 그는 이렇게 말했다.

"그렇다면 그대는 병이 든 게 아니오."

그리고는 그는 곧 방문을 열어젖히고 들창을 들어 괴었다. 그러자 시원한 바람이 쏴아 하고 들어왔다. 나의 기분은 점차 풀려서 전과는 완연히 다름을 느낄 수 있었다.

그제야 나는 그에게 말했다.

"나는 특히 음식이 싫고, 밤이면 잠을 이루지 못하니 아마도 이것이 병인가 봅니다."

그는 일어나 나에게 축하한다고 했다. 내가 놀라서 물었다.

"영감님, 무엇을 축하한단 말이오?"

그는 말했다.

"그대의 집이 가난한데 다행히 음식을 싫어한다니, 살림살이가 넉넉해지지 않겠소? 그리고 잠이 없다니, 밤까지 합하여 사는 셈이니 요행히 나이의 곱을 사는 게 아니오? 살림살이가 넉넉해지고 나이의 곱이나 더 산다면 이것은 수(壽)와 부(富)를 함께 누리는 일이니 축하하지 않을 수 있겠소?"

그리고 조금 있다가 밥상이 들어왔다. 나는 밥맛이 없어 입맛을 다시고는 얼굴을 찌푸린 채 숟가락도 들지 않고 이 반찬 저 반찬 골라 가며 냄새만 맡고 있었다. 그는 갑자기 크게 노하여 일어나 가려고 했다. 나는 놀라서 물었다.

"영감님, 무슨 까닭으로 떠나려 합니까?"

그가 말했다.

"그대가 손님을 청해 놓고 손님에게는 음식도 대접하지 않은 채, 자기 혼자서 먼저 먹으니 그것은 예의가 아니지요."

나는 바로 사과하고 떠나려는 것을 주저앉히고는 재촉해서 밥상을 올리게 했다. 그랬더니 그는 사양하지 않고 팔뚝을 걷어붙이고 밥을 먹기 시작하는데, 숟가락과 젓가락으로 음식을 듬뿍듬뿍 퍼서는 먹음직스럽게 먹어댔다. 나도 모르는 사이에 입에 침이 돌고 음식 냄새가 구수하게 나서 먹고 싶은 마음이 동했다. 그제야 밥맛이 옛날처럼 돌아왔다.

밤이 되자 그는 눈을 감은 채 꼿꼿하게 앉아 있었다. 그래 내가 말을 붙여 보았으나 그는 더욱 입을 굳게 다물 뿐이었다. 나는 그 사이에 몹시 무료해졌다. 한참 지나자 그는 갑자기 일어나서 촛불에서 불똥을 긁어내고 나서 나에게 말했다.

"내 나이가 젊었을 적엔 어떤 어려운 글도 한 번 훑어보면 곧 외울 수 있었는데 이제는 늙어 전과 같지 못하다오. 그러나 그대와 약속하고서, 평생에 한 번도 보지 않은 책을 뽑아내어, 각각 두세 번 눈으로 훑은 후에 외우되, 만일 한 글자라도 틀릴 때에는 미리 정한 대로 벌을 받기로 합시다."

나는 그가 늙었음을 얕잡아 보고 흔쾌히 말했다.

"그렇게 합시다."

그리고는 서가에 꽂힌 〈주례(周禮)〉를 뽑아들었다. 그는 고공(考工)편을 골랐고, 나는 춘관(春官)편을 골랐다. 얼마 안 되었는데 그가 나를 부르더니 말했다.

"나는 벌써 다 외웠소."

나는 그 사이에 아직 한 번도 채 훑어보지 못했다. 깜짝 놀라서 좀 기다리라고 했다. 조금 있다가 그는 또 말을 붙여 나를 자못 어렵게 했다. 그럴수록 나는 더욱 외울 수가 없었다. 그러던 차에 졸음이 퍼붓는 듯싶더니 이내 잠이 들어 버렸다. 깨어보니 날이 이미 밝았다. 나는 겸연쩍어하면서 말했다.

"영감님, 어제 외운 글을 지금도 기억하실 수 있으신지요?"

그는 껄껄 웃으면서 말했다.

"나는 처음부터 아예 외우질 않았어요."

나는 어느 날 저녁 그와 함께 이야기판을 벌인 일이 있었다. 그는 같이 앉은 손님들에게 농도 걸고 야단도 치고 했으나, 그들은 아무도 그를 어떻게 할 수가 없었다. 그 중에 한 손님이 민영감을 궁지에 몰아넣어 보려고 그에게 물었다.

"귀신을 본 일이 있으시오?"

그가 답했다.

"보고말구."

"그럼 귀신은 어디에 있지요?"

민영감은 눈을 부릅뜨고 찬찬히 돌아보더니, 한 손님이 등잔 뒤에 앉아 있는 것을 발견하고는, 마침내 그를 향하여 소리쳤다.

"귀신이 저기에 앉아 있소."

그 손님이 성이 나서 민영감에게 따졌다. 그러자 그는 이렇게 말했다.

"무릇 밝으면 사람이 되고, 어두우면 귀신이 되는 법이오. 지금 당신은 어두운 곳에 앉아서 밝은 곳을 살피며, 형체를 숨긴 채 사람을 엿보니 어찌 귀신이 아니고서야 그럴 수 있겠소?"

사람들이 모두 웃었다.

또 이렇게 물었다.

"영감님은 신선도 보았겠죠?"

"보았소."

"그럼 신선이 어디 있지요?"

그가 대답했다.

"신선이 별게요, 집 가난한 이가 신선이지요. 부자들은 항상 속세에 연연하는데 가난한 이는 항상 속세를 싫어하니, 가난한 이가 신선이 아니고 무엇이겠소?"

또 이렇게 물었다.

"영감님은 아주 오래 산 사람도 보았겠구려?"

"보았지요. 오늘 아침 해뜰녘에 숲 속에 들어갔더니, 두꺼비와 토끼가 서로 자기가 나이가 많다고 다투고 있더군요. 토끼가 두꺼비에게, '나는 옛날 800년을 산 팽조와 동갑이니 너야말로 늦둥이지 뭘?' 하고 말하자, 두꺼비가 아무 말도 없이 고개를 떨구고 훌쩍훌쩍 울기만 합디다. 그것을 본 토끼가 깜짝 놀라, '너는 왜 이리도 슬퍼하는가?' 하고 그 까닭을 묻습디다. 그러자 두꺼비는, '나는 저 동쪽 집에 사는 어린애와 동갑인데 그 아이는 다섯 살 때 벌써 글을 읽을 줄 알았으니, 그는 아득한 옛날 천황씨 때에 태어나서 인년(寅年)에 역사를 쓰기 시작했다네. 수많은 왕들과 황제를 거쳐 주나라에 이르러 왕통이 끊어지자 책력 하나가 이루어졌고, 진나라 때에 윤달이 생기고, 한나라와 당나라를 지나서, 아침에는 송나라가 섰다가 저녁에는 명나라가 되었지. 그 사이에 그는 모든 사변을 다 겪으면서 기뻐할 만한 일, 놀랄 만한 일, 죽은 이를 조문하고 가는 이를 전송하는 일 등으로 지루한 세월을 보내고 오늘에 이른 것이야. 그런데도 오히려 귀가 밝고 눈이 밝으며 이빨과 터럭이 날로 자란단 말일세. 그러고 보니 나이 많이 먹은 사람으로는 저 어린애만한 이가 없을 듯싶네 그려. 그런데 팽조로 말하면, 겨우 800살에 일찍 죽었으니, 세상 구경도 많이 못하고, 세상 경험도 오래 하지 못하고 말았어. 나는 이 때문에 그가 불쌍하여 슬퍼할 뿐이야'라고 합니다. 토끼는 그 말을 듣고는 두 번 절하고, '당신은 나에게 할아버지뻘이오'라고 하면서 도망칩디다. 이것으로 본다면 글을 많이 읽은 자가 가장 오래 산 사람이 아니겠소?"

그러자 이렇게 물었다.

"영감님은 이 세상에서 가장 맛있는 음식도 먹어 보셨겠구려?"

"먹어 보았소. 저 달이 하현이 되어 썰물이 빠지고 나면, 개펄을 갈아서 소금밭을 일구오. 염분이 많은 개펄을 구워서, 그 거친 것으로는 수정염을 만들고, 고운 것으로는 소금을 만드오. 이 세상 온갖 맛의 간을 맞추는데, 어떤 것인들 소금 아니고 될 수 있겠소?"

함께 앉아 있던 사람들이 모두들 이렇게 물었다.

"좋습니다. 그러나 불사약은 영감님도 결코 못 보셨을 것이오."

민영감은 껄껄 웃으면서 말했다.

"이거야말로 내가 아침저녁으로 늘 먹는 것이니, 어찌 모를 리가 있겠소? 들어보시오. 저 큰 골짜기에 서 있는 반송에 감로가 떨어져 땅속으로 스며든 지 천년 만에 변하여 된 것이 복령이고, 인삼의 으뜸은 신라산(고려 인삼)이니, 그 중에도 모양은 단아하고 그 빛깔은 붉은 데다 사체(四體)가 고루 갖추어졌으며, 머리는 두 갈래로 땋은 아이처럼 생긴 것이 동자삼이고, 천년을 묵으면 사람을 보고 짖는다는 것이 구기인데, 이 세 가지 영약을 내 일찍이 먹고 나서는 다시는 음식을 먹지 못하게 되었소. 그런 지 아마 백 일쯤 지나자 숨이 가빠서 머지 않아 죽게 되었는데, 이웃에 사는 할미가 와서 보더니 혀를 차며 탄식하기를, '그대의 병은 굶주림에서 생겼소. 옛날 신농씨가 온갖 풀을 다 맛보고 나서 비로소 오곡을 심기 시작했다우. 그래서 대체로 병을 고치는 데는 약을 쓰고, 굶주림을 다스리는 데는 밥으로 했다우. 그러니 그대의 병은 오곡이 아니고는 아무래도 고치지 못하게 생겼소' 하기에, 나는 그제야 쌀과 수수로 밥을 지어먹고는 겨우 죽지 않게 되었소. 그러니 이로 보아서는 불사약으로 밥만한 것이 없다고 보오. 그래서 나는 아침에 한 그릇, 저녁에 한 그릇씩을 꼬박꼬박 먹고서 오늘까지 70여 년을 살았다오."

민영감은 언제나 그의 말을 지루하게 늘어놓으며 끌고 나가지만 끝에 가서는 딱 맞아떨어지지 않는 것이 없고, 게다가 그 안에는 풍자를 감추지 않은 것이 없으니, 아마도 그는 변사임이 틀림없었다.

손님은 말문이 막혀서 다시는 더 따질 수가 없게 되자, 괜히 벌컥 성을 내며 말했다.

"그럼, 영감님은 두려운 것이 없단 말이오?"

민영감은 잠자코 한참 있다가 갑자기 사나운 목소리로 말했다.

"두려운 것으로는 나 자신보다 더한 것이 없다 하오. 게다가 세 치 혀 아래에는 도끼가 감추어져 있고, 구부러진 팔은 활같이 생기지 않앉소? 그러니 마음먹기에 따라서 어린아이처럼 착하게도 될 수 있고 오랑캐도 될 수 있을 것이니, 만일 스스로 경계하지 않으면, 장차 자기가 자기를 물어뜯고 상하게 하고 죽일 수도 있는 것이오. 이런 까닭으로 옛 성인은 '자기 자신의 행동을 잘 단속하여 예로 돌아감'이라고도 했고, 또 '사악한 마음을 막고 참된 마음을 간직함'이라고도 했으니, 그들도 일찍이 스스로를 두려워하지 않는 것은 아니었을 게요."

이리하여 민영감이 십여 가지의 어려운 질문에 대하여 대답했는데 그 답변이 모두 메아리처럼 빠르니, 끝내 그를 궁지에 몰아넣을 수가 없었다. 그는 스스로 칭찬하기도 하고 기리기도 하며, 곁에 앉은 사람을 멋대로 놀리기도 하고 거만을 떨기도 했다. 사람들은 모두 그의 말에 허리를 잡고 웃건만 그는 낯빛도 변하지 않았다.

또 어떤 사람이 말했다.

"해서 지방에서는 지금 누리⁽⁾가 창궐해서 관에서 백성들을 독려해 잡느라고 야단이랍니다."

민영감이 물었다.

"누리는 잡아서 어찌한답디까?"

"이놈의 벌레는 누에보다도 작은 것이 빛은 알록달록하며 털도 나 있고, 그 놈이 날면 마디충이 되고 붙으면 가뢰가 되어서, 우리의 곡식을 해쳐 몽땅 망쳐 놓는 지경에까지 이르니, 방법은 잡아서 땅에 묻는 수밖에 없지요."

그러자 민영감이 말했다.

"이따위 작은 벌레쯤이야 걱정할 것도 없소. 종루에서 보니 그 네 거리를 빽빽하게 메우고 득실거리는 것들이 모두 누리뿐입디다. 그들의 키는 모두 7자가 넘고, 머리는 검으며 눈은 반짝반짝 빛나고, 입은 커서 주먹이 드나들 만한데 무슨 소린가를 계속 지껄여대며, 몸을 구부정하게 하고 걸어다니니, 발이 밟히고 궁둥이가 서로 붙을 지경입니다. 그래서 농사를 망치며 곡식을 해침이 이놈들보다 더 심한 것이 없을 것이오. 그래 내가 그놈들을 잡아없애고는 싶은데, 그놈들을 쓸어 담을 만한 큰 바가지가 없는 것이 한이오 그려."

그 자리에 있던 사람들은 모두 참으로 이런 벌레가 있는 줄 알고 크게 두려워했다.

어느 날 민영감이 오기에 나는 그를 바라보며 은어로 말했다.

"춘첩자(春帖子) 방제(狵嗁)라."

그는 웃으면서 받아쳤다.

"춘첩자란 입춘에 대궐 문(門)안에 붙이는 글[文]이므로 이는 나의 성인 민(閔)이요, 방(狵)이란 늙은 개이므로 이는 나를 욕하는 말이요, 제(嗁)는 곧 내가 이빨이 빠져서 말소리가 어눌함을 듣기 싫다는 뜻이겠지요. 그렇다 치더라도 그대가 만약 방(狵)이 두렵다면 왼쪽의 견(犬―犭)을 버리는 것이 나을 것이요, 또 만약 제(嗁)가 듣기 싫다면 그 왼쪽에 있는 구(口)를 막아버리면 될 것이오. 그러면 대체로 제(帝)란 것은 조화를 이름이요, 방(尨)이란 것은 큰 물건을 이름이니, 제(帝)에다 방(尨)을 덧붙이면 변해서 '크다'가 되는 동시에, 그 글자는 방

(猋)이 되지 않겠소? 그렇다면 그대가 나를 욕하려 한 것이 아니라 도리어 나를 칭찬한 것이 되고 말았군요."

그 다음해에 민영감은 세상을 떠났다. 그는 비록 지나치게 넓고 기이하고 얽매이지 않고 호탕하긴 했지만, 그의 성품은 꼿꼿하고 깔끔하고 곧고 태평하고 착했다. 그는 〈주역〉에 밝았고 노자의 글을 좋아했으며, 어느 책이고 훑어보지 않은 것이 거의 없다고 했다. 그의 두 아들은 모두 무과에 급제했으나 아직 벼슬은 하지 못하고 있다.

그해 가을에 내가 병이 도져 민영감을 다시는 만나볼 수 없었다. 드디어 나는 그와 더불어 나눈 은어나 익살 및 풍자 등을 모아서 그를 위한 전(傳)을 짓는다. 때는 정축년 가을이다. 내가 민영감을 위해 아래와 같이 그의 공덕을 칭송하고 위로하는 글을 지었다.

아, 민영감!
괴상하고, 기이하고,
놀랍고, 또 놀랍습디다.
기쁘기도 하고, 더러는 노엽고,
더러는 밉살스럽기도 하더이다.
저 벽 위에 그려 놓은 까마귀는
끝내 매가 되지 못하였구려.
뜻있는 선비건만 늙어 죽도록
끝내 뜻 한 번 펴보지 못하였구려.

당신을 위하여 이 글을 짓습니다.

이제 당신은 죽었어도

죽은 것이 아닙니다.

---

1) 중국 춘추 시대의 신동. 7세에 공자의 스승이 되었다고 한다.
2) 중국 전국 시대에 진나라 정승 여불위를 섬겨 12세에 조나라를 설득하여 다섯 성을 빼앗았다.
3) 한무제 때의 명장. 흉노를 토벌하여 무공을 세웠다.
4) 초나라 패왕 항우. 숙부 항량과 함께 군사를 일으켜 진나라 군사를 크게 이겼다. 한나라 왕 유방과 천하를 다투다 패하여 오강(烏江)에서 자결했다.
5) 항우의 모사. 계교에 능하여 항우가 제후들의 우두머리가 되도록 도왔다.
6) 일명 황충(蝗蟲)이라고도 하는 것으로 메뚜기와 비슷하나 몸집이 크며 떼지어 다니면서 벼에 큰 해를 입히는 해충.

원제_민옹전(閔翁傳)

개야, 내 너에게 이르나니

이규보

　몸에 무늬가 있으니 반호(班瓠)의 자손인가? 민첩하고 총명하니 오룡(烏龍)의 후예인가? 발굽은 방울 같고 주둥이는 칠흑 같으며, 다리는 길고 힘줄은 팽팽하구나.
　주인을 따르는 정성이 사랑스럽고 문을 지키는 책임이 변함없다. 나는 이 때문에 그 용맹을 가상히 여기고 그 뜻을 기특하게 여겨 집에 두고 사랑하며 기른다. 너는 비록 천한 짐승이나 북두성의 정기를 받았으니 그 영특함과 지혜로움이 어느 동물이 너와 같겠는가?
　주인이 일러 줄 터이니 너는 귀를 쫑긋 세우고 들어라. 절도 없이 늘 짖으면 사람들이 두려워하지 않고, 사람을 가리지 않고 물면 화를 입게 된다.
　세 줄 골이 패인 진현관을 높이 쓰고 두 칸 달린 빛나는 수레에 의젓이 앉아 뇌구검을 차고 수창옥을 달고서, 떠들썩한 소리가 동네를 메울 정도로 많은 하인들의 인도를 받는 가운데 패옥 소리 쟁그랑거리며 오는 사람이 있거든 너는 짖지 말라.

국가의 법령 같은 것은 지체할 수 없는 것이다. 임금이 신하를 생각하며 너의 주인을 불러 궁궐에 들게 하라는 왕명을 들려서 급히 보내 온 내시가 있거든 아무리 밤중이라도 너는 짖지 말라.

생강과 계피를 섞어 말린 고기, 소금에 절인 생선, 뜸 잘 들인 밥, 좋은 술을 스승에게 바쳐 속수(束脩)의 의식을 행하려고 오는 사람이 있거든 너는 짖지 말라.

도포를 입고 책을 끼고서 너의 주인과 온갖 질문과 담론을 펴려고 여럿이 모여 오거든 너는 짖지 말라.

짖고 물어도 좋을 것에 대해서도 알려 줄 테니 역시 나의 말을 잘 들어라.

빈틈을 엿보고 방심한 때를 틈타서 담을 뚫고 집안을 들여다보며 재물을 훔치려 하는 자가 있거든 너는 지체 말고 짖을 뿐만 아니라 속히 물어라.

겉은 기름처럼 부드러우나 속은 시기심으로 가득 차서 남의 약점을 염탐하면서 그 악랄함을 숨기고 있는 자가 웃음을 띠고 오거든 너는 짖어야 한다.

이리저리 두리번거리면서 요술을 부리고 괴상한 짓을 하여 사람을 유혹하고 현혹시키는 늙은 박수나 음탕한 무당이 문을 열고 찾아오거든 너는 물어야 한다.

간교한 귀신이나 요사스러운 도깨비가 틈을 타서 엿보거나 어둠을 타서 슬쩍 들어오려 하거든 너는 짖고 이를 쫓아야 한다.

큰 살쾡이나 쥐가 담을 뚫고 들어와 곁에 숨어서 엿보거든 너는 물어 죽여야 한다.

그릇에 고기가 있어도 너는 훔치지 말고 솥에 국이 있어도 너는 핥지 말며, 방에 오르지도 말고 땅을 파지도 말고 문에서 떠나지도 말고 잠자는 일을 즐기지도 말라.

새끼를 낳거든 민첩하고 영특하며 표범의 가슴과 용의 꼬리를 가진 놈을 낳아 주인의 손자 대에까지 이르도록 하라.

아, 네가 만약 나의 말을 잘 듣고 잘 따라 준다면, 많은 세월이 지난 뒤 네 주인이 신선이 되면 너에게도 영약을 먹여서 하늘로 데려 갈 터이다. 잘 듣고 잘 들어서 소홀히함이 없도록 하라.

1) 옛날 스승을 처음 뵐 때 드리는 예물.

원제_ 명반오문(命班獒文)

청백리의 일화

이수광

옛날 원덕수란 사람은 비에 막혀서 굶어죽고, 진무기란 사람은 옷을 받지 않아서 얼어죽었다. 세상에는 늙도록 분수에 넘치게 온갖 부귀영화를 누리는 사람이 있는가 하면, 이 두 사람처럼 훌륭한 덕과 뛰어난 재주를 가지고도 추위와 굶주림에서 벗어나지 못한 이가 있으니, 천도(天道)란 것이 있는지 없는지 의심치 않을 수 없다.

하정(夏亭) 유관(柳寬) 정승은 처음 이름이 관(觀)인데, 나의 외가 쪽으로 5대조가 되는 분이다. 청백리로 유명한 황희, 허조와 함께 세종 때 정승을 지냈는데, 홍인문 밖의 작은 초가에서 살았다. 그나마 비가 새서 방안에서도 우산을 받아야 할 정도였다. 그는 비오는 어느 날 부인에게 이렇게 말했다고 한다.

"우산도 없는 집에서는 어떻게들 살지."

이 이야기는 〈필원잡기(筆苑雜記)〉 같은 책에 전한다.

하루는 임금께서 그의 집에 가셨다가 울타리도 없는 것을 보시고는 선공관(繕工官)에게 말해서 주인 몰래 밤 사이에 울타리를 둘러 주라고 했다. 그렇게 한 것은 그 분이 청렴하여 반드시 사양할 것을 미리 알았기 때문이었다. 다음날 아침, 공이 비로소 이 사실을 알고 대궐에 들어가 감사하고 나서 다시 사양했다. 그러나 임금께서는 허락하지 않았다.

후에 공의 아들 판서 계문이 집을 자못 높다랗게 지었다. 그것을 보고는 크게 놀라 당장 헐어서 고쳐 짓게 했다. 지금도 이 이야기는 하나의 미담으로 전해지고 있다.

뒤에 우리 아버님이 공의 옛 집에 사시면서 짚으로 이엉을 이었더니 지나는 사람들이 모두 웃으면서 너무 소박하고 누추하다고 했다. 이 말을 들으신 아버님이 대수롭지 않다는 듯이 말씀하셨다.

"그래도 우산에다 비하면 너무 사치스럽지 않은가?"

들은 사람들이 기뻐하고 또한 탄복했다. 내가 이에 대해서 아래와 같이 시를 지었다.

옛날 하정의 집터 성 밖 한 모퉁이에 있더니
오늘은 청백리 그 집터 나에게 전해졌네.
어찌하면 우산 하나로 이 세상 모두를 가릴꼬?
집 없고 헐벗은 사람들 찬비 맞을까 두렵네.

참판 조원기는 정암(靜菴) 선생의 숙부이다. 청렴결백하기로 유명해서 가선대부에 오르고 다시 자헌대부에 올랐다. 어느 날 중종이 의정부에 하교했다.

"조정의 신하들 가운데 젊어서부터 절개가 드러났을 뿐만 아니라, 노년에 이르기까지 변치 않아 여러 사람들의 존경을 받는 사람이 있으면 보고하라."

조정에서 조원기를 천거하자 곧 서열을 뛰어넘어 숭정대부로 올려서 이를 장려했다. 같은 시기에 판부(判府) 송흠이 성품이 맑고 생활이 검소하며 물욕이 없어 조원기와 함께 이름이 났었는데 그도 여러 번 승진하여 계급이 일품(一品)에 올랐으니, 나라에서 청백리를 장려하려는 뜻이 자못 컸다고 하겠다. 어떤 사람이 말하기를 송흠은 수학에 밝아서 지금 세상에 행해지는 〈명서(命書)〉가 그의 저술이라고 했다.

또 판서 이우직은 성품이 청렴해서 아무런 생업도 일삼지 않고 다만 술만 마셨다. 어떤 사람이 세상일에 대하여 말하면 "그게 나와 무슨 상관인가?"라고 대답할 뿐이었다. 정송강이 만사(輓詞)[1]를 짓기를, "세상사에 무관심한 나그네, 다만 술에만 관심이 있었네"라고 했다.

---

1) 죽은 사람을 위하여 지은 글. 만장(輓章)

원제_염결(廉潔)

고양이

서거정

정유년 하지날 저녁이었다. 비바람이 몰아쳐 사방은 어두워 칠흑 같은데, 나는 심화병을 앓아 자리에 누웠으나 편치 않아서 벽에 기대어 졸고 있었다. 그때였다. 문득 병풍과 휘장 사이에서 간간이 바스락거리는 소리가 났다. 고양이임에 틀림없었다. 내가 쓰는 평상 옆 어리 속에 병아리들이 있기에 걱정이 되어 아이를 불렀으나 녀석은 깊은 잠에 빠져 코를 골고 있었다.

가만히 생각해 보니 늙은 고양이란 놈이 사람이 잠든 틈을 타서 병아리를 잡아먹으려고 어금니를 갈고 주둥이를 벌름거리는 것이 틀림없었다. 나는 갑자기 지팡이를 들고 성을 내며 고양이를 향해 소리를 질렀다.

"고양이를 기르는 것은 쥐를 잡기 위해서이지 다른 것에 해를 입히려는 것이 아니지 않느냐? 그런데 너는 지금 너의 직분을 잊고 도리어 나쁜 짓을 하려 하니 마땅히 내가 너를 쳐서 없애버리고 말 것이다. 너를 아껴 무엇하겠는가?"

그때 갑자기 내 정강이를 스치며 지나가는 놈들이 있었는데, 두 마리 가운데 앞선 놈은 작고 뒤를 쫓는 놈은 컸다. 고양이가 쥐를 쫓는 것이 틀림없었다. 아이를 차서 깨워 촛불로 비춰보니, 쥐는 이미 잡혀 죽었고 고양이는 제 자리에 가서 누워 있는 것이 아닌가. 놀라운 일이 아닐 수 없었다. 고양이는 쥐를 잡아 그 직책을 다했건만 나는 그런 고양이를 의심했으니 자칫 큰일날 뻔했던 것이다.

생각하면 쥐란 놈은 동물 가운데서도 제일 천한 것으로, 털은 짧아 쓸모가 없고 고기는 더러워 제사상에도 올릴 수 없고, 뾰족한 수염에 사나운 눈, 대체 누가 저런 것을 창조했는지 딱한 일이 아닐 수 없다. 사는 모양만 봐도 한심하다. 똥 속에서 살다시피 하고 땅 속에 굴을 파니, 누가 그 놈의 굴을 빼앗고자 하겠는가. 담 밑으로만 돌아다니는 그 간사함이며, 사직단¹⁾은 사람들이 함부로 건드릴 수 없는 곳이라는 것을 알고 그것을 의지해서 굴을 파고 사는 그 간교함이야 더 말해 무엇하겠는가.

작은 배를 채우기가 어렵지도 않으련만 욕심은 어찌 골짜기처럼 깊으며, 주둥이가 긴 것도 아닌데 어찌해서 창보다 날카로운 것인지 알 수가 없다. 엿보기를 잘하여 낮에는 숨고 밤이면 나와 활동하면서, 나의 상자를 뚫고 나의 항아리와 동이에 든 것을 죄다 휘저어 놓으니, 나의 옷인들 온전할 수 있으며 나의 양식인들 남아날 수가 있겠는가.

누가 네가 가진 썩은 고기를 빼앗을까봐 성을 내며, 누가 너의 간을 삶겠는가. 무엇이고 던져서 너를 잡으려고 하다가도 옆에 있는 그릇을 깰까봐 못하고, 연기를 피워 잡을 수도 없다는 것을 너는 아는구나. 이리 뛰고 저리 뛰니, 하늘이 그 사악함을 미워하는구나. 그래서 〈시경〉에는 포악한 정치를 하는 자를 너에게 비유했고 〈춘추〉에는 쥐가 일으키는 재변에 대해 상세히도 적어 놓았구나.

이제 고양이가 너를 없애 주지 않았다면 어찌 되었겠는가. 내가 일찍이 〈예기〉를 읽으니 고양이를 잘 대접했는데, 그것은 농사를 잘 되게 하여 백성들에게 이롭기 때문이었다. 내가 고양이를 기르는 까닭도 역시 그 때문이다.

나와 잠자리를 함께 하고 나의 맛있는 음식도 나누어주니, 고양이는 자기를 알아주는 것에 감격해 기운을 뽐내고 용기를 떨치며, 재주와 기술을 발휘한다. "야옹" 하는 그 소리, 무섭게 노려보는 그 시선, 번개 치듯 달려가고 바람 불듯 빠른 동작, 쥐란 놈들 납작 엎드리기를 사람같이 하네. 산 놈을 움켜쥐고 달아나는 놈을 발로 치면서 앞을 가로막는가 하면, 바싹 쫓아서 핍박하면서 눈알을 뽑기도 하고 모가지를 자르기도 하고, 낭자하게 살을 찢고 간과 골을 땅에 바르며, 소굴을 소탕하여 씨까지 말리는구나.

이러니 한나라 반초(班超)[2)]처럼 고기를 먹을 수 있는 제후에 봉하거나 날마다 큰 벼슬아치처럼 융숭하게 대접해도 그 공을 보상하고 그

덕을 갚지 못하겠거늘, 왜 내가 의심을 해서 그런 잘못을 저질렀던가. 하마터면 너는 성실했기 때문에 도리어 해를 당할 뻔했고, 나는 의심했기 때문에 무고한 너를 죽일 뻔했구나. 내가 비록 병아리에게는 인자했으나 네게는 인자하지 못해 쥐의 원수를 갚아 주는 격이 될 뻔했구나.

아, 천하의 사리가 무궁하고 사람의 태도가 또한 한결같지 않아서, 의심하지 않을 것은 의심하고 정작 의심할 것은 의심하지 않으니, 의심하는 것과 의심하지 않는 것의 차이가 처음에는 터럭만하지만 나중에는 천 리만큼이나 되니, 이치를 따져서 헤아리지 않고 기분으로 헤아리고, 사실을 가지고 따지지 않고 비슷한 점만 가지고 판단하기 때문이다. 그러니 병아리와 쥐 때문에 고양이에게 의심을 품게 되고 말았구나.

아이놈을 불러 모두 받아 쓰게 하고, 다시는 그런 일이 없을 것을 스스로 맹세하는 바이다.

---

1) 임금이 백성을 위하여 토신(土神)과 곡신(穀神)을 제사하던 제단.
2) 중국 후한의 정치가. 명제·화제를 섬기고 서역을 정복하여 후한의 세력권을 파미르 고원 동서에까지 확장시켰다.

> **원제 _ 오원자부(烏圓子賦)**
> **서거정 _ (徐居正, 1420~1488)**
> 호는 사가정(四街亭). 세종 26년 문과에 급제하여 여섯 임금 아래에서, 병조 등 육조의 판서와 대제학을 거치면서 45년간 관직에 있었다. 문장이 뛰어났으며 〈동국여지승람〉과 〈경국대전〉의 편찬에 참여했다. 특히 우리나라의 역대 시문을 망라한 〈동문선〉의 편찬은 문학사상 큰 의의를 지닌다.

6 인식과 비판의 칼

이상한 관상쟁이 이야기

이규보

　옛날에 어떤 관상쟁이가 있었다. 그는 관상책을 보는 것도 아니고, 그렇다고 관상 보는 일반 규칙을 따르는 것도 아니면서, 이상한 관상술로 사람들의 관상을 봐 주었다. 그래서 그를 이상한 관상쟁이라 불렀다. 선비, 관리, 남녀노소 할 것 없이 모두가 앞을 다투어서 그를 부르거나 아니면 찾아가서 관상을 보았다. 그 관상쟁이는 부귀하여 몸이 뚱뚱하고 기름기가 흐르는 사람을 보고서는 이렇게 말했다.

　"당신은 매우 말라보이니 천한 족속이 되겠소."

　빈천하여 몸이 파리한 사람을 보고서는 또 이렇게 말했다.

　"당신은 비대해 보이니 귀한 족속이 되겠소."

　장님을 보고서는 이렇게 말했다.

　"눈이 밝겠소."

달리기를 잘하는 사람을 보고서는 이렇게 말했다.

"절름발이로 걷지 못할 상이오."

얼굴이 아름다운 부인을 보고서는 이렇게 말했다.

"아름답기도 하고 추하기도 한 상이오."

세상에서 너그럽고 인자하다는 사람을 보고서는 이렇게 말했다.

"여러 사람을 상심하게 할 상이오."

몹시 표독스러운 사람을 보고는 또 이렇게 말했다.

"모든 사람의 마음을 기쁘게 할 상이오."

그가 보는 관상이란 것이 대개 이런 식이었다. 재앙이나 복이 어디에서 오는지도 잘 말할 줄 모를 뿐만 아니라, 상대방의 외모와 행동을 모두 반대로 보는 것이었다. 그러자 많은 사람들이 그를 사기꾼이라 떠들어대며 잡아다가 그 거짓을 심문해야 한다고 했다.

나는 홀로 그것을 말리면서 말했다.

"대개 말 중에는 처음은 틀린 듯하지만 뒤에 가 보면 맞는 말도 있고, 겉으로 듣기에는 맞는 듯하지만 속으로는 맞지 않는 말도 있다. 저 사람도 역시 눈이 있는 사람인데, 어찌 비대한 사람, 수척한 사람, 눈먼 사람을 몰라서 비대한 사람을 수척하다 하고 수척한 사람을 비대하다 하며, 눈먼 사람을 눈이 밝은 사람이라 했겠는가? 예사 관상쟁이가 아닌 것이 틀림없다."

이에 목욕하고 의복을 단정히 입고서 그 관상쟁이가 사는 곳에 갔더니, 그는 곁에 있던 사람들을 모두 물리치고 이렇게 말했다.

"나는 여러 사람의 관상을 보았습니다."

"여러 사람이란 어떠한 사람들입니까?"

"부귀하면 교만하고 능멸하는 마음이 자랍니다. 죄가 충만하면 하늘이 반드시 망하게 할 것이니, 장차 알곡은커녕 쭉정이도 넉넉지 못할 시기가 올 것이므로 '수척하다' 한 것이고, 장차 영락하여 비천한 사람이 될 것이므로 '당신 가족들이 천하게 될 것이다'라고 한 것입니다.

빈천하면 뜻을 굽히고 자신을 낮추어 근심하고 두려워하여 마음을 닦고 자신을 살피게 됩니다. 막힌 운수가 다하면 트인 운세가 반드시 돌아오는 법이니, 육식할 징조가 이미 이르렀으므로 '비대하다'고 한 것이고, 장차 만 석의 봉록을 누릴 귀한 신분이 될 것이므로, '당신 가족이 귀하게 될 것이다'라고 한 것입니다.

요염한 여자가 있으면 쳐다보고 싶고, 진기한 보배를 보면 가지고 싶어하며, 사람을 미혹시키고 왜곡되게 하는 것이 눈입니다. 이로 말미암아 헤아리지 못할 욕을 받게까지 되니 이는 밝지 못한 자가 아니겠습니까? 오직 장님이라야 마음이 깨끗하여 아무런 욕심이 없고 몸을 보전하고 욕됨을 멀리하는 것이, 어진 사람이나 깨달은 사람보다 훨씬 낫습니다. 그래서 '밝은 자'라고 한 것입니다. 날래면 용맹을 좋아하고 용맹스러우면 대중을 깔보며, 마침내는 자객이 되기도 하고 간사한 무리의 수령이 되기도 합니다. 법관이 이를 가두고 옥졸이 이를 지키며 차꼬가 발에 채워지고 형틀이 목에 걸리면, 달리고자 해도 달릴 수 없습니다. 그래서 '절름발이라 걸을 수 없는 자가 될 것'이라 한 것입니다. 대개 색이란 음란한 자가 보면 구슬처럼 아름답고, 정직한 자가 보면 진흙처럼 추하므로, '아름답기도 하고 추하기도 하다'라고 한 것입니다. 또 인자한 사람이 죽을 때에는 사람들이 사모하여 마치 어린애가 어진 어머니를 잃은 것처럼 눈물을 흘립니다. 그래서 '모든 사람을 상심하게 할 것이다'라고 한 것입니다. 또 잔혹한 자가 죽으면 길에서도 마을에서도 노래를 부르며 양고기와 술로 서로 하례하고, 입이 찢어져라 웃는 사람도 있고 손바닥이 터져라 손뼉치는 사람도 있습니다. 그래서 '모든 사람을 기쁘게 할 것이다'라고 한 것입니다."

나는 깨닫고 일어서며 말했다.

"과연 내 말이 맞습니다. 당신은 대단한 관상쟁이입니다. 당신의 말은 마음속에 깊이 새겨둘 만합니다. 어찌 그 사람의 형색에 따라 귀한 상에 대해서는 '거북 등에 물소 뿔[1]이라' 칭찬하고, 악한 상에 대해서는, '벌의 눈에 늑대 소리[2]라' 하며, 나쁜 것은 숨기고 좋은 것은 과장해서 말하면서, 스스로 거룩한 체하고 스스로 신령스러운 체하는 그런 관상쟁이들과 비교할 수 있겠습니까?"

나는 물러나와서 그와 나눈 말을 적어 두는 바이다.

---

1) 귀문서각(龜文犀角). 견고하고 비싼 물건이므로 귀하게 될 관상이란 말.
2) 봉목시성(蜂目豺聲). 독하고 나쁜 사람의 관상을 좋게 이르는 말.

원제_이상자대(異相者對)

금남에 사는 어느 야인의 비판

정도전

담은(談隱) 선생이 금남에 살 때 일이다. 하루는 그곳에 사는 야인으로 '선비'란 말을 알지 못하는 사람이 선생을 만나러 와서 선생의 종자에게 이렇게 말했다.

"나는 야인이라 천하여 원대한 식견이 없으나, 들으니 위에 있으면서 나라의 정사를 돌보는 이를 경대부라 하고, 아래에 있으면서 밭을 가는 이를 농부라 하고, 기계를 만드는 이를 공인이라 하고, 물건을 사고 파는 이를 상인이라 합니다. 오직 선비라는 것이 무엇을 하는 사람인지 몰랐는데, 어느 날 우리 고을 사람들이 떠들썩하게 '선비가 왔다. 선비가 왔다' 하기에 알고 보니 바로 선생이었습니다. 선생은 무슨 업에 종사하고 계시기에 사람들이 선비라고 하는지 모르겠습니다."

종자가 대답했다.

"선생이 하시는 일은 광범위합니다. 그 학문의 범위로 말할 것 같으면 천지를 포괄하고 있으니, 음양의 변화와 오행의 분포와 일월성신이 밝게 비치는 것으로부터, 산과 강과 바다의 흐르고 솟음과, 초목의 성하고 시듦과, 귀신의 감정과 삶과 죽음의 이치까지 꿰뚫고 있습니다. 또 그 윤리를 밝힘에 있어서는 군신간에 의리가 있으며, 부자간에 은혜가 있으며, 부부간에 분별이 있으며, 어른과 젊은이 사이에는 차례가 있으며, 친구간에는 믿음이 있음을 알아서, 그를 공경하고 친애하고 분별하고 차례를 지키고 믿음을 갖게 합니다. 또 고금을 통달하여 처음 문자가 있을 때부터 지금에 이르도록 세도의 번성과 쇠퇴, 풍속의 좋은 점과 나쁜 점, 그리고 밝은 임금과 어두운 임금, 간신과 충신들의 언행의 잘잘못이며 예의와 음악과 형벌과 정치의 연혁과 득실이며, 현인 군자의 출처와 거취 등 그 대세의 방향이 바름과 그름에 대하여 꿰뚫어보지 않음이 없습니다. 그리고 성(性)이 천명(天命)에 근본을 두고 있음과, 인의예지(仁義禮智) 사단(四端)과 오륜(五倫), 그리고 만사 만물의 이치가 그 성 가운데에 통합되어 있지 않음이 없음을 알고 있으니, 이것은 불가에서 말하는 공(空)도 아닙니다. 또 도가 인간 생활의 떳떳한 것에 갖추어 있고, 천지의 모든 형체를 크게 포괄하고 있다는 것을 알고 있으니, 도가에서 말하는 무(無)도 아닙니다. 그래서 불교와 도교의 사특한 해로움을 분별하여 미래의 무지한 사람들의 의혹을 깨우쳐 주고, 시속의 공리설(功利說)을 꺾어 올바른 도의로 돌아가게 하십니다. 그러니 임금이 그를 등용하면 위가 편안하고 아래가 안

온하며, 자제가 그를 따르면 덕이 높아지고 학업이 향상될 것입니다. 만약 길이 막혀 때를 만나지 못하면 글로 써서 후세에 전합니다. 또 그 자신을 독실히 하는 데는 차라리 세속에서 비방을 받을지언정 성인의 가르침은 저버리지 못하며, 차라리 그 몸이 주려서 아주 곤경에 빠질 지언정 불의를 범하여 마음을 부끄럽게 하지 않습니다. 이것이 선비의 업이며 우리 선생님이 하고자 하시는 바입니다."

야인이 말했다.

"그 말은 사치스럽습니다. 너무 과장한 것이 아닙니까? 내가 우리 동네 어른에게 들으니, 그 실상이 없으면서 이름만 있으면 귀신도 미워하고, 비록 그 실상이 있더라도 스스로 밖에 드러내는 것은 남들이 싫어하는 바라고 했습니다. 그래서 자신이 어질다 자처하고 남을 대하면 남이 받아들이지 않고, 자신이 지혜롭다 자처하면서 남을 대하면 남이 도와주지 않습니다. 그러므로 군자는 이를 삼가는데 그대는 선생을 모시고 함께 지내면서 그 말이 이러하니 그 선생을 알 만합니다. 그는 귀신이 미워하지 않는다 하더라도 반드시 타인의 노여움을 살 것입니다. 아무래도 선생은 위태롭겠으니, 나는 화가 미칠까 두려워 그를 보기를 원치 않습니다."

그는 이렇게 말하고 소매를 휘저으며 가 버렸다.

원제 _ 금남야인 (錦南野人)
정도전 _ (鄭道傳, 1342~1498)
호는 삼봉(三峰). 이성계가 조선을 건국할 때 오른팔 역할을 하면서 국가 경영의 기틀을 마련했다. 척불숭유, 한양 천도, 한양 성곽 축성, 〈경국대전〉 저술, 〈고려사〉 편찬 등의 많은 업적을 남겼으나 왕자의 난 후 이방원에 의해 피살되었다. 문집으로 〈삼봉집〉이 있다.

파리를 조문하는 글

정약용

경오년 여름에 쉬파리가 말할 수 없이 들끓었다. 온 집안에 가득 차고, 바글바글 번식하여 산이나 골이나 쉬파리로 득실거렸다. 높다란 누각에서도 일찍이 얼어죽지 않더니, 술집과 떡집에 구름처럼 몰려와 윙윙거리는 소리가 우레와 같았다. 그러니 노인들은 탄식하며 괴변이 났다 하고, 소년들은 떨쳐 일어나 한바탕 때려잡을 궁리를 했다. 어떤 사람은 파리 통발을 놓아서 거기에 걸려 죽게 하기도 하고, 어떤 사람은 파리약을 놓아서 그 약기운에 어질어질할 때 모조리 없애 버리려고도 했다. 이런 광경을 보고 나는 말했다.

"아, 이것은 결코 죽여서는 안 된다. 왜냐하면 이것들은 분명 굶주려 죽은 백성들이 다시 태어난 몸이기 때문이다. 얼마나 기구한 삶이었던가? 애처롭게도 지난해에 염병이 돌게 되었고, 거기다가 또 가혹한 세금까지 뜯기고 보니, 굶어죽은 시체가 쌓여 길에 즐비하였고, 내다 버린 시체는 언덕을 덮었다. 수의도 관도 없이 내다 버린 시체에 훈훈한 바람이 불어 더운 김이 올라오자, 그 살과 살갗이 썩어 문드러져 오래된 추깃물[1]과 새 추깃물이 서로 괴어 엉겼다. 그것이 변해 구더기가 되니 냇가의 모래알보다도 만 배는 더 되었다. 이 많은 구더기들이 날개를 가진 파리가 되어 인가로 날아든 것이다. 그러니 이 쉬파리가 어찌 우리와 같은 무리가 아니겠는가? 너희들의 삶을 생각하면 눈물이 절로 난다. 그래서 밥도 짓고 안주도 장만하여 놓고 너희들을 널리 청하여 모이게 하니, 서로 기별해서 함께 먹도록 하여라."

그리고 다음과 같이 글을 지어 위로했다.

"파리야, 날아와서 음식상에 모여라. 수북이 담은 쌀밥에 국도 간 맞춰 끓여 놓았고, 술도 잘 익어 향기롭고, 국수와 만두도 곁들였으니, 어서 와서 너희들의 마른 목구멍을 적시고 너희들의 주린 창자를 채우라.

파리야, 훌쩍훌쩍 울지만 말고, 너희 부모와 처자식 모두 데리고 와서, 이제 한 번 실컷 포식하여 굶주렸던 한을 풀도록 하여라. 너희가 살던 옛집을 보니 쑥밭이 되어 추녀도 내려앉고 벽도 허물어지고 문짝도 기울었는데 밤에는 박쥐가 날고 낮에는 여우가 운다. 너희가 갈던 옛 밭을 보니 잡초만 무성하게 자랐다. 금년에는 비가 많이 와서 땅이 부드럽건만 마을에는 사람이 없어 잡초만 우거진 채 일구지를 못했구나.

파리야, 날아와 이 기름진 고깃덩이에 앉아라. 살찐 소의 다리를 끓는 물에 삶아내고, 초장에 파도 썰어 놓고 싱싱한 농어로 회도 쳐 놓았으니 너희들의 주린 배를 채우고 얼굴을 활짝 펴라. 그리고 또 도마에는 남은 고기가 있으니, 너희들의 무리에게도 먹여라.

　사람들의 시체를 보니 언덕 위에 이리저리 흐트러져 있는데, 옷도 걸치지 못한 채 거적에 싸여 있다. 장마 비는 내리고 날은 더워지니, 모두 이상한 것으로 변해서 꿈틀꿈틀 기어오르고 어지러이 꾸물거렸다. 그러더니 옆구리에 넘치고 콧구멍에까지 가득 차게 되었다. 이러다가 허물을 벗고 나와 답답한 구더기의 탈을 벗어버리고 파리가 되었다.

　길에는 시체들이 여기저기 뒹구니, 길가는 사람들이 소스라치게 놀란다. 그런데 갓난아이는 죽은 어미 가슴을 붙잡고 젖을 빨고 있다. 마을 사람들이 썩은 시체를 묻지 못하여 산에는 무덤이 없고, 그저 구덩이에 던져 넣고 마니 그 옆에 잡초만 무성하구나. 이리가 와서 뜯어먹으며 좋아서 이리 뛰고 저리 뛰고 하는데, 구멍이 숭숭 뚫린 해골만 어지러이 나뒹군다. 너희는 이미 날개가 돋아 날아가고 번데기 껍질만 남겨 놓았구나.

　파리야, 날아서 고을로 들어갈 생각은 하지 말아라. 굶주린 사람을 엄히 가려내는데 아전들이 붓대 잡고 앉아 그 얼굴을 살펴본다. 대나무처럼 빽빽이 늘어선 사람들 중에서 요행히 한 번 뽑힌다 해도 겨우 맹물처럼 멀건 죽 한 모금을 얻어 마시는 것이 고작이다. 그런데도 묵은 곡식에서 생긴 쌀벌레는 고을 창고에서 위아래로 어지러이 날아다닌다. 돼지처럼 살찐 것은 힘있는 아전들인데, 서로 짜고 공이 있다고 보고하면 상을 주었으면 주었지 책임을 묻는 일은 없다. 보리만 익으면 그나마 구휼하는 일을 끝내고 잔치를 베푼다. 종과 북을 치고 피리 불고 눈썹 고운 예쁜 기생들은 춤을 추며 돌아가고, 교태를 부리다가는 비단 부채로 얼굴을 가린다. 그런 속에 비록 풍성한 음식이 남아돌아도 너희들은 결코 처다볼 수도 없는 것이다.

파리야, 날아서 객사로 들어갈 생각일랑 말아라. 깃대와 창대가 삼엄하게 꽂혀 있다. 돼지고기, 쇠고기 국이 솥에 가득 부글부글 끓고 있고, 메추리 구이, 붕어지짐에 오리로 국 끓이고, 꽃무늬 조각한 중배끼[2] 약과도 차려 놓고, 실컷 먹고 즐기며 어루만지고 놀지만 커다란 부채를 휘두르는 통에 너희는 엿볼 수도 없다. 우두머리 아전이 주방에 들어와 음식을 살피는데, 입으로 숯불을 불어가며 냄비에 고기를 지져내고 수정과 맛이 훌륭하다고 칭찬이 자자한데, 호랑이 같은 문지기들 철통같이 막고 서서 너희들의 애원하는 소리는 들은 척도 않고 소란 피우지 말라고 호통친다. 수령은 안에 앉아 제 멋대로 판결한다. 역마를 달려 급히 보고하는데, 내용인즉 마을이 모두 편안하고 길에는 굶주려 수척한 사람 없으니 태평할 뿐 아무 걱정이 없다고 한다.

파리야, 날아와 다시 태어나지 말아라. 아무것도 모르는 지금 상태를 축하하라. 길이길이 모르는 채 그대로 지내거라. 사람은 죽어도 내야 할 세금은 남아 형제에게까지 미치게 되니, 유월 되면 벌써 세금 독촉하는 아전이 문을 걷어차는데, 그 소리가 사자의 울음소리 같아 산악을 뒤흔든다. 세금 낼 돈이 없다고 하면 가마솥도 빼앗아가고 송아지도 끌고가고 돼지도 끌고간다. 그러고도 부족하여 불쌍한 백성을 관가로 끌고 들어가 곤장으로 볼기를 친다. 그 매 맞고 돌아오면 힘이 빠지고 지쳐 염병에 걸려 풀이 쓰러지듯, 고기가 물크러지듯 죽어간다. 그렇지만 그 숱한 원한을 천지 사방에 호소할 데 없고, 백성이 모두 다 죽을 지경에 이르렀는데도 슬퍼할 수도 없다. 어진 이는 움츠려 있고 소인배들이 날뛰니, 봉황은 입을 다물고 까마귀가 울어대는 꼴이다.

파리야, 날아가려거든 북쪽으로 날아가거라. 북쪽으로 천 리를 날아 임금 계신 대궐로 들어가서 너희들의 충정을 호소하고 너희들의 그 지극한 슬픔을 펼쳐 보여라. 포악한 행위를 아뢰지 않고는 시비를 가릴 수 없는 것. 해와 달이 밝게 비쳐 빛이 찬란할 것이다. 정치를 잘하여 인(仁)을 베풀고, 천지 신명들께 아룀에 규(圭)³⁾를 쓰는 것이다. 천둥같이 울려 임금의 위엄을 떨치게 하면 곡식도 잘 익어 백성들의 굶주림도 없어지리라. 파리야, 그때에 날아서 남쪽으로 돌아오너라."

1) 시체에서 흐르는 물.
2) 밀가루를 꿀과 기름으로 반죽하여 네모지게 잘라 기름에 지져 만든 유밀과.
3) 왕후(王侯)가 천자를 뵈올 때나 제사지내는 의식에 예물로 쓰는 규벽(圭璧)으로, 대규(大圭), 환규(桓圭), 신규(信圭) 등이 있다.

원제_조승문(弔蠅文)

박쥐야, 박쥐야

서거정

조화가 무궁하여 만물이 생겼구나. 나는 놈 기는 놈, 숨은 놈 뛰는 놈, 큰 놈 작은 놈, 모두 각양각색이니 세상에는 같은 것이 하나도 없네.

날짐승만 해도 그 족속이 수백 가지. 봉황은 높은 산에 올라 덕을 보고 날아와 모이고, 곤(鯤)이란 고기와 붕(鵬)이란 새[1]는 회오리바람처럼 힘차게 일어나 순식간에 변하여 홀연히 모여든다네. 매와 솔개는 뭇 새를 쫓으니 그 화살같이 빠름이 사랑스럽고, 수리와 물수리는 하늘 높이 치솟으니 그 늠름한 모습이 사랑스럽구나.

제비는 봄과 가을이 바뀜을 알고, 기러기는 여름과 겨울을 따라 남과 북으로 왕래하고, 앵무새는 아름다운 깃털에 말까지 하니 구욕[2]새와 벗할 만하고, 까막까치는 때를 알아 기쁨을 알리니 부엉이와 솔개와 비교할 수 없구나.

펄펄 나는 저 박쥐야, 너는 대체 무엇이냐? 쥐의 몸에 새의 날개를 달았으니 그 형상이 참으로 괴이하구나. 낮에는 가만히 있다가 밤에만 나다니니 그 종적이 음침하여 참으로 실망스럽구나. 또 너는 어쩐 일로 아침 햇빛을 보고 숨으며, 밤의 어둠을 좇아 우쭐우쭐 뽐내느냐? 네 고기는 제사상에도 못 오르니 무슨 맛이 있겠으며, 깃털이 없으니 장식에 쓸 수도 없고, 발톱과 이빨은 있어도 아무 쓸모가 없구나. 그런데도 천지가 포용하여 너 같은 미물을 용서하니 이상하구나.

너는 자질이 뛰어난 것도 아니고 자태가 아름다운 것도 아니니, 무슨 화를 당하며 무슨 해를 입겠는가? 공중을 높이 나는 기러기와 고니도 그물에 걸리는 수가 있고, 멀리 나는 사나운 송골매도 노끈에 매이는 때가 있는데, 너만은 조용히 마음 내키는 대로 사니 정말로 우습구나.

내가 전에 쓸쓸히 홀로 지내며 밤마다 잠 못 이룰 때에, 귀뚜라미 슬피 울고 개구리 소란스럽게 울어대도 오히려 마음의 회포를 풀 수 있어 싫지 않고 귀에 거슬리지도 않았는데, 문득 네가 우는 소리를 한 번 들으면 성난 머리칼이 곤두서는구나. 네가 뭇 짐승들과 어울려 놀지 않고 숨어살며, 커다란 집에 몰래 의지해서 사는 것을 보면, 그 하는 짓이 괴이할 뿐만 아니라 속내조차 알 길이 없으니, 사람으로 치자면 소인배임에 틀림없겠구나.

그러나 천지에 온갖 동물들이 형형색색이어서, 어떤 놈은 꿈틀꿈틀 기어다니고, 어떤 놈은 어지럽게 날아다닌다. 이란 놈은 옷 솔기에 숨어살고, 초료³⁾새란 놈은 눈썹에 깃들이고, 파리란 놈은 혼란스럽기만 하다. 또 달팽이란 놈은 두 뿔이 엄청 긴데다 그 끝에 눈까지 달렸구나. 장자가 일찍이 그 두 뿔에 만(蠻)과 촉(觸)이란 나라가 있어 서로 싸워 시체가 백만이나 되었다⁴⁾고 했으니, 이는 깨달은 자의 눈으로 보면 인생이란 그처럼 보잘것없는 것임을 말하고자 함이다.

아무튼 이 모든 것이 천지가 만들어낸 자연으로, 크고 작음과 형(形)과 질(質)을 따져 차별을 둘 수가 없는 것. 이제 내 붓을 휘갈겨 글을 짓나니, 박쥐야, 내가 어찌 너를 책망할 수 있으랴?

1) 〈장자〉 소요유편에 의하면, 북해에 곤이라는 물고기가 사는데 그 등의 길이가 수천 리가 되고, 이것이 변하여 붕이란 새가 되는데 그 등의 길이가 또한 수천 리이고, 한 번 날면 9만 리를 난다고 한다. 상상의 동물.
2) 구관조. 때까치 비슷하며 몸은 검고 날개 밑에 흰 점이 있다.
3) 뱁새, 또는 굴뚝새.
4) 와각지쟁(蝸角之爭). 〈장자〉 잡편에 나오는 이야기로, 달팽이 왼편 뿔에 촉이란 나라가 있고 오른편 뿔에 만이란 나라가 있어, 가끔 국경 문제로 전쟁을 하는데 전쟁으로 죽은 시신이 수만 구에 이른다고 한다. 사소한 일로 다툰다는 뜻의 고사성어.

원제_ 편복부(蝙蝠賦)

쥐를 쫓는 주문

이규보

　평소 집에서 고양이를 기르지 않았더니 쥐떼들이 날로 극성을 부린다. 해서 그것들이 미워 꾸짖는 글을 짓는다.
　대개 사람의 가정에는 아버지와 어머니가 어른이 되고, 주변에서 이를 돕는데 각각 맡은 바가 있다. 음식 만드는 일을 맡은 자는 계집종이고, 마소 치는 일을 맡은 자는 사내종이며, 아래로 소, 말, 돼지, 개, 양, 닭과 같은 육축(六畜)에 이르기까지 맡은 일에 각기 구분이 있다. 말은 힘든 일을 대신 맡아 사람이나 짐을 싣고 달리며, 소는 무거운 짐을 끌거나 밭을 갈며, 닭은 울어서 새벽을 알리며, 개는 짖어서 문을 지키는 등 모두 맡은 직책으로 주인을 돕는다.
　그런데 너희 뭇 쥐들에게 묻는다. 너희는 맡은 일이 무엇인가? 누가 너희를 길러 주었으며 어디서 생겨나서 자라났는가? 구멍을 뚫고 도둑질하는 것은 오직 너희만이 하는 소행이다. 대개 도둑은 밖에서 들어오는 것이거늘 너희는 어찌 집안에 살면서 도리어 주인의 집에 해를 끼치는가? 구멍을 많이 뚫어 이리저리 들락날락하고, 어둠을 틈타 마구 쏘다녀 밤새도록 시끄럽게 하며, 잠이 들면 더욱 방자하고, 대낮에도 버젓이 다니며, 방에서 부엌으로, 마루에서 방으로 멋대로 다닌다. 부처에게 드린 음식과 신을 섬겨 바친 물품을 너희가 먼저 맛보니, 이는 신령을 능멸하고 부처를 무시하는 짓이로다.

단단한 것도 잘 뚫어 상자나 궤 속에 잘 들어가고, 굴뚝을 뚫어 구석에서 연기가 나게 한다. 마시기도 하고 먹기도 하니 이는 도둑의 짓이다. 너희도 배를 채우기 위한 것일진대, 어찌하여 옷을 쏠아 터지게 하여 입지 못하게 하며, 실을 쏠아 베를 짜지 못하게 하는가?

너희를 막는 것은 고양이다. 내가 고양이를 기르지 않는 것은 성품이 본래 어질어 차마 그렇게 할 수 없어서이다. 만약 나의 진심을 알아주지 않고 날뛰어 해로운 짓을 계속하면 너희를 응징하여 후회하게 할 것이다. 빨리 나의 집을 떠나라. 그렇지 않으면 사나운 고양이를 풀어서 하루아침에 너희 족속을 죽여 고양이의 입술에 너희 기름을 칠하게 하고, 고양이의 뱃속에 너희 살을 장사지내게 할 것이다. 그때에는 비록 살아보려 하여도 다시 살아날 수 없을 것이니 속히 떠나거라. 속히 떠나거라. 율령을 따르듯이 급히 가거라.

원제_주서문(呪鼠文)

나의 작은 채소밭

이곡

내가 송도 복전방에 있는 집에 세를 들었을 때의 일이다. 옆에 빈터가 있기에 갈아서 작은 채소밭을 만들었다. 한쪽이 두 길 반쯤 되고, 다른 쪽은 그것의 3분의 1쯤 되었다. 가로로 여덟이나 아홉 정도의 두둑을 만들어 채소 몇 가지를 제철에 맞추어 번갈아 심었더니, 부족한 찬거리에 보탬이 되었다.

첫해에는 비와 햇볕이 순조로워 아침에 씨앗이 터지고 저녁에 떡잎이 나와서 잎은 윤택해지고 뿌리는 살져 아침마다 캐내도 다함이 없었다. 먹고 남는 것들은 이웃 사람에게 고루 나눠주었다. 이듬해에는 봄과 여름 동안 가물어서 동이로 물을 길어다가 부어줘도 마치 밭이 불에 타는 것 같았다.

심은 것은 싹이 트지 않고 더러 싹이 튼 것이 있다 해도 물기가 잎사

귀까지 이르지 못했고, 어쩌다가 잎이 난 것은 축 늘어져서 벌레가 다 먹어 버리니, 뿌리조차 먹을 수가 없었다. 게다가 얼마 뒤에 장마가 져서 늦가을에야 그치니 그나마 흙탕물에 잠기고 진흙에 뒤덮이거나, 아니면 담 밑이 가라앉는 바람에 흙에 짓눌려서 지난해에 비해 겨우 반밖에 되지 않았다.

삼 년 되는 해에는 처음에는 가물다가 뒤늦게 비가 내렸는데, 가뭄과 장마가 모두 심하여 거두어 먹을 수 있는 것이 또 첫해의 반의 반이었다.

내가 진작 작은 것으로 큰 것을 헤아리고, 가까운 것으로 먼 것을 추측해 볼 때, 천하 농사가 반 가까이 줄었을 것이라고 생각했다. 과연 그해 가을에 흉년이 들어 겨울에 먹을 양식이 떨어지니 강남과 강북의 백성 중에 흩어져 떠도는 자가 많았고, 도둑과 강도가 날뛰어서 군사를 출동시켜 잡아 죽였으나 완전히 근절할 수는 없었다.

봄이 되어 주린 백성들이 서울에 구름처럼 모여들어 도성 안팎에서 울부짖으며 구걸하다가 죽어 넘어진 시체가 서로 베개 베듯이 널려 있었다.

조정의 근심과 노력은 물론 담당자들도 이리저리 뛰며 구제하기를 이곳 저곳 이르지 않은 곳이 없었고 창고를 열어 백성을 구하고 죽을 쑤어 먹였는데도 죽는 자가 반이 넘었다. 이 때문에 물가가 천정부지로 뛰었다.

금년에 또 늦봄부터 하지 때까지 비가 오지 않아서 심은 채소를 보니 지난해와 같았다. 이제부터라도 비가 오면 다행이지만 그것은 알 수 없는 일이다.

듣자니, 재상이 친히 절에 나아가서 비를 내려 달라고 빈다고 한다. 틀림없이 비가 오긴 오겠지만 나의 작은 채소밭은 이미 글러 버리고 말았다.

집 밖에 나가지 않고도 천하를 안다는 말이 참으로 거짓말이 아니로구나.

때는 을유년 5월 17일이다.

원제_소포기(小圃記)
이곡_(李穀, 1298~1351)
고려 시대의 학자. 호는 가정(稼亭). 이색의 아버지. 죽부인을 의인화한 '죽부인전' 이 〈동문선(東文選)〉에 전한다.

밀양 향교 여러분께

김종직

어느덧 철이 바뀌어 여름이 되었습니다.

만물이 번성하는 이때, 여러분 모두 안녕하시며, 최선생께서도 별고 없으신지요. 저는 상복을 벗었습니다만 곧 흉년을 당하여 가족을 이끌고 이곳 김해로 오게 되었습니다.

생각 같아서는 그곳으로 가서 여러분들과 함께 경서와 현재의 제도에 대해서 연구하면서, 향교로서 떨어뜨려서는 안 될 기강을 세워 오래도록 지키게 하고자 하였으나 그렇게 하지 못한 것이 지금도 늘 마음에 걸립니다.

요즈음 외람되이 임금님의 은총을 입어 시강(侍講)의 자리에 있었으나, 불행하게도 병을 얻어 조정에 사직서를 냈으니, 이제 병이 낫고 몸도 또한 한가해지면 조만간 배를 빌려 타고 그곳으로 돌아갈까 합니다. 그렇게 되면 전에 세웠던 계획들을 이룰 수 있지 않을까 생각됩니다.

생각해 보면 요사이 시골 풍속이 점점 경박해지고 조정에서 베푸는 교화가 일반 서민들에게까지 미치지 못하는데, 그 병폐의 원인이 향교의 사명인 학문 연구가 밝게 행해지지 못하는 데 있는 것 같습니다.

학문 연구가 철저하고 확실하다면 효제충신(孝悌忠信)의 교화가 마을 구석구석까지 미쳐서 그 훈훈한 기운에 일단 젖으면 아무도 혼자서는 그것을 거역할 수 없게 될 것입니다.

그리고 그로 인해서 오륜(五倫)은 질서를 얻을 것이며, 모든 사람들은 자기의 생업에 편안히 종사하게 될 것입니다. 집집에 효자 충신이 나서 모두 표창할 만했다는 요순 시대의 미풍양속이 이로써 이루어질 것입니다.

이렇게 볼 때 한 고을이 잘 다스려지고 못 다스려지는 것은 모두 향교에 의해 결정되는 것이라 생각됩니다. 그리고 이것은 한 고을에 국한되는 문제가 아니라고 생각합니다. 비록 천하가 넓다고 해도 이런 이치는 마찬가지일 것입니다.

밀양은 역사가 오래된 고장입니다. 산과 내의 형세가 맑고 웅장하며, 또한 오묘하고 그윽하며, 땅이 기름지고 인구가 번성합니다. 게다가 산에서는 닥나무와 옻칠과 곰의 쓸개와 호랑이 가죽을 얻을 수 있고, 또한 무쇠와 석재와 화살대가 납니다. 강에서는 부들과 고둥과 마름과 가시연이 나며 물고기와 자라와 물억새와 갈대가 생산됩니다.

그래서 장사꾼들이 사방에서 모여들기 때문에 동남쪽에 있는 큰 도회지라 해도 손색이 없을 것입니다. 백성들도 역시 농사짓기와 누에 치는 일에 부지런하고 조세와 부역에도 즐겨 응하니, 윗사람이 진실로 인의로써 인도한다면 교화시키기도 수월하고 부리기도 또한 쉬울 것입니다.

전대 왕조의 중엽에 왕권이 해이해져서 고을의 불평분자인 방보나 계년 같은 무리가 일반 백성들을 선동해서 진도의 도적과 내통하고 몰려다니다가 얼마 못 가서 스스로 무너지고 말았습니다. 세상 사람들은 이 일로 해서 우리 고을의 풍속을 나쁘게 평하였고, 후일에 나온 〈관풍록(觀風錄)〉이나 〈지리지(地理誌)〉에도 모두 우리 고을 백성들은 싸우기를 좋아한다고 하여 오늘에 이르기까지 고을과 고을 사람들 모두에게 치욕이 되고 있습니다.

아, 제나라나 노나라는 모두 현자의 나라로 공자와 맹자의 가르침이 보존되었으나, 세월이 지나는 동안에 간사한 놈과 큰 도적이 그 나라에 웅거하여 난을 일으킨 일이 많았습니다. 그러나 중국 사람들은 그 일을 가지고 그 고장까지 헐뜯지는 않았습니다. 오히려 예의 바른 나라를 꼽을 때면 반드시 이 두 나라를 으뜸으로 삼고 있습니다.

그런데 우리나라는 한낱 방보와 계년 같은 자의 반란 때문에 우리 고을을 나쁘게 평하니, 백 년이 지난 오늘에도 여전히 그 오명을 감수해야 하는 것인지 참으로 안타까운 노릇입니다. 〈관풍록〉과 〈지리지〉의 저자가 그 사람됨이 너그럽지 못하여, 사람들이 개과천선하려는 길을 열어 주지 못했음을 슬퍼하는 바입니다.

 대개 땅은 옛날과 지금이 다름이 없으나 사람은 옛 사람과 지금 사람이 같지 않으니, 그릇된 것을 돌이켜 올바르게 하고자 하는데 어찌 기회가 없겠습니까. 그렇게 본다면 그 모든 책임이 향교에 있는 것이 아니겠습니까.

 지금 임금님의 높으신 덕이 위에 계시어 문치가 바야흐로 융성한데, 여러분은 모두 빼어난 선비들로서 농촌에서 뽑혀 선비의 옷을 입고 선한 덕을 앞장서서 이끄는 입장에 있으니, 마땅히 위로 인재를 육성하는 은혜를 체득하고, 아래로는 민심을 옳은 곳으로 나아가게 하는 방법을 생각하며, 효제충신의 도리를 밝혀서 고을에 제창하여 어리석은 무리들을 계발하고 지난날의 오명을 씻어 버리는 것이 그 임무일 것입니다.

 그런데 요사이 학문의 규례가 쇠퇴해서 장유의 질서가 무시되고, 신구의 차례가 없으며, 거문고를 타고 시를 읊는 소리는 끊어지고, 교만하고 음탕한 풍기만이 서로 도와서 매번 조정을 비방하고 친구끼리 무고하니 그 행위가 보잘것없는 사람들조차 부끄러워할 일입니다. 진실로 이와 같이 하여 향교가 스스로 그 미풍양속을 무너뜨리고 있는 것이니, 어찌 온 고을이 보고 감화를 입어 다시 일어나기를 바랄 수 있겠습니까.

 또 들으니, 향교 선비들이 저마다 기방의 창녀들을 차지함은 물론, 몸을 깨끗이 해야 할 재사(齋舍)에서 잠을 자는가 하면, 혹 서로 몰래 여자를 빼내 가는 일까지 있다고 들었습니다. 또 석전제(釋奠祭)[1]를 지내고 음복할 때라든가 스승과 어른들께 헌수할 때나 잔치를 벌이는 날에도, 명륜당 위에서 기생들에게 노래 부르게 하고 유생들까지 뒤섞여서 음탕한 노래와 춤을 추는 것은 물론이고, 저속한 익살과 온갖 추태를 부리며 밤으로 낮을 삼는다 합니다. 스승의 자리에 있는 사람이 마땅히 이를 나무라야 하는데도 도덕의 불감증에 걸려서인지 두려워할 줄 모를 뿐만 아니라 오히려 함께 술주정을 하며, 심지어 옷을 벗는 자도 간혹 있다고 하니 슬픈 일입니다.

이것이 풍교(風敎)를 해치는 하나의 큰 폐단입니다. 대개 재(齋)라는 것은 몸을 단속한다는 뜻이요, 명륜(明倫)이라는 것은 인간이 지켜야 할 도리를 밝힌다는 뜻이니, 이름을 무의미하게 지은 것이 아닌데도 불구하고 지금 음란한 행동을 하며 노래하고 춤을 추는 곳으로 만들어 버리니 너무 무엄한 일이 아니겠습니까.

선왕은 이렇게 말했습니다.

"나이 열세 살이 되면 음악을 배우고 시를 외며 주공이 제정한 작(勺) 춤을 추며, 열다섯 살이 되면 상(象) 춤을 추며, 스무 살이 되면 하나라 우왕이 만든 대하(大夏) 춤을 추며, 봄과 여름에는 예악을 배운다."

이는 모두 몸과 마음을 단속하고 사람으로서 지켜야 할 도리를 밝힌다는 뜻이지 어찌 세속의 남녀가 서로 즐겨서 마치 짐승과 같이 하는 것을 낙으로 삼게 하려는 뜻이었겠습니까.

더구나 공자께서는 안연이 "나라를 어떻게 다스려야 합니까?" 하고 묻자 "음탕한 음악을 내치라"고 하지 않았습니까? 그러니 석전제 날에 정나라나 위나라의 음란한 음악을 공자의 사당 곁에서 연주하게 해서야 되겠습니까.

학문 연구가 밝지 못했다는 사실을 이것을 통해서 알 수 있습니다. 나는 우리 마을의 학식이 높은 사람과 이 문제에 대해서 이야기를 하다가 아닌 게 아니라 가슴에 분이 치밀어서 말했습니다.

"한 고을의 풍속을 비록 졸지에 고칠 수는 없지만 향교의 나쁜 습속이야 어찌 차마 그대로 둘 수 있겠는가?"

옛날 당나라 태학생 하번이 주자의 난을 당하자 의연히 육관(六館)의 선비들을 꾸짖어 반역자를 따르지 못하게 했는데, 나중에 한퇴지가 그의 용기를 칭찬했습니다. 또 옛 말에 이르기를, 활을 잘 쏘는 사람이 한 명만 있어도 백 명이 활 쏠 때 쓰는 깍지를 준비한다고 했으니, 이는 좋은 일에는 본받는 자가 절로 많아진다는 것을 말한 것입니다.

지금 여러분 가운데 진실로 전날의 잘못을 깨닫고 좋지 못한 풍습에서 떨쳐 일어나 그 품행을 바로잡고 성리학을 연구하고 친구들과 마을 사람들을 권유한다면, 그것이 곧 오늘의 하번이요 오늘의 활 잘 쏘는 사람일 것입니다.

향교의 선비들이 모두 좇아서 다투어 활 쏠 때 쓰는 깍지를 준비하게 될지 어찌 알며, 또 한 고을 사람들이 감화되어 모두 효제충신에 힘쓸지 어찌 알겠습니까. 사람이 지켜야 할 떳떳한 도리는 예로부터 없어지지 않으며, 변화의 묘한 이치는 형체를 따르는 그림자나 어떤 소리에 따라 울리는 메아리보다도 빠른 것이니, 여러분은 스스로 부족하다고 생각하지 말고 힘을 내서 노력해야 할 것입니다.

어떤 사람이 말했습니다.

"임금의 명을 받아 정치로 백성을 다스려 교화시키는 것은 원님의 직책이요, 학문을 강론하고 도를 밝히는 것은 교관의 임무입니다. 당신은 그런 책임도 없는데 수다스럽게 말하는 것이 비록 부지런하기는 하지만 무슨 도움이 되겠습니까?"

이에 내가 대답했습니다.

"원님이나 교관이 아무리 잘 다스리고 잘 교화시킨다고 해도 그 임기가 얼마 오래지 못하기 때문에 그 시행 기간이 짧을 뿐만 아니라, 비록 전에 잘한 일이 있었더라도 나중에까지 계승되는 경우가 드뭅니다. 그러나 나는 이 고을의 어른이요 선배 유학자로서 매년 여러 사람들과 함께 봄과 가을로 활쏘기 대회와 유생들이 모여 향약을 읽고 베푸는 잔치며, 노인들을 공양하는 의례에서 일을 주선하고 읍양(揖讓)[2]의 예를 할 수 있습니다.

그렇다면 관 뚜껑이 덮이기 전까지는 나는 모든 선비들이 착한 일을 하도록 권할 수 있는 것이니, 사람이 아니라면 모르겠지만 터럭만큼이라도 인의(仁義)의 마음이 있는 사람이라면 한 번 두 번 아니면 세 번씩 타이르는 동안에 어찌 삼가고 두려워하여 한결같이 따르지 않겠습니까?"

그 사람이 듣고는, "당신 말이 그럴 듯하다"고 했습니다. 그래서 이렇게 적어 알리는 것이니 여러분은 이 점 양지하시기 바랍니다.

1) 공자를 제사지내는 의식. 음력 2월과 8월 첫번째 정일(丁日)에 거행한다.
2) 예를 다하여 사양함.

원제_여밀양향교제자서(與密陽鄕校諸子書)

선비 정신

신 흠

    선비란 탁월한 능력을 지닌 이로, 나라에 유용하게 쓰이기를 기다리는 사람을 말한다. 그래서 선비는 늘 뜻을 고상하게 하며, 배움을 돈독하게 하고, 예절을 밝히며, 의롭게 행동한다. 뿐만 아니라 선비는 성품이 고결하며, 탐욕이 없고, 부끄러움을 아는 사람이다. 그런데 세상에는 이런 선비가 드물다.

    선비로서의 품행을 닦은 사람을 유(儒)라고 하는데, 공자께서 말씀하신 유행(儒行)이란 바로 이것이다. 옛날의 유생들은 둥근 관을 써 하늘을 본받고, 모난 신을 신어 땅을 본받고, 구슬을 몸에 지녀 옥의 단단함을 본받고자 했다. 그리고 무슨 일이든 반드시 법도에 맞게 행하고자 했다. 공자와 맹자의 저작과 주염계(周濂溪)[1]와 이정(二程)[2] 등의 저술을 읽는 것은 물론이다.

그런데 선비들 가운데는, 전국 시대 제나라 때 담론을 잘하던 사람들처럼 호방한 변론에 탐닉하기도 하고, 모나게 굴지 않으며, 그렇다고 해서 정직하지도 않고, 예의범절에 매이지 않으며, 방종하게 구는 자도 있다. 이들은 시(詩)·서(書)·예(禮)·악(樂)을 따르지 않고 괴변을 떠들면서 즐겁게 지내기도 한다. 그러나 물욕에 빠지는 일이 없고, 세속에 물들지 않으며, 또 남에게 간섭받기도 싫어한다. 이들은 선비들 중에서 좀 거친 자들이다. 이것으로 대개 선비의 기풍이란 어떤 것인지 알 수 있을 것이다.

그런데 요새 세상에서 선비라고 뽐내는 자들을 보면 과연 어떠한가? 숭상하는 것은 권세이고, 힘쓰는 것은 이익과 명예이며, 밝게 아는 것은 시대의 유행이고, 좋아하는 것은 담론이고, 자랑스럽게 여기는 것은 겉치레이고, 잘하는 것이라고는 오직 경쟁뿐이다. 이 여섯 가지를 가지고서 권력 있는 자의 문 앞에서 그 사람의 취향이 무엇인지 엿보고, 그의 뜻이 어디에 있는지를 탐색하다가, 그 사람이 어쩌다 아는 체라도 해주면 흐뭇해서 우쭐대고, 그러다가 따뜻한 입김이라도 쏘이게 되면 소곤거리며 서로 축하한다.

이런 사람을 선비라고 한다면 눈과 귀가 달린 이 치고 선비가 아닌 자가 없을 것이고, 이런 사람을 선비라고 하지 않는다면 나라 안을 다 뒤져도 선비는 한 사람도 없을 것이다. 쇠꼬챙이로 무덤을 쑤시는 도굴꾼이 끼치는 피해는 한 구의 마른 시신에만 미치지만, 갓끈을 드리우고 옷을 차려 입고, 손뼉을 치고, 시속(時俗)을 좇아가는 자가 끼치는 피해는 윤리 도덕뿐만 아니라 온 세상에까지 미칠 것이니, 권세를 좇는 자의 추태는 무덤을 파는 도굴꾼의 그것보다 더 볼썽사나운 것이다.

이러한 선비를 선발하고 등용해서 학사를 삼기도 하고, 간관(諫官)을 삼기도 하며, 공경(公卿)을 삼기도 한다. 이런 자들은 몸이 귀하게 될수록 욕심은 불어나고, 지위가 높아질수록 기세가 등등해질 것이다. 이렇게 되면 자연 나라는 날로 위축될 것이고 임금은 날마다 외로워질 것이다.

지금 저 조그만 시골 움막에서 삼베옷에 짚신을 끌며 스스로를 아끼며 사는 하찮은 사람도 벗을 사귀려 하면, 먼저 그 사람이 어진지 어떤지 여부를 따져서 어질면 취하고 아니면 버리는 법인데, 하물며 한 나라로서 모든 사람들이 다 추하다고 여기는 자를 뽑아서 높은 자리에 앉혀 놓고 막중한 국사를 함께 의논해서야 되겠는가. 한나라 말엽에 태학생(太學生)이 3만여 명이었는데, 모두 이응(李膺)[3]과 두밀(杜密) 같은 사람들이었으니, 선비가 이때보다 더 성한 때는 없었다. 그런데 당시 집권자들은 선비들이 정치를 비방하고 풍속을 어지럽힌다고 지목했다. 마침내 어리석은 영제를 속여서 이번에는 그들이 반역을 꾀한다고 지목하여 가두고 추방하다가 나중에는 남김없이 잡아 죽여 버렸던 것이다. 그리고 선비라고 일컫고 또 선비로 대접한 자는 홍도문 밖에 사는 보잘것없는 자들뿐이었으니, 이것을 가지고 옥석을 가렸다고 할 수 있겠는가.

선비가 행실을 고치지 않으면 나라가 제대로 다스려질 수 없다. 선비가 행실을 고치게 하려면 정사를 바로잡아야 하는데, 정사를 바로잡는 것은 어려운 것이 아니다. 떳떳한 정치를 베풀면 된다. 변함없는 떳떳함이란 상도이고 이것은 하늘로부터 나온다. 그러니 인위적으로 천리를 바꾸지만 않는다면 천륜이 서고, 천륜이 서면 따라서 사람의 기강도 서는 것이다.

그러면 사람의 기강이란 무엇인가? 그것은 곧 효와 제(悌)이다. 다시 말하면 효도와 공손함이다. 효의 도가 서면 백성들이 모두 효도하게 되고, 공손함의 도가 서면 백성이 모두 공손하게 된다. 효도하고 공손하면 어진 이를 받들게 되고, 어진 이를 받들게 되면 풍속이 아름답게 된다. 아무리 추악한 선비라고 한들 어떻게 감히 임금의 교화를 등지고 떳떳한 도리를 배반하는 사람이 되고자 하겠는가.

1) 중국 북송의 유학자 주돈이. 호가 염계(濂溪). 송학의 시조로 일컬어진다. 〈태극도설(太極圖說)〉과 〈통서(通書)〉를 저술. 종래의 인생관에 우주관을 통합하고 거기에 일관된 원리를 수립했다. 〈애련설〉로 잘 알려졌다.
2) 중국 송나라의 두 유학자인 정호와 정이 형제를 말한다.
3) 후한 때 양성 사람. 자는 원례(元禮), 영제 때 당고를 만나 피살되었다.

원제_사습편(士習篇)

7 옛법을 다시 쓰니

꽃으로 왕을 깨우치다

설 총

　신이 듣자오니, 옛날 화왕(花王)[1]이 처음 이곳에 이르자 향기로운 동산에 심고 푸른 장막으로 둘러 보호했더니, 늦봄을 맞아 곱게 피어나 온갖 꽃들 가운데 단연코 빼어났다고 합니다. 그러자 가깝고 먼 곳에서 요염하고도 아리따운 꽃들이 모두 달려와서 화왕을 뵙고자 했답니다.

　그들 가운데 한 아리따운 아가씨가 발그스름한 볼에 하얀 이빨을 드러내어 웃으며 고운 옷차림에 아름답게 단장하고 간들간들 화왕 앞에 걸어와서 아뢰었습니다.

　"저는 눈처럼 하얀 백사장을 밟고, 거울처럼 맑은 바다를 마주보면서, 봄비에 목욕하여 때를 씻고, 맑은 바람을 쏘이며 노닙니다. 저의 이름은 장미라 하옵는데, 대왕의 어지신 덕망을 듣사옵고, 저 향기 나는 휘장 속 잠자리에서 모시고자 하오니, 대왕께서 저를 받아들여 주시겠사옵니까?"

그때 또 어떤 사내가 베옷에 가죽띠를 띠고, 백발에 지팡이를 짚고 비틀거리는 걸음으로 굽실굽실 걸어오더니 화왕께 아뢰었습니다.

"저는 서울 밖 한길 가에 살고 있사옵니다. 아래로는 아득히 펼쳐진 들판의 경치를 굽어보고, 위로는 높이 솟은 산의 경치를 의지하고 있습니다. 저의 이름은 백두옹(白頭翁)[2]이라 하옵니다. 가만히 생각하건대, 대왕께서는 좌우의 공궤(供饋)[3]가 넉넉하여 비록 기름진 쌀과 고기로 배를 채우고 좋은 차와 술로 정신을 맑게 하시며 장롱 속에 의복을 그득히 쌓아 두었다 하더라도, 좋은 약으로 기운을 돋우시고 독한 약으로 병독을 없애야 합니다. 그러므로 옛말에, '실과 삼으로 짠 좋은 옷감이 있더라도, 솔새[4]와 기름사초[5] 같은 풀도 버리지 말아야 모든 사람들이 아쉬운 것이 없다' 했습니다. 대왕의 뜻은 어떠하신지요?"

그때 어떤 신하가 아뢰었습니다.

"두 사람이 이렇게 함께 왔는데, 누구를 두고 누구를 보내시겠습니까?"

화왕은 이렇게 말했습니다.

"저 영감의 말도 일리가 있지만, 예쁜 여자는 얻기 어려운 것이니, 장차 어떻게 했으면 좋겠는가?"

그러자 노인이 앞으로 나아가 아뢰었습니다.

"저는 대왕이 총명하여 의리를 좋아하는 분으로 알고 왔더니, 이제 보니 아닙니다. 대체로 임금 된 사람치고 간사하고 아첨하는 자를 좋아하고, 곧고 올바른 자를 싫어하지 않는 이가 드물었기 때문에, 맹자는 임금의 인정을 받지 못하고 일생을 마쳤고, 풍당(馮唐)은 시시한 낭중이란 말단 벼슬로 머리가 희어졌습니다. 예로부터 이러하니, 낸들 어쩌겠습니까."

그러자 화왕은 곧 사과했습니다.

"내가 잘못했다. 내가 잘못했다."

1) 모란을 이르는 말. 모란은 화중왕, 연꽃은 화중군자, 국화는 화중은일자라고 한다.
2) 할미꽃.
3) 음식을 대접함.
4) 한국 중부 이남에 분포하는 다년초로 뿌리는 솔을 만들고 줄기와 잎으로는 지붕을 인다.
5) 사초과에 속하는 물풀의 하나. 줄기의 섬유로 자리 같은 것을 짠다.

원제_ 풍왕서(諷王書)
설총 (薛聰, 680년경)
호는 빙월당(氷月堂). 신문왕 때 사람. 이두문을 집대성했으며 신라 10현의 한 사람으로 국학에 들어가 학생들을 가르쳤다. 고려 현종 때 홍유후(弘儒侯)에 봉해졌다.

규정기

조 위

내가 의주로 귀양 간 이듬해 여름이었다. 세든 집이 낮고 좁아서 덥고 답답함을 참을 수가 없었다. 그래서 채소밭에서 좀 높고 바람이 잘 통하는 곳을 골라 서까래 몇 개로 정자를 얽고 띠로 지붕을 덮어놓으니, 대여섯 사람은 앉을 만했다. 옆집과 나란히 붙어서 몇 자도 떨어지지 않았다. 채소밭이라고 해야 폭이 겨우 여덟 발인데, 단지 해바라기 수십 포기가 푸른 줄기에 부드러운 잎을 훈풍에 나부끼고 있을 뿐이었다. 그걸 보고 이름을 규정(葵亭)이라고 했다.

손님 가운데 나에게 묻는 이가 있었다.

"저 해바라기는 식물 가운데 보잘것없는 것입니다. 옛날 사람들은 여러 가지 풀이나 나무, 또는 꽃 가운데서 어떤 이는 그 특별한 풍치를 높이 사기도 하고, 어떤 이는 그 향기를 높이 치기도 하였습니다. 그래서 많은 이들이 소나무, 대나무, 매화, 국화, 난이나 혜초로 자기가 사는 집의 이름을 지었지, 이처럼 하찮은 식물로 이름을 지었다는 말은 아직까지 들어 보지 못했습니다. 당신은 해바라기에서 무엇을 높이 사신 것입니까? 이에 대한 말씀이 있으십니까?"

내가 그 말에 이렇게 대답했다.

"사물이 한결같지 않은 것은 그리 타고나서 그런 것입니다. 귀하고 천하고 가볍고 무겁고 하여 만의 하나도 같은 것이 없습니다. 저 해바라기는 식물 가운데 연약하고 보잘것이 없는 것입니다. 사람에 비유하면 더럽고 변변치 못하여 이보다 못한 것이 없는 것과 같습니다. 소나무, 대나무, 매화, 국화, 난초, 혜초는 식물 가운데 굳고도 세어서 특별한 풍치가 있거나 향기를 지닌 것들입니다. 사람에 비유하면 무리에서 뛰어나며, 세상에 우뚝 홀로 서서 명성과 덕망이 우뚝한 것과 같습니다.

내가 지금 황량하고 머나먼 적막한 바닷가로 쫓겨나서, 사람들은 천히 여겨 사람 대접을 하지 않고, 식물도 나를 서먹서먹하게 내치는 형편입니다. 내가 소나무나 대나무 같은 것으로 나의 정자 이름을 짓고자 한다 해도, 또한 그 식물들의 수치가 되고 사람들의 비웃음거리가 되지 않겠습니까?

버림받은 사람으로서 천한 식물로 짝하고, 먼 데서 찾지 않고 가까운 데서 취했으니 이것이 나의 뜻입니다. 또 내가 들으니 천하에 버릴 물건도 없고 버릴 재주도 없다고 합니다. 그래서 어저귀나 삽바퀴, 무나 배추 같은 하찮은 것들도 옛 사람들은 모두 버려서는 안 된다고 했습니다. 거기다 해바라기는 두 가지 훌륭한 점을 가지고 있습니다. 해바라기는 능히 해를 향하여 그 빛을 따라 기울어집니다. 그러니 이것을 충성이라고 해도 괜찮을 것입니다. 또 분수를 지킬 줄 아니 그것을 지혜라고 해도 괜찮을 것입니다. 대개 충성과 지혜는 남의 신하된 자가 갖추어야 할 절조이니, 충성으로써 임금을 섬겨 자기의 정성을 다하고 지혜로써 사물을 분별하여 시비를 가리는 데 잘못됨이 없는 것, 이것은 군자도 어렵게 여기는 바이지만, 내가 옛날부터 흠모해 오던 덕목입니다.

이런 두 가지의 아름다움이 있는데도 연약한 뭇 풀들에 섞여 있다고 해서 그것을 천하게 여길 수 있겠습니까? 이로써 말하면 유독 소나무나 대나무나 매화나 국화나 난이나 혜초만이 귀한 것이 아님을 살필 수 있습니다.

지금 내가 비록 귀양살이를 하고 있지만, 자고 먹고 하는 것이 임금님의 은혜가 아님이 없습니다. 낮잠을 자고 일어나 밥을 한 술 뜨고 나서 심휴문(沈休文)[1]이나 사마군실(司馬君實)[2]의 시를 읊을 때마다 해를 향하는 마음을 스스로 그칠 수가 없었으니, 해바라기로 나의 정자의 이름을 지은 것이 어찌 아무런 근거도 없다 하겠습니까?"

손님이 말했다.

"나는 하나는 알고 둘은 알지 못했는데, 그대 정자의 이야기를 듣고 보니 더할 것이 없어졌소이다."

그리고는 배를 잡고 웃으면서 가버렸다.

기미년 6월 상순에 적는다.

---

1) 중국 양나라 무강(武康) 사람. 이름은 약(約), 자는 휴문(休文). 박학하고 시문에 뛰어났으며, 특히 음운학의 태두로서 사성(四聲) 연구의 개조이기도 하다.
2) 중국 북송 때의 학자, 정치가. 이름은 광(光), 자는 군실(君實). 왕안석의 신법(新法)에 반대하여 관직에서 물러나 〈자치통감(資治通鑑)〉을 편찬했다.

원제_규정기(葵亭記)
조위 (曺偉, 1454~1503)
호는 매계(梅溪). 성종 때 문과에 급제하고 호조참판을 지낸 성리학자. 성종실록에 김종직의 〈조의제문〉을 싣게 하였다

〈삼국사기〉를 바치며

김부식

신 부식은 아뢰나이다.

옛날에는 열국(列國)도 각기 사관을 두어 일을 기록했습니다. 그러므로 맹자는, "진(晉)나라의 〈승(乘)〉이나 초나라의 〈도올〉이나 노나라의 〈춘추〉는 그 의의가 같은 것이다"라고 했습니다.

생각하건대 우리나라의 삼국이 지나온 역사가 오래되었으니, 마땅히 그 사실이 역사책에 나타나 있어야 하므로, 마침내 노신(老臣)에게 명하여 그 역사를 편집하게 하신 것인데, 견식이 부족하여 어찌할 바를 몰랐습니다.

엎드려 생각하옵건대, 성상 폐하께서는 요임금의 문사(文思)를 타고 나시고, 하나라 우왕의 근검함을 몸소 얻으시어 정사를 돌보는 여가에 전 세대의 옛 서적을 널리 섭렵하시고 말씀하셨습니다.

"오늘 날의 학사 대부는 오경(五經) 제자(諸子)의 서적과 진(秦)나라와 한나라의 역대 역사에 대해서는 간혹 두루 통하고 자상히 설명하는 자가 있으나, 우리나라 사적에 이르러는 도리어 아득하여 그 처음과 끝을 알지 못하고 있으니 매우 한스러운 일이다."

신라와 고구려와 백제가 나라를 세워 솥의 세 개의 발처럼 맞서서 능히 예(禮)로 중국과 상통했습니다. 그러므로 범엽(范曄)의 〈한서(漢書)〉나 송기(宋祁)의 〈당서(唐書)〉에 모두 열전이 있기는 하나, 자기 나라의 일은 자상하게 다루고 외국의 일은 허술하게 다루었기 때문에 갖추어 싣지 않았습니다.

또 이른바 고기(古記)는 문자가 너무도 졸렬하고 사적도 빠진 것이 많은 까닭으로, 군왕의 선악과 신하의 충성스러움과 사악함과 국가의 안위와 백성의 치란을 모두 정확하게 드러내지 못하여 교훈을 남길 수 없습니다. 마땅히 학문과 식견과 재주를 겸비한 인재를 구하여 일가(一家)의 역사를 이루어서 만세에 물려주되, 해와 달과 별같이 빛나게 해야 할 것입니다.

그러나 저 같은 자는 본래 뛰어난 재주를 가진 것도 아니고, 또 깊은 학식도 없으며, 늘그막에 이르러는 날로 더욱 몽매하여, 글읽기는 비록 부지런히 하나 책을 덮으면 바로 잊어버리고, 붓대를 잡으면 힘이 없어 종이에 다다르면 써내려가기 어려운 형편이옵니다. 신의 학술이 천박한 것은 이와 같고, 예전 말과 지나간 일은 깜깜함이 저러하옵니다.

이런 까닭에 정력을 소모하고 힘을 다하여 겨우 편찬을 끝냈으나, 별로 보잘것없어 스스로 부끄러울 따름이옵니다.

엎드려 바라옵건대, 성상 폐하께서는 치밀하지 못한 신의 재량을 살피시고 함부로 만든 죄를 용서해 주시어, 비록 명산에 거두어 깊이 간직할 것은 못된다 하더라도, 간장 단지 덮개로 사용하는 일은 없게 해 주십시오. 변변치 못하고 망령된 뜻은 하늘이 굽어볼 것입니다.

원제_진삼국사기표(進三國史記表)
김부식 (金富軾, 1075~1151)
호는 뇌천(雷川). 고려 숙종 때에 문과에 급제. 묘청의 난 때 중군장으로 정지상 등을 죽였다. 문하시중 등 높은 벼슬을 두루 거쳤고 〈삼국사기〉를 편찬했다. 그러나 발해를 우리의 역사에서 제외시켰다거나, 백제와 고구려 또는 그 이전 상고 시대의 우리 역사 영역을 한반도 중심으로 좁혀 놓았다는 비판을 받기도 한다.

서낭신께 아룁니다
아버지를 대신하여

이건창

호랑이의 횡포가 날로 심하여 백성들이 무당을 불러 물리치기를 청하니 허락하지 않으셨다. 이에 이 글을 지어 고한 지 열흘에 큰 호랑이 두 마리가 잡혔다.

아무 달 아무 날 아무개는 감히 증산현 서낭신께 고합니다. 오직 신(神)은 하늘로부터 총명함과 정직함을 부여받아서 이 고을을 돕도록 되어 있고, 수령은 비록 재주 없으나 또한 조정의 명을 받고 내려와서 이 고을을 지키기로 되어 있습니다. 이 고을이 비록 작지만 신께는 정해진 제사가 있고, 수령에게는 정해진 녹봉이 있는데, 이것은 모두 이 고을 백성들에게서 나오는 것입니다.

백성들이 주는 밥을 먹고서도 백성들의 일을 돕지 않아서, 하늘과 조정에서 내려 준 뜻을 어긴다면 이는 반드시 그 직분을 다하지 않았다고 할 것입니다. 직분을 다하지 않으면 책임이 따르게 마련이니 어찌 다만 수령에게만 책임이 있겠습니까? 서낭신께서도 마땅히 책임을 지셔야 할 것입니다.

그러나 수령과 신은 직분이 같지 않아서 책임 또한 같지 않습니다. 수령의 직분은 양(陽)을 주관하는 것이고 신의 직분은 음(陰)을 주관하는 것입니다. 아전들이 함부로 포악한 짓을 하여 백성들의 선량함을 상하게 하고, 간교한 무리들이 백성의 재산을 빼앗아서 그들을 해친다면 그 책임이 수령에게 있지만, 시도 때도 없이 가물고 장마가 들며, 염병과 같은 전염병이 돌고 호랑이나 표범이 제멋대로 날뛰어 사람들이 편안하게 지내지 못한다면, 그 책임이 서낭신께 있습니다.

신과 수령이 각기 자기의 직분을 다하여 그 책임을 면하려면 서로의 권한을 침범하는 일이 없고 서로의 책임을 미루는 일이 없어야 합니다. 이렇게 해서 백성들이 행복하게 된다면, 신과 수령이 이 고을에서 직책은 다하지 않고 자리만 차지하고 앉아서 녹만 축낸다는 말은 듣지 않게 될 것입니다.

비록 그러하지만 불행히도 직분을 다하지 못하여 책임을 면하지 못하게 되었을 경우에, 수령은 쫓겨나서 떠나 버리면 그만이지만, 서낭신 당신은 이 고을을 버리고 어디로 갈 것입니까? 그러니 신께서는 직분을 수행하는 데에 있어서 수령보다 더욱 힘써야 할 것입니다.

그런데 지금 호랑이가 고을에 나타나서 백성에게 포악한 짓을 하고 다니니 이것이 어찌 된 일입니까? 이 고을에서 호랑이에게 잡아먹힌 여자만 둘이요, 상처 입은 어린애가 하나요, 잡혀 먹힌 소와 말 같은 가축은 이루 다 헤아릴 수 없을 정도입니다. 이 조그마한 고을에서 몇 달 사이에 이처럼 여러 사람을 해쳤으니 그 포악함을 어찌 다 말할 수 있겠습니까?

몇 사람이 죽고 나면, 남편이 된 자는 아내를 잃고 아비가 된 자는 자식을 잃고, 자식은 그 어미를 잃습니다. 또 소와 말 같은 가축을 잃고서 집안 살림을 할 수 없게 된 자가 상당수 있습니다. 이들은 모두 그 원통함을 호소합니다. 어렵고 고생스러움이 겹쳐서 그 형편이 죽지 않으면 이사를 가야 할 정도가 되었습니다. 이와 같은데도 무슨 수를 쓰지 않는다면, 얼마 안 가서 이 고을은 없어지고 말 것입니다.

사정이 이와 같아지면 수령은 진실로 수령 노릇을 할 수가 없는 것입니다. 그러나 조정의 율령에는 호랑이의 환난으로 수령을 문책하는 조항은 없습니다. 하지만 하늘이 신에 대해서도 문책하지 않는지 어떤지는 저로서는 알 수 없는 일입니다. 천도(天道)가 높고 멀어서 수령인 내가 감히 알 수 없으나, 백성들의 말을 들어 보면 이들은 모두 "서낭신께 제사를 지내야 된다"고 합니다. 백성과 하늘은 하나이니 백성들이 이것을 서낭신께 바라면 하늘은 반드시 이것을 신께 책임을 지울 것이 분명합니다. 이런 까닭으로 수령이 서낭신을 위하여 매우 걱정하는 바입니다.

또 일찍이 들으니 인사(人事)가 잘못되면 신의 노여움이 이른다고 했으니, 수령이 신에게 죄를 지은 것이 있어 신께서 노여움을 백성들에게 옮긴 것이 아닙니까? 그러나 길흉이 닥치는 데는 각각 경우에 따라 달리하여 크기도 하고 작기도 하며, 희미하기도 하고 드러나기도 하겠지만, 그 이치는 아마도 어그러지는 일이 없을 것입니다.

지금 호랑이가 사람을 죽인 것은 참으로 포악한 일입니다. 진실로 사람이 이런 포악한 짓을 저질렀다면, 이는 반드시 탐욕스럽고 잔인하며 가혹하여 대단한 위세로 형벌을 함부로 한 결과일 것이니, 서낭신께서 호랑이를 시켜 그런 사람을 죽음에 이르게 하여 신의 위력이 어떠하다는 것을 알게 하는 것은 옳다고 하겠습니다. 그러나 신께서 노하여 호랑이를 풀어 놓아 사람을 죽이는 데까지 이르렀다면, 그것은 반드시 그렇게 해야만 할 사정이 있었을 것이고, 장난삼아 그리하지는 않았을 것입니다.

지금 수령이 이 고을에 부임한 지 2년인데, 몸소 그 정사를 살피는 데 있어 항상 몸을 벌벌 떨며 직분을 다하지 못할까 두려운 마음으로 생활해 왔습니다. 이는 어리석고 여리고 둔한 데다 재주는 모자라고 마음은 피로하여 그런 것이니, 진실로 수령이 못난 탓이요, 그 밖의 것은 감히 죄라고는 생각하지 않습니다.

옛날의 관리들 가운데는 호랑이가 나왔을 때 그 놈을 고을 밖으로 내쫓은 사람도 있었고, 비록 호랑이를 내쫓지는 못했지만 백성들이 고을을 떠나는 것만은 막은 사람도 있었습니다. 또 호랑이를 빌려 벼슬한 자[1]도 있었고, 또 몸이 변해서 호랑이가 된 자도 있었다고 합니다. 이 고을 수령의 경우는 비록 그 현명함이 진실로 앞의 두 경우에는 미치지 못하나 그 포악함이 또한 뒤의 두 경우에까지는 이르지 않았으므로, 아무리 겸손하게 생각해도 스스로 잘못을 뉘우칠 만한 것이 없습니다. 그런 까닭으로 해서 바로 신께 이 모든 책임을 돌리려는 것입니다.

  이렇게 제사드리는 것은 또한 옛날의 바른 도리요, 관리가 서로 바로잡자는 의미이지, 감히 세속의 정으로 신을 섬기려고 하는 것이 아닙니다. 또 수령이 말해야 할 것이 있으니, 이 고을의 백성들이 무당을 좋아하여 너울너울 춤을 추고 방탕하여 신을 놀림감으로 삼아 오기에 수령이 평소에 이를 금하였으나, 아직까지 다 말리지는 못하였습니다. 생각건대 서낭신께서 혹 이것 때문에 기분이 언짢아서 장차 수령에게 크게 경고한 것이 아닌가 생각됩니다. 그런 것이라면 수령도 깊이 사양하지 않을 것이니, 이제 수령은 목욕 재계하고 정성을 다하여 몸소 서낭신께서 명령을 내려 주시기를 간청하는 것입니다.

  앞으로 당신의 명을 받들어 강한 활과 대포를 가지고 호랑이와 더불어 한바탕 싸움을 벌일 것이니, 신께서는 이 고을에 도움을 내려 그 위엄 있는 영험을 크게 떨쳐, 호랑이 가운데 이 고을에서 사람을 살상한 놈은 다 죽여서 놓아주지 말고, 사람을 죽이는 데까지 이르지 않은 놈은 내쫓고 다시는 들어오지 못하도록 막아서 이 고을을 넘보지 못하게 하여 주십시오. 그리하여 백성들이 바라는 것을 저버리지 않고 하늘이 내린 직분을 헛되이 하지 않으면, 수령이 비록 재주는 없으나 노둔한 것을 채찍질하고 미치지 못한 것에 더욱 힘써서, 서낭신과 더불어 서로 사귀어 부끄러운 짓은 하지 않을 것입니다. 신께서는 이를 살펴 속히 해결하여 주소서.

1) 이 대목은 〈삼국유사〉 김현감호(金現感虎)에 나오는 설화를 생각하면서 쓴 것 같다.

원제_고성황신문(告城隍神文)
이건창 (李建昌, 1852~1898)
조선 말기의 문신·학자. 호는 영재(寧齋). 고종 11년 서장관으로 청나라에 가 문장가 서보·황각 등과 교유하여 문장으로 이름을 날렸다. 저서에 〈당의통략(黨議通略)〉, 〈명미당고(明美堂稿)〉 등이 있다.

보정문의 상량문

이백순

　범이 웅크려 앉고 용이 자리잡은 듯하니 장하구나, 경도(京都)의 형세여. 꿩이 날고 새가 날개를 치는 듯하니 크구나, 문호(門戶)의 모습이여. 사방이 우러러보는 곳이요, 백대가 법도로 삼을 곳이로다. 장하구나, 이런 좋은 일이 마침 번창한 이때에 이루어지는구나.
　옛날 계림이 쇠하여 잎이 누렇게 되니, 곡령(鵠嶺)은 청송(青松)이 성함을 열었더라. 상제께서 아들을 내려보내심에 태조께선 터를 닦았도다.
　〈주역〉의 건괘(乾卦)의 용이 나는 것에 부합하여 창업하여 자손이 계승할 왕업을 세우셨고, 〈주서(周書)〉의 거북이 낙읍(洛邑)을 먹는 것을 본떠서 나라를 세우고 도읍을 만들었구나. 집을 이루는 법은 〈시경〉의 사간(斯干)장을 취하였고, 중문을 내는 것은 〈주역〉의 예괘(豫卦)를 취했구나.

안과 밖을 한정했고 왕래를 통하게 했구나. 여러 왕들이 다 이렇게 했으니 문이란 하루도 없어서는 안 되는 것, 오랜 세월을 지내오도록 왜 서로 고치지 않았는가. 생각하건대 우리 주상 전하께서는 순임금의 효도와 요임금의 어지심이요, 주나라 문왕의 웅대한 계획과 무왕의 위대한 공적이로다.

옛 법을 천년 뒤인 오늘에야 거두어 쓰니, 그 큰 규모는 삼한에 앞섰구나. 열고 닫음의 방비에다 경영하는 일을 더하니, 목수는 먹줄을 퉁기고 석공은 망치를 휘두르는구나. 기둥을 세우는 것은 여와(女媧)[1]가 하늘을 받치는 것과 같고, 들보를 올리는 것은 오정(五丁)이 무지개 꼬리를 끌어서 은하수에 올리는 것과 같도다. 어려운 일을 마치자 상서로운 일이 거듭 이르는구나. 일곱 가지의 소리를 감히 여기에 펼쳐 온 세상에다 칭송을 올리노라.

아랑위야,[2] 들보 동쪽을 쳐다보세. 사람마다 하는 말이 가을 하늘에 지지 않은 무지개라 하는구나. 성덕은 우주처럼 본래 바깥이 없고, 순임금의 일월이 스스로 하늘 가운데 높이 떴도다.

아랑위야, 들보 서쪽을 쳐다보세. 네 기둥이 하늘을 떠받치니 오히려 삼각산이 낮구나. 서왕모(西王母)[3]의 옥가락지가 이를 좇아 들어오리니 대원(大宛)[4]의 금마를 달려서 무엇하리.

아랑위야, 들보 남쪽을 쳐다보세. 울창한 상서로운 기운을 가득 머금고 있구나. 천년 복숭아가 익어서 이제 두 개를 바치니 만세 소리를 세

번이나 들을 수 있구나.

아랑위야, 북쪽을 쳐다보세, 네 변방이 지금 와서 전쟁의 북소리가 그쳤구나. 쟁쟁 소리 금옥(金玉)을 울려 수많은 관리들이 옹위하고 보배를 싣고서 바다 건너 만국이 조회하러 오는구나.

아랑위야, 들보 위를 쳐다보세, 하늘의 삼태성(三台星)[5]이 평평하게 보이는구나. 만민이 문을 닫고 한가히 잠이 들어 태평하니, 도리어 여기서 태평의 상(像)을 볼 수 있도다.

아랑위야, 들보 아래를 내려다보세, 옥같이 울리는 대아(大雅)[6]의 노랫소리 부러워할 필요가 없구나. 이미 우리 나라도 중국같이 되었으니. 아, 천만 년까지 보존하리로다.

엎드려 비노라. 상량(上樑)한 뒤에 임금의 도량이 아득히 넓고, 임금의 수명이 더욱 길어서, 오래도록 사는 신선도 우리 임금 나이에는 미치지 못하고, 아무리 넓은 종이가 있다 해도 우리 임금 공적은 다 쓰지는 못하리라.

문신과 무신들은 금슬같이 화목하고 상하의 관민들은 북과 북채처럼 같이 응하는구나.

한 물건도 제자리 잃음이 없으니 수(水)·화(火)·토(土)·곡(穀)의 정사를 잘 닦고, 음양 두 기운이 화합하니, 비오고 볕이 나고 덥고 추운 것이 때를 따라 순탄하구나.

오랑캐의 연기는 북쪽 변방에 잠기고, 왜구의 침략은 동쪽 바다에 쉬니, 노인들도 병란을 모르고 아이들도 겸양할 줄 아는구나.

만민이 편안하고 천하가 조용하니 우리 주상께서 오래오래 사시도록 해 주소서.

1) 중국 신화에 나오는 여신. 상체는 여자 하체는 뱀으로 나오며 복희씨의 아내로 인류의 어머니. 어느 날 신들의 싸움으로 하늘이 한쪽으로 기울자 여신은 큰 거북을 잡아 하늘을 떠받들 기둥을 만들어 받쳐 놓았다.
2) 상량문 양식에 공통되는 후렴구. 흥이나 기분을 돋우는 구실을 한다.
3) 중국 상고 시대로부터 받들던 선녀의 하나. 한나라 무제가 장수를 원하고 있을 때 하늘에서 선도(仙桃) 일곱 개를 가지고 내려와 무제에게 주었다 한다.
4) 한나라 때 서역 제국 가운데 하나.
5) 대웅성좌(大熊星座) 중에서 자미성을 지키는 별.
6) 큰 정치를 말한 정악(正樂)의 노래.

원제 보정문상량문(保定門上梁文)
이백순 (李百順, ?~1237)
고려 고종 때의 문신. 시문에 능했으며, 국자감 대사성을 지냈다.

원나라 살리타 관인에게 보내는 글

이규보

아룁니다. 초여름 더위에 존체 안녕하시고 만복하신지, 충심으로 우러러 문안드립니다.

저번에 황제께 바칠 물건 중에, 수달피 1,000장을 좋은 것으로 보내라고 하셨는데, 우리 나라에서 일찍이 수달을 잡은 사람이 없었습니다.

그런데 귀국이 요구한 후부터 비로소 온갖 계책을 써 잡았으나, 또한 많이 잡지 못하였습니다. 매번 조공을 준비하기가 참으로 어렵습니다. 지금 요구하는 수량이 너무도 많고 게다가 구하여도 또한 얻기가 어려워서 요구하신 분량을 다 감당치 못하겠습니다. 그래도 사방에 널리 구하여 다달이 모으고 나날이 저축하였지만 아직 그 숫자를 채우지 못했습니다. 온갖 힘을 다하여 977장을 바치니 그리 아시기 바랍니다.

또 국왕의 공주와, 대관의 총각 처녀 각 500명을 보내라는 일에 대해서는, 저번에 보내드린 편지에 기재된 바와 같이, 우리 나라 법은 비록 임금이 된 이라도 오직 한 명의 정부인을 둘 뿐이요 다시 첩이 없기 때문에 왕족의 자손이 으레 번창하지를 못합니다. 그리고 나라가 협소한 까닭으로 신하의 반열에 있는 자도 또한 2,500명에 지나지 않습니다. 많다 하더라도 아내를 맞이하는 것이 하나에 지나지 않아, 소생이 혹 있기도 하고 혹 없기도 하며 있어도 많지 않으니, 만약 모두 상국으로 뽑혀 가 버리면 그 누가 있어 왕위와 조정의 관직을 이어받아서 대국을 받들어 섬기겠습니까.

만약 귀국에서 우리 나라를 어루만져 보존하여 만대에 서로 좋게 지내려면, 이 편협한 땅에서 감당할 수 없는 이와 같은 일을 덜어 주어, 작은 것을 사랑하고 약한 자를 지탱하여 주는 의리를 보여 주시기를 바랍니다. 이와 같이 해 주신다면 너무나 다행이겠습니다.

또 여러 가지 공인(工人)을 보내라고 말씀하신 것은, 우리 나라에는 옛날부터 공인이 부족한 데다가 기근과 질병으로 인해 또한 많이 죽어 없어졌으며, 더구나 귀국의 병마가 크고 작은 성과 요새를 거쳐갈 때 피해를 입었거나 쫓겨난 자가 적지 않습니다. 이로부터 사라지고 분산되어 정착해서 자기의 업에 종사하는 자가 없기에 명령대로 절차에 따라 보내드릴 수 없습니다. 이는 모두 사실대로 말씀드리는 것이니, 이와 같은 애처로운 사정을 살펴 헤아리시기 바랍니다.

또 조병마(趙兵馬)에게 소속된 자가 의주 민가를 조사하여 물색한 일에 대해서는, 이미 그 지방의 병마에게 명령하여 그 진상을 조사케 했더니, "그 성을 지키던 자와 그 성에 살던 백성들이 뗏목을 타고 급히 도망치다가 바람에 배가 침몰되어 모두 익사했기 때문에 분명히 조사할 수 없다"고 보고해 왔습니다.

아무쪼록 그렇게 알아주시기 바라며, 편지에 언급한 그 밖의 일에 대해서는 일일이 말씀대로 했습니다. 그리고 또 귀국이 회군할 때 두고 간 여윈 말은 곳곳에서 수집한바 모두 15필입니다. 곧 거둬 먹이다가 이번 사신이 가는 길에 함께 보냅니다. 지극히 황송함을 이기지 못하겠나이다.

원제_송살리타관인서(送撒里打官人書)

황소에게 보내는 격문

최치원

광명 2년 7월 8일에, 제도도통검교태위(諸道都統檢校太尉) 아무개는 황소(黃巢)에게 고한다. 바른 것을 지키고 떳떳함을 행하는 것을 정도(正道)라 하는 것이요, 위험한 때를 당하여 변통할 줄 아는 것을 권도(權道)라 한다. 슬기로운 사람은 이치에 순응하는 데서 성공하고, 어리석은 사람은 이치를 거스르는 데서 패하게 되는 것이다. 비록 인생 백년을 살더라도 죽고 사는 것은 기약할 수가 없으나, 만사는 마음이 주장하는 것이므로 옳고 그른 것은 충분히 판단할 수가 있는 것이다.

이제 내가 황제의 군사를 거느리고 왔으니 다만 정벌이 있을 뿐 싸움은 없는 것이나, 군정(軍政)은 은덕을 앞세우고 베어 죽이는 것을 뒤에 하는 것이니, 앞으로 천자의 서울을 회복하고 큰 신의를 펴고자 공경하는 마음으로 임금의 명을 받들어서 간사한 꾀를 부수려 한다. 네가 본래 먼 시골의 백성으로 갑자기 억센 도적이 되어 우연히 시세를 타고 문득 감히 서울을 어지럽히고 드디어 음흉한 마음을 가지고 황제의 자리를 노리며 도성을 침노하고 궁궐을 더럽혀 이미 그 죄가 하늘에 닿을 만큼 극도에 이르렀으니, 반드시 멸망하고야 말 것이다.

아, 요순 때로부터 내려오면서 묘족(苗族)이나 호족(扈族)²⁾ 따위가 복종하지 않았으니, 양심이 없는 무리와 불의·불충한 너 같은 무리가 어느 시대라고 없었겠는가. 먼 옛날에 유요(劉曜)와 왕돈(王敦)³⁾이 진(晉)나라를 엿보았고, 가까운 시대에는 안녹산(安祿山)⁴⁾과 주자가 우리 황실을 개 짖듯 우습게 여겼다. 그들은 오히려 모두 손에 강성한 병권을 잡았거나, 또는 중요한 지위에 있어 호령만 떨어지면 수많은 사람이 우레와 번개가 달리듯 하고, 시끄럽게 부르면 아부하는 무리들이 안개나 연기처럼 몰려들어서 길이 막힐 정도가 되었다.

그런데도 잠깐 동안 못된 짓을 하다가 결국에는 더러운 종자들이 섬멸되고 말았다. 햇빛이 활짝 펴지면 어찌 요망한 기운을 그대로 두겠는가? 하늘의 그물이 높이 드리워져서 반드시 흉한 족속들을 없애고 마는 것이다. 하물며 너는 천한 몸으로 태어나, 농사꾼으로 일어나서 불지르고 겁탈하는 것을 좋은 꾀라 하며, 살상하는 것을 급한 임무로 생각하여 헤아릴 수 없는 큰 죄만 짓고, 속죄될 만한 어진 일이라고는 손톱만큼도 하지 않았다. 그러니, 세상 사람들이 모두 드러내놓고 죽일 생각을 하고 있으며, 아울러 지하의 귀신도 이미 몰래 너를 죽이려고 의논할 것이다. 비록 잠깐 동안 숨이 붙어 있으나, 벌써 정신이 없어지고 넋이 빠졌으리라.

　사람의 일 가운데서 자신을 아는 것이 제일이다. 내가 헛말을 하는 것이 아니니, 너는 모름지기 살펴 들어라. 요즈음 우리 나라에서 덕이 깊어 더러운 것도 참아 주고, 은혜가 중하여 잘못을 따지지 않고 너를 절도사로 임명하고 지방 병권을 주었다. 그렇거늘 너는 오히려 짐새의 독5)을 품고 올빼미의 소리를 거두지 않아, 움직이면 사람을 물어뜯고 하는 짓이 개가 주인에게 분수 모르고 짖어대듯이 했고, 나중에는 몸이 임금의 덕화(德化)를 등지고 군사가 궁궐에까지 몰려들어, 제후들은 위태로운 길로 달아나고 임금은 먼 지방으로 파천하게 되었다. 너는 일찍 덕의(德義)에 돌아올 줄을 알지 못하고 다만 모질고 흉악한 짓만 더해갔다. 결국 황제께서는 너에게 죄를 용서하는 은혜를 베풀었는데, 너는 은혜를 원수로 갚았다. 반드시 얼마 되지 않아 죽고 망하게 될 것이니, 어찌 하늘이 무섭지 않겠는가.

　하물며 주나라 솥6)을 옮기는 것에 대해 물어볼 것이 아니니라. 한나라 궁궐7)이 어찌 너 같은 자가 머물 곳이랴. 너의 생각은 마침내 어떻게 하려는 것이냐. 너는 듣지 못했느냐. 〈도덕경〉에, "회오리바람은 하루 아침을 가지 못하는 것이요, 소나기는 하루 동안을 채우지 못한다" 했으니, 천지도 오히려 오래 가지 못하거늘 하물며 사람이랴.

　또 듣지 못했느냐. 〈춘추전〉에, "하늘이 잠깐 나쁜 자를 도와주는 것은 복이 되게 하려는 것이 아니라 그의 흉악함을 쌓게 하여 벌을 내리려는 것이다"라고 했다. 이제 너는 간사한 것을 감추고 사나운 것을 숨겨서 악이 쌓여서 온갖 재앙이 가득한데도 위험한 것을 스스로 편하게 여기고 미혹하여 뉘우칠 줄 모르는구나. 옛말에 이른바 제비가 장막 위에다 집을 지어 놓고 불이 장막을 태우는데도 방자히 날아드는 것이나, 물고기가 솥 속에서 희희낙락하다가 바로 삶겨지고 마는 것과 같은 꼴이다.

나는 웅장한 군사적 계략을 가지고 여러 군대를 모았으니, 날랜 장수는 구름같이 날아들고 용맹스런 군사들은 비 쏟아지듯 모여들어 높고 큰 깃발은 초새(楚塞)의 바람을 에워싸고 군함은 오강(吳江)의 물결을 막아 끊었다. 진나라 도태위(陶太尉)[8]는 적을 부수는 데 날래었고, 수나라 양소(楊素)는 엄숙함이 신이라 일컬어졌다.[9] 널리 팔방을 돌아보고 거침없이 만리에 횡행했다. 맹렬한 불이 기러기 털을 태우는 것과 같으니 태산을 높이 들어 참새 알을 눌러 깨는 것과 무엇이 다르랴. 서늘한 바람이 이는 가을에 물귀신이 우리 군사를 맞이한다. 서풍이 불어 말라 죽이는 위엄을 도와주고 새벽 이슬은 답답한 기운을 상쾌하게 해 준다. 파도도 일지 않고 도로도 잘 뚫려, 석두성(石頭城)[10]에서 닻줄을 푸니 손권이 뒤에서 호위하고 현산(峴山)[11]에 돛을 내리니 두예(杜預)가 앞장선다. 서울을 수복하는 것은 열흘이나 한 달 정도면 틀림없이 이룰 수 있을 것이다. 다만 살리기를 좋아하고 죽이기를 싫어하는 것은 상제의 깊으신 인자함이요, 법을 굽혀 은혜를 베풀려는 것은 큰 조정의 어진 제도다.

나라의 도적을 정복하는 이는 사사로운 분함을 생각지 않는 것이요,

어두운 길에 헤매는 자를 일깨우는 데는 진실로 바른 말을 해 주어야 한다. 나의 한 장 격문으로 너의 거꾸로 매달린 듯한 위급함을 풀어 주려는 것이니, 융통성 없는 고집을 부리지 말고 기회를 잘 알아서 스스로 계책을 세워 허물을 짓다가도 고칠 줄 알아야 한다. 만일 그렇게 한다면, 땅을 떼어 나라를 열어 대대로 부를 계승하게 하고 몸과 머리가 두 동강 나는 것을 면하게 해 줄 것이며, 높은 공명을 얻게 할 것이다.

서로 겨우 낯만 익힌 정도밖에 안 되는 도당의 말을 믿지 말고 영화로움을 후손에까지 전하도록 할 것이다. 이는 실로 대장부의 일이다. 아녀자가 알 바가 아니니 그들이 말린다고 해서 그 말을 좇아서는 안 된다. 미리 무리에게 보고하여 공연한 의심을 살 필요가 없느니라.

나의 명령은 천자를 받들고 믿음은 강물에 맹세하여, 반드시 말이 떨어지면 그대로 응하는 것이요, 원망만 깊게 하지는 않을 것이다. 만일 미처 날뛰는 도당에 견제되어 취한 잠을 깨지 못하고 여전히 사마귀가 수레바퀴를 막듯이 어리석은 짓을 한다면, 그때는 곰을 잡고 표범을 잡는 군사로 한 번 휘둘러 멸망시킬 것이다. 오합지졸의 군사가 사방으로 흩어져 몸은 도끼에 기름 바르게 될 것이요, 뼈는 전차 밑에 가루가 되며, 처자도 잡혀 죽으려니와 종족들도 죽음을 면치 못할 것이다.

생각하건대, 동탁[12]의 배를 불로 태울 때처럼 너를 불사르는 지경에 이르러서 후회해 봐야 소용이 없을 것이다. 너는 모름지기 진퇴를 참작하고 잘된 일인가 못된 일인가 잘 판단하라. 배반하여 멸망하기보다 귀순하여 영화롭게 되는 것이 낫지 않겠느냐. 다만 바라는 것은 반드시 그렇게 하라. 장사의 결단력을 택하여 표범의 무늬처럼 현저하게 개과천선할 것을 결정할 것이요, 어리석은 사람의 생각으로 우유부단하게 하지 말라.

---

1) 당나라 말기에 난을 일으켜 도성을 점령한 도적이다. 고병(高騈)이 도통사로 토벌하는데 최치원이 그의 종사관으로 대신하여 격문을 지어서 황소에게 보냈다.
2) 묘족은 순임금에게 복종하지 않아서 토벌당한 나라요, 호족은 하나라에 복종하지 않아서 토벌당한 나라다.
3) 유요는 흉노의 후예로 서진에 반기를 들었고, 왕돈은 동진 때에 반란을 일으켰다.
4) 당나라 현종 때 난을 일으켰다.
5) 짐새의 깃을 술에 담근 독. 짐새는 독조인데 그 깃털을 담근 술을 마시면 죽는다고 한다.
6) 하나라 우왕이 구정(九鼎)을 만들어 후세에 전해오는데 제왕이 그것을 지녀 수도에 두었다. 주나라 말기에 강성한 제후인 초나라 왕이 사람을 보내 구정이 가벼운가를 물었다. 그것은 곧 천자가 되어 그 솥을 옮겨가겠다는 뜻이다.
7) 한나라 궁궐이라는 것은 곧 당나라 궁궐을 말한 것으로, 중세에 한나라가 가장 융성하였고 궁궐도 제일 웅장하였으므로 한나라를 당나라의 대명사로 썼다.
8) 이름은 간(偘)으로 두수와 소준 등 반역자를 평정한 장수.
9) 양소가 진(陳)나라를 칠 때 배를 타고 양자강으로 내려가는데 위엄이 엄숙하여 사람들이 보고 강신(江神)과 같다 했다.
10) 삼국 시대 손권이 석두성에 도읍을 정했다.
11) 진나라 장수 두예가 오나라와 대치하여 현산에 있었다.
12) 한나라 역적 동탁이 죽음을 당한 뒤에 군사들이 그의 배꼽에 불을 켰더니 살이 찌고 기름이 많아서 3일 동안이나 불탔다 한다.

원제_격황소서(檄黃巢書)
최치원 (崔致遠, 857~?)
호는 고운(孤雲). 열두 살 때 중국으로 건너가 열일곱 살 때 과거에 급제하여 시어사, 내공봉의 벼슬을 지냈다. 그때 황소의 난이 일어나자 이 글을 지었고 이것을 읽은 황소가 드디어 무릎을 꿇었다고 한다. 29세 때 귀국하여 아찬이 되었으며, 그 후 벼슬을 버리고 각지를 유람하다가 해인사에서 여생을 마쳤다. 저서로 〈계원필경(桂苑筆耕)〉이 있다.

아름다운 우리 고전 수필

발행일
2003년 5월 30일   초판 1쇄
2023년 9월 25일   초판 15쇄

지은이 | 강희맹 외
옮긴이 | 손광성·임종대·김경수
펴낸이 | 정무영, 정상준
펴낸곳 | (주)을유문화사

창립일 | 1945년 12월 1일
주 소 | 서울시 마포구 서교동 469-48
전 화 | 02-733-8153
팩 스 | 02-732-9154
홈페이지 | www.eulyoo.co.kr
ISBN 89-324-6119-8 03810

* 값은 뒤표지에 표시되어 있습니다.
* 옮긴이와 협의하여 인지를 붙이지 않습니다.